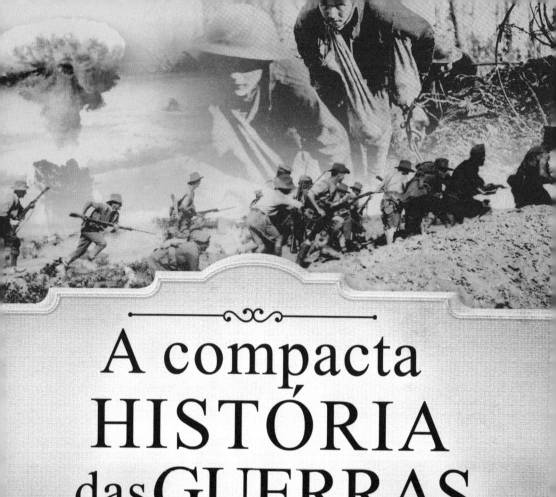

A compacta HISTÓRIA das GUERRAS

The Compact Timeline of Military History
©2008, 2010 Worth Press Ltd. Second edition, revised, corrected and with index.
All rights reserved.
© 2017 by Universo dos Livros

Todos os direitos reservados e protegidos pela Lei 9.610 de 19/02/1998.
Nenhuma parte deste livro, sem autorização prévia por escrito da editora, poderá ser reproduzida ou transmitida sejam quais forem os meios empregados: eletrônicos, mecânicos, fotográficos, gravação ou quaisquer outros.

Nota do editor: Todos os esforços necessários foram feitos para assegurar a exatidão das informações presentes neste livro. O editor não irá assumir responsabilidade por danos causados por incoerências nos dados e não faz nenhuma garantia expressa ou implicitamente.
Todos os esforços foram feitos para dar créditos às imagens e contatar os detentores de seus direitos para uso do material ilustrativo e, portanto, o editor gostaria de se desculpar por quaisquer erros e omissões e apreciaria retificá-los em reimpressões futuras.

Diretor editorial: Luis Matos
Editora-chefe: Marcia Batista
Assistentes editoriais: Aline Graça e Letícia Nakamura
Tradução: Maurício Tamboni
Preparação: Guilherme Summa
Revisão: Nina Soares e Alexander Barutti
Arte: Francine C. Silva e Aline Santos
Capa e projeto gráfico: Valdinei Gomes

Dados Internacionais de Catalogação na Publicação (CIP)
Angélica Ilacqua CRB-8/7057

E92c

Evans, A. A.
A compacta história das guerras / A. A. Evans e David
Gibbons; tradução, Mauricio Tamboni. – São Paulo:
Universo dos Livros, 2017.
256 p.: il. color.

Bibliografia
ISBN: 978-85-503-0097-9
Título original: *The compact timeline of military history*

1. História militar – Cronologia 2. Guerra – História I. Título II.
Gibbons, David III. Tamboni, Mauricio

17-0799   CDD 355.00

Universo dos Livros Editora Ltda.
Rua do Bosque, 1589 • 6º andar • Bloco 2 • Conj. 603/606
Barra Funda • CEP 01136-001 • São Paulo • SP
Telefone/Fax: (11) 3392-3336
www.universodoslivros.com.br
e-mail: editor@universodoslivros.com.br
Siga-nos no Twitter: @univdoslivros

A compacta HISTÓRIA das GUERRAS

São Paulo
2017

UNIVERSO DOS LIVROS

SUMÁRIO

Prefácio	8
Introdução: Guerras e Armas	10
Antiga Mesopotâmia/Antigo Egito	36
Antiga Mesopotâmia	40
Império Persa	42
Maratona/Termópilas	44
Salamina/Plateias	46
Os Gregos da Antiguidade	48
Alexandre, o Grande	50
Sucessores de Alexandre	54
Gregos da Antiguidade	56
Navios de Guerra Antigos	60
Romanos da Antiguidade	62
Invasões Bárbaras	80
Clóvis/Guerras Justinianas	82
Heráclio/Carlos Martel	84
Carlos Magno/Crum/Mahmud	86
Vikings/Alfredo, o Grande	88
Primeiros Guerreiros Medievais	90
Hastings/Normandos/Basílio	92
Bouvines/Ricardo, Coração de Leão/Filipe Augusto	94
As Cruzadas	96
Valdemar/El Cid	98
Gengis Khan/Eduardo I/Frederico I	100
Acre/Mongóis/Baibars/Tamerlão	102
Roberto De Bruce/Eduardo III	104
Guerra dos Cem Anos	106
Crécy	108
Guerra dos Cem Anos	110
Maomé III/Armas e Armaduras	112
Carlos V	114
Lepanto/Babur	116
Guerreiros Japoneses	118
Armada Espanhola/Maurício de Nassau	120
Gustavo II Adolfo	122
Lützen/Turenne/O Grande Condé	124
Oliver Cromwell/Fairfax	126
Guerras Civis Inglesas	128
Naseby/Príncipe Ruperto	130
Guerras Anglo-Holandesas	132
Marlborough	134

Blenheim/Malplaquet	136
Fortificação	138
Carlos XII/Poltava	140
Saxônia/Fontenoy	142
Frederico, o Grande/Rossbach	144
Clive/Passey	146
Rodney	150
Napoleão	152
Nelson	154
Guerras Napoleônicas/Austerlitz	156
Wellington/Waterloo	158
Solferino/Isly/Garibaldi	160
Guerra Mexicano-Americana/Bolívar	162
Guerra da Crimeia	164
Guerra Civil Americana	166
Tecnologia da Guerra Civil Americana	170
Guerra Civil Americana	174
Von Moltke/Guerra Franco-Prussiana	176
Wolseley/Shaka	178
Omdurman/Kitchener	180
Guerra Hispano-Americana	182
Guerra Russo-Japonesa	186
Armas da Primeira Guerra Mundial	188
Generais da Primeira Guerra Mundial	190
Navios de Guerra da Primeira Guerra Mundial	192
Primeira Guerra Mundial	194
Segunda Guerra Mundial	196
Guerra da Coreia	210
Mísseis Balísticos	212
Força Aeronaval	214
Tanques de Guerra	216
Vietnã	218
Guerra do Golfo	220
Mísseis de Campo de Batalha	222
Mísseis de Infantaria	226
11 de Setembro/Terrorismo	230
Força Aérea Moderna	232
Iraque	234
Leituras Complementares	236
Créditos das imagens	249

Avanço da Brigada Ligeira durante a Batalha de Balaclava, 25 de outubro de 1854.

PREFÁCIO

A linha do tempo apresentada neste livro funciona como um guia dos milhares de guerras e campanhas realizadas pela espécie humana desde o início dos registros, dos reis e generais que participaram desses conflitos e das armas que seus exércitos empunhavam.

Esses eventos estão organizados, via de regra, em ordem cronológica, mas, com o objetivo de manter o fluxo dentro do contexto das narrativas precedente e seguinte, a linha do tempo foi organizada em seções – essencialmente geográficas, mas também históricas. Assim, ela não está simplesmente disposta como uma lista de batalhas e campanhas ocorridas ano após ano, mas mostra uma sucessão de cronologias dentro de uma linha do tempo geral e lista eventos em uma região particular do globo ou de uma guerra específica que pode gerar continuidade sem interrupção.

No início deste livro há um resumo da evolução das guerras no contexto do desenvolvimento das armas, traçando a evolução de armaduras e armas cortantes, fortificações e cercos, artilharia, armas portáteis, veículos blindados, navios de guerra e aeronaves.

A linha do tempo fica sempre localizada à direita, e ao lado dela há seções ilustradas que fornecem mais detalhes, oferecendo um pano de fundo para os fatos na cronologia, com resumos de determinadas guerras e biografias dos grandes comandantes da História, além de mapas e ilustrações.

O escopo desta obra é tão vasto que, por vezes, torna-se impossível apresentar detalhes de um evento específico na linha do tempo, portanto, um guia de outras leituras aponta bons livros nos quais o leitor pode explorar com mais profundidade os períodos ou as guerras em questão. A linha do tempo termina com a última (até agora) campanha militar "convencional", na qual os Estados Unidos lideraram uma força de coalizão no Iraque, com uma formação blindada avançando pelo deserto rumo a Bagdá enquanto aeronaves encurralavam posições inimigas. A campanha foi sucedida por uma longa ocupação do país por forças ocidentais, tentando impor lei e ordem em um território arrasado pelo conflito interno. O mesmo ocorre ao Afeganistão, onde o poder emergente dos senhores da guerra locais limitam a efetividade da autoridade central. Enquanto isso, a "Guerra ao Terror" declarada pelo presidente norte-americano George W. Bush após o ataque de 11 de setembro ao World Trade Center, em Nova York, continua. Por todo o mundo, a "linha de frente" militar torna-se cada vez mais invisível, conforme as ameaças de ataque a bomba contra civis, feitas por militantes e terroristas como forma de alcançar seus objetivos, forçam governos a dedicar recursos a medidas de segurança numa tentativa de evitar esses ataques. As guerras civis seguem em frente, sobretudo no Oriente Médio e nordeste da África, onde conflitos étnicos, tribais, genocidas e religiosos

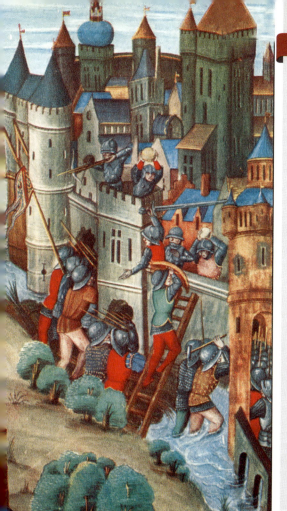

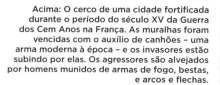

Acima: O cerco de uma cidade fortificada durante o período do século XV da Guerra dos Cem Anos na França. As muralhas foram vencidas com o auxílio de canhões – uma arma moderna à época – e os invasores estão subindo por elas. Os agressores são alvejados por homens munidos de armas de fogo, bestas, e arcos e flechas.

resultam na morte de milhares de inocentes todos os anos. Parece difícil imaginar um fim para esses conflitos enquanto tentativas de negociação diplomáticas por parte de organizações internacionais com frequência parecem destinadas a fracassar. Essa é cada vez mais a face da guerra hoje em dia.

* De acordo com a edição original deste livro, foram utilizadas as seguintes abreviaturas para demarcar a linha do tempo dos acontecimentos ao longo da história da humanidade: AEC: Antes da Era Comum; EC: Era Comum. (N. E.)

A LINHA DO TEMPO DA HISTÓRIA MILITAR AEC*

ORIENTE MÉDIO

Início do terceiro milênio: Uma dúzia de cidades-estados, entre as quais Kish, Uruk, Ur e Lagash competem por dominância.

Por volta de 2900: Narmer de Aha se torna rei de todo o Egito.

2800: Kish une as cidades-estados da Suméria.

2600: Uruk derruba Kish.

2300 – 2200: Sargão, da Acádia, primeiro grande conquistador da História, conquista Mesopotâmia, Síria e parte da Ásia Menor.

Por volta de 2000: Expansão de Ur.

Meados do século XX: Ur derrubado por elãos e amoritas. Em seguida, vêm dois séculos de cidades-estados desorganizadas.

2270 – 2230: Naram-Sin renova o vigor do Império Acadiano.

Fim do terceiro milênio: Hurritas infiltram-se na norte da Mesopotâmia e da Síria.

2200: O faraó Pepynakht faz campanha contra a Núbia.

Por volta de 2150: A morte de Pepi II, último da Sexta Dinastia, encerra o Antigo Império do Egito.

2150 – 2050: Guti do Irã destrói o Império Acadiano, depois é expulso por Uruk.

Primeiro Período Intermediário, durante o qual Monjunotep II reúne o Egito: Início do Médio Império no Egito. Fragmentação do Egito. Desintegração gradual nos reinos de Aváris, Tebas e Cuxe.

2064 – 1990: Tebas conquista Wawat (norte da Núbia) e o Alto Egito.

2050 – 1950: Ur reconstrói o Império Sumério-Acadiano.

1993: Fortificação da primeira e segunda cataratas do Nilo.

1937 – 1908: Amenemés I constrói as muralhas em volta de Suez.

1919 – 1903: Sesóstris I conquista o controle de Wawat.

Século XIX: Ascensão da Babilônia, que se tornaria o principal centro político e cultural do sul da Mesopotâmia.

1830: Campanhas de Sesóstris III no norte de Jerusalém.

1829 – 1818: Campanhas de Sesóstris III além da segunda catarata do Nilo e construção de uma série de fortes.

Século XVIII e início do século XVII: Guerras de conquistas assírias.

1800: Assírios conquistam o norte da Babilônia. Fundação do "Antigo Império Assírio".

1760: Cassitas entram na Mesopotâmia e introduzem as bigas a cavalo.

1728 – 1686: O Hamurabi amorita da Babilônia conquista o sul da Mesopotâmia, unindo os seis estados principais.

▶ INTRODUÇÃO: GUERRAS E ARMAS

Esta obra narra as guerras e as batalhas de 5 mil anos de história humana – desde o início dos registros. Durante 4.500 desses anos, a musculatura humana era a força usada para vencer guerras – com a ajuda de lanças, espadas, arcos e clavas. Somente no último meio milênio os músculos foram suplantados por instrumentos e, nas últimas poucas décadas, por microchips.

Desde o Egito Antigo até o fim da Idade Média, existiram muitas similaridades aparentes nos exércitos e frotas que foram à guerra. De fato, os estilos militares dos séculos XVI e XVII guardam uma semelhança com aqueles utilizados no passado, quando exércitos de homens trajando armaduras avançavam para dentro dos combates armados com enormes lanças não muito distintas daquelas usadas pelos hoplitas da Grécia Antiga. As galés que participaram da Batalha de Lepanto eram movidas a remo da mesma forma como os trirremes que derrotaram os persas em Salamina 2 mil anos antes.

Entretanto, a partir da metade do quinto milênio de histórias bélicas, em nossa crônica que busca chegar ao presente, o modo de se fazer guerra se transformou drasticamente – com redes de comunicação global, batalhas e campanhas coordenadas remotamente de qualquer parte do mundo com o uso de computadores, vigilância por satélite e aeronaves capazes de lançar mísseis que cruzam o planeta.

ARMADURAS E CAVALARIA

A transição da guerra tribal para o conflito organizado em cidades-estados não foi registrada, mas as primeiras armas provavelmente foram bastões produzidos com a ajuda do fogo, machados e adagas de pedra, lanças, além de fundas e arcos primitivos. Por volta do terceiro milênio antes da Idade Moderna, ferreiros sumérios moldavam cabeças de machados encaixáveis, desenvolvendo-os a partir da clava, e pontas de bronze também eram criadas para lanças e azagaias (essas últimas eram usadas em lançamentos e não em combate corpo a corpo). Artefatos em baixo-relevo assírios e egípcios mostram guerreiros regimentados, com vestimentas e armamentos relativamente sofisticados, incluindo lanças, arcos e escudos de bronze e madeira. Elmos de bronze eram itens um tanto quanto caros. A espada começou como um machado que foi aprimorado para uma espécie de foicinha em meados do segundo milênio antes da Idade Moderna; por causa das limitações estru-

A LINHA DO TEMPO DA HISTÓRIA MILITAR AEC

turais do bronze, somente com a chegada do ferro (por volta de 1200 AEC) começou a ser possível a criação de espadas longas e retas.

Quando chegaram as Guerras Greco-Persas, a falange grega equipada com guerreiros hoplitas representou o ápice da organização militar. Usando elmo de bronze e armadura corporal, cada homem levava consigo uma espada, uma lança e um escudo. Quando dispostos em formação de falange com fileiras de 16 homens e lanças de mais de 2,5 metros, esses soldados formavam uma frente de batalha formidável. Filipe da Macedônia, pai de Alexandre, o Grande, equipava suas falanges com lanças chamadas sarissas, que tinham o dobro desse tamanho. Filipe e Alexandre, ao perceberem que a falange era um corpo relativamente difícil de manobrar, criaram formações menores e, portanto, mais flexíveis.

As grandes batalhas de Alexandre foram vencidas – pelo menos em parte – pelo efeito de choque da cavalaria. A primeira arma de choque de alta mobilidade foi a biga, usada já por volta de 1700 AEC, sendo que o primeiro registro de uso de bigas em batalhas foi de Megido, em 1457 AEC. Por volta da metade do segundo milênio, os cavalos começaram a roubar o papel da carruagem e os cavaleiros citas do noroeste invadiram o mundo civilizado, assim como muitos outros viriam a fazer nos séculos subsequentes.

A infantaria, entretanto, continuava sendo o principal componente dos exércitos; as legiões de Roma, disciplinadas, bem organizadas e equipadas, mantiveram a supremacia no campo de batalha por cerca de 600 anos, desde metade do século III AEC até meados do século IV EC. Organizados em subunidades menores, os legionários eram armados com espadas

Fim do século XVIII a meados do século XVII: Desintegração gradual do Egito em reinos de Aváris, Tebas e Cuxe.

Século XVIII: Hicsos entram no norte do Egito e assumem o controle. Capital: Aváris. Eles levam a tecnologia do cavalo para a guerra, com bigas, o arco composto, o machado de guerra e noções de fortificação.

Fim do século XVI: Tutmés III derrota os hititas no Eufrates.

Segundo Período Intermediário do Egito: O Egito é dividido em três Estados: Tebas, Cuxe e Norte, controlados pelos hicsos.

1650: Reis cassitas.

Séculos XVII – XVI: Babilônia enfrenta continuamente os cassitas e os hurrianos.

1573 – 1550: O faraó Amósis expulsa os hicsos para a Palestina. Fundação do Império Egípcio.

1521: Os egípcios derrubam Aváris.

1500: Hurritas se unem como Reino Mitani.

Fim do século XVII: Mursilis I, primeiro rei do Estado hitita unido, destrói Alepo, ataca a Babilônia e derrota os hurritas no Eufrates. Primeiro Império Hitita.

EUROPA

Creta: Civilização minoica pode ter nascido por volta de 3000.

2200 – 1400: Creta é a principal potência do Egeu.

2000: Chegada dos povos falantes do grego na Grécia continental; guerreiros micenas consolidam o poder na Grécia e atacam outros territórios.

2000 – 1600: Período minoico do "Antigo Palácio".

1600 – 1400: Período minoico do "Novo Palácio", até uma onda de destruição por volta de 1425, que deixa apenas Cnossos intacta.

1450 – 1400: Provável conquista micênica de Creta; **1370:** destruição de Cnossos. Os séculos XIV e XIII são a grande era dos micenas.

Século XIII: Mais fortificações enormes são construídas e o istmo de Corinto é protegido contra invasores vindos do norte.

Meados do século XIV a meados do século XII: Período durante o qual se acredita que o cerco e a queda de Troia tenham ocorrido, de acordo com a *Ilíada*, de Homero, que só foi escrita no século VIII ou VII.

Século XIII: Declínio das condições estabelecidas e decadência geral; por volta de 1150, a civilização micênica entra em colapso; de 1100 a 800 uma era de trevas recai sobre o Egeu e a costa da Ásia Menor, quando invasores do norte (jônios, eólios, dórios etc.) chegam à região. Esses invasores eram tradicionalmente chamados de "Povos do Mar", mas muito sobre esse período permanece incerto.

INTRODUÇÃO: GUERRAS E ARMAS

curtas e azagaias. O exército romano era uma máquina de guerra formidável, capaz de marchar longas distâncias rapidamente, acampar à noite e seguir seu caminho com agilidade, o que tornava as pás tão importantes quantos as espadas.

Durante o século III EC, a pressão das tribos bárbaras sobre as fronteiras do Império Romano se intensificou e a arte da guerra passou a ser cada vez mais dominada pelas tropas a cavalo. A mobilidade era vital para repelir invasões de tribos ao longo da fronteira do Reno-Danúbio e, durante a grande crise do meio do século enfrentada pela cavalaria, exércitos preparados para se movimentar contra incursões de tribos foram mantidos em locais-chave. A Batalha de Adrianópolis, em 378, na qual o imperador Valente pereceu, é tradicionalmente vista como o início da Era da Cavalaria. A infantaria romana havia há muito entrado em decadência, tornando-se um instrumento de guerra muito diferente dos tempos da República, quando era, em essência, composta de um exército de cidadãos; aos poucos, entretanto, as tropas foram agregando bárbaros que passavam a ser usados a serviço do império.

Os hunos, que aterrorizaram a Europa e o Oriente Médio durante meados do século V, eram basicamente arqueiros sobre cavalos. Essas tribos emergiram de tempos em tempos ao longo da História, sendo os mongóis a mais terrível delas, pois suas hordas de arqueiros montados

Abaixo: Château Galliard, a grande fortaleza de Ricardo Coração de Leão no Sena, a norte de Paris. Construído no fim do século XII, esse era um dos castelos medievais mais extraordinários; ainda assim, seu inimigo, o rei Filipe Augusto, da França, tomou-o após um longo cerco em 1204.

A LINHA DO TEMPO DA HISTÓRIA MILITAR AEC

espalhavam terror pelo Extremo Oriente, a Ásia e o Oriente Médio, e mesmo na Europa, durante um breve período do século XIII. Suas táticas não tinham como base o embate corpo a corpo. Fundamentalmente, tratava-se de uma cavalaria ligeira que se reunia em volta de um oponente e conseguia escapar antes de ser empurrada para o conflito com tropas mais fortemente armadas. Eram nômades, apareciam repentinamente e desapareciam de forma tão rápida quanto surgiam.

Ao efeito de choque da cavalaria foi atribuída a criação do estribo durante o século VII, mas a criação e o treinamento de cavalos adequados eram fatores mais importantes, provocando o aprimoramento das raças árabes, difundidas por conquistadores islâmicos durante aquele século. No século VIII, as raças melhoradas produziam cavalos de guerra mais robustos, capazes de carregar cargas mais pesadas, possibilitando o desenvolvimento do cavaleiro armado. Os cavalos de guerra aprimorados e as armaduras cada

ÍNDIA

Por volta do início do terceiro milênio até aprox. 2300, a civilização harapa surge no vale do Indo. Depois de 2000 e por volta de 1750, a cultura harapa entra em decadência com o colapso da civilização; os motivos permanecem desconhecidos.

1500: Início da Era Védica. Tribos indo-europeias (arianas) invadem Punjab; pastores seminômades e sociedades tribais são lideradas por rajás (chefes guerreiros). Início dos conflitos entre tribos.

1500 – 1200: Civilização do vale do Ganges.

CHINA

Por volta de 3000: Surgimento da civilização do Huang He (rio Amarelo); depois de 2500 surgem os assentamentos cercados por muros.

2200 – 1760: Dinastia Xia.

1760 – 1100: Dinastia Shang. Conquistam a região entre os rios Amarelo e Yangtzé.

1100: Revolta contra os últimos membros da dinastia Shang e fundação do Império Zhou. Guerras de expansão por volta de 1000 – 900.

Por volta de 771: A autoridade central de Zhou é perdida. Fragmentação em mais de 100 estados individuais.

770 – 475: Período das Primaveras e Outonos (ou Era dos Hegemônicos).

ORIENTE MÉDIO

Por volta de 1600: Fragmentação da Mesopotâmia em áreas dominadas por hurritas, cassitas e "terras marítimas" no sul.

1457: Batalha de Megido. O faraó Tutmés III derrota os cananitas e seus aliados e avança pelo norte da Galileia.

Por volta de 1450: Assírios se tornam vassalos de Mitani.

Século XV: Tutmés III enfrenta 17 campanhas para invadir a Palestina.

1427 – 1400: O faraó Amenófis II faz campanha ao norte de Biblos e Damasco.

Fim do século XVI a início do século XII: Guerras do Egito Imperial. Tutmés III estende o controle egípcio ao sul da quarta catarata do Nilo. Guerras de conquista hititas. Fundação do Segundo Império Hitita, o "Novo Reino Hitita".

1400 – 1390: Campanhas do faraó Tutmés IV terminam com um tratado com Mitani.

1390 – 1364: Eriba-Adad conquista a independência assíria de Mitani.

INTRODUÇÃO: GUERRAS E ARMAS

vez mais sofisticadas eram itens caros, portanto, os exércitos desse período tendiam a ser menores do que aqueles dos séculos anteriores, sendo compostos de números relativamente reduzidos de guerreiros da elite montada apoiados por soldados de infantaria. Em virtude do surgimento dos Estados feudais, nos quais o arrendamento da terra era uma recompensa em troca de serviços militares, a divisão do Império Romano fez surgir um período de conflitos de menor escala entre os novos reinos que o substituíram. Esse sistema, que perdurou até o século XIV, nasceu com os francos do século VIII e se espalhou pelo norte da Itália, Espanha e Alemanha. Os normandos viriam a levá-lo à Inglaterra e ao sul da Itália.

As armaduras tiveram vários formatos, desenvolvendo-se ao longo dos séculos. As romanas eram produzidas com correntes, escamas (sobrepostas a pequenas placas de metal, que eram costuradas a um tecido de apoio), lamelares (placas de metal presas) ou laminadas (peças de metal presas juntas), conforme ilustrado na Coluna de Trajano.[1] Escamas e correntes eram métodos antigos de confecção de armaduras, que vinham desde os tempos dos assírios, ao passo que a armadura lamelar data dos tempos dos etruscos. Todas eram relativamente caras. Durante o século XI, as armaduras dos cavaleiros normandos eram tipicamente conforme descritas na Tapeçaria de Bayeux:[2] elmo cônico, longa cota de malha e escudo em formato de pipa. As armas usadas eram a lança e a espada.

Logo após 1200, a armadura completa começou a ser produzida. Elmos com viseiras articuladas surgiram por volta de 1300 e as primeiras armaduras para todo o corpo datam dos primeiros anos do século XV. Essas armaduras eram pesadas e incômodas e requeriam cavalos muito fortes para serem transportadas. A visão era limitada e a comunicação, difícil. Ataques com arcos e flechas podiam ser contidos pela pesada armadura, transformando os cavaleiros dessa época no equivalente aos tanques modernos. Por fim, o surgimento das armas de fogo tornou as armaduras obsoletas: placas espessas o suficiente para proteger de balas de mosquete eram impraticáveis.

---

1 Monumento construído em Roma em 113 para comemorar vitórias militares. (N. E.)

2 Tapete romano bordado datado do século XV para comemorar a conquista da Normandia pela Inglaterra. (N. E.)

A LINHA DO TEMPO DA HISTÓRIA MILITAR AEC

FORTIFICAÇÃO

Durante os quatro milênios e meio de guerras aqui analisadas, as fortalezas e sítios continuaram basicamente seguindo os mesmos esquemas. Muitas das primeiras guerras registradas aconteceram entre cidades muradas, e os baixos-relevos dos antigos egípcios e assírios carregam o testemunho dos métodos empregados para invadir fortificações.

Artilharia pesada, catapultas e aríetes eram usados para destruir parte das muralhas das cidades, permitindo o surgimento de uma brecha por meio da qual um assalto poderia ser lançado. Essas operações levavam tempo e os sitiantes costumavam procurar partes vulneráveis das defesas para atacar. Os portões da cidade recebiam atenção especial, e aríetes, com frequência de grande tamanho e peso, eram colocados em seus lugares sob uma chuva constante de flechas, atiradas dos parapeitos acima. Os aríetes precisavam ser protegidos, e isso pode ser visto de forma bastante clara nos primeiros baixos-relevos. As torres sitiadas, altas estruturas móveis protegidas por madeira e couro, também eram construídas e empurradas contra as paredes, permitindo que os agressores chegassem aos parapeitos por meio de pontes levadiças para enfrentar os guardas. Sob o ataque constante de inimigos, essas edificações podiam ser enormes e requerer a construção de longas rampas para se aproximar das paredes, já que eram fabricadas longe do alcance das flechas. Outro risco aos sitiantes eram as tropas, que podiam deixar a cidade ou fortaleza para destruir as torres e o cerco em construção.

O socorro aos lugares sitiados por exércitos de campo tornava necessária a construção de um conjunto duplo de linhas de cerco pelos agressores – viradas para

1380 – 1340: Rei Hitite Supiluliuma conquista Mitani (aprox. 1360), que se torna um Estado-tampão entre hititas e assírios.

1294 – 1279: Campanhas do faraó Seti I na Palestina.

Por volta de 1275: Batalha de Kadesh. Primeira batalha da História registrada em detalhes. Ramsés II e Muwatalli enfrentam uma batalha inconclusiva.

Por volta de 1263 – 1258: um tratado divide Palestina e Síria entre Egito e Hatti.

Entre os séculos XIII e XII: fim do ouro núbio (motivo do imperialismo egípcio no sul).

1272 – 1243: Salmanaser I dá início à expansão assíria e conquista Mitani.

1242 – 1206: Tukulti-Ninurta I, domínio assírio se expande ao sul e temporariamente (aprox. 1210) toma a Babilônia.

1200 – 900: Declínio geral por causa de invasões.

EUROPA

Fim do segundo milênio: Construção de fortes em colinas na Europa Ocidental.

815: Fundação de Cartago (data tradicional).

Por volta de 800: Esparta surge como Estado militar no Peloponeso.

Século VIII: Fenícios, já realizando uma grande quantidade de comércio no Mediterrâneo, criam postos avançados na costa da Península Ibérica.

Século VIII: Ascensão da aristocracia na Grécia. Evolução das cidades-estados com exércitos hoplitas, formação de batalha em falange e navios de guerra pentéconter.

753: Fundação de Roma (data tradicional).

750: Esparta conquista Amylae.

Século VIII: Gregos colonizam a Sicília e o sul da Itália.

735: Siracusa é fundada pelos coríntios.

730 – 710: Esparta conquista Messênia.

Por volta de 700: Gregos entram no Mar Negro.

Início do século XII: Predominância de Argos no Peloponeso.

669: Batalha de Hysiae. Argos vence Esparta.

Por volta de 650: Esparta acaba com a revolta de Messênia.

Meados do século XII a meados do século XI: Era dos Tiranos na Grécia.

580: Conflitos entre cartagineses e fenícios contra gregos têm início na Sicília.

600: Foceios fundam Massília (atual Marselha).

600: Atenas toma Salamina de Mégara.

600 – 550: Esparta estende seu domínio sobre a maior parte do Peloponeso.

▶ INTRODUÇÃO: GUERRAS E ARMAS

fora (linhas de circunvalação) em vez de para dentro (linhas de contravalação). Portanto, os cercos eram demorados e desgastantes – e, com frequência, impressionantes. O cerco de César feito por Vercingetórix em Alésia, em 52 AEC, envolveu a construção de linhas duplas de algumas dezenas de quilômetros de circunferência, intervaladas por torres e com um espaço aberto entre as linhas de defesa de circunvalação e contravalação para permitir que o reforço chegasse rapidamente às regiões ameaçadas. Diante das muralhas de defesa, armadilhas – o equivalente aos campos minados atuais – eram instaladas para os gauleses: lanças afiadas em poços escondidos, blocos de madeira com ganchos de ferro e trincheiras, tudo ocultado por mato.

Se as muralhas de uma cidade seguissem desafiando os sitiantes, a fome por fim reduziria a capacidade de resistência das guarnições. As vítimas "entre" os combatentes eram, com frequência, cidadãos que viviam dentro das muralhas. Os homens de combate tinham prioridade de alimento e água, e há muitos registros de situações nas quais populações de civis eram cruelmente expulsas das cidades sitiadas. Nos séculos XIX e XX, isso parecia menos chocante, pois a "guerra total" havia se tornado uma forma reconhecida de guerra, com cidades bombardeadas por ar e por terra. Durante a Segunda Guerra Mundial, Leningrado resistiu a um terrível cerco de mais de 29 meses, durante o qual a privação aos habitantes foi piorada ainda mais pelo inverno russo – o que os lançou ao status de heróis.

A revolução da pólvora causou seu impacto na guerra de sítio antes de exercer muito efeito no campo de batalha. Grandes bombardas foram usadas nos últimos períodos da Guerra dos Cem Anos e na tomada otomana de Constantinopla, em 1453, e, conforme a artilharia e os pequenos exércitos eram aprimorados, o desenho das fortificações também se transformava. Em tempos anteriores, era suficiente construir defesas espessas e altas, se possível em colinas ou penhascos, dando aos defensores a vantagem da altitude e também da solidez das muralhas de pedra. Bastiões – torres instaladas em intervalos ao longo das muralhas – ofereciam força extra e eram locais de refúgio para os guardas no caso de as paredes serem danificadas ou arrebentadas.

A pólvora, porém, transformou tudo isso. Durante o

A LINHA DO TEMPO DA HISTÓRIA MILITAR AEC

Renascimento, houve uma ruptura com o modelo anterior de fortificações. As defesas passaram a ser mais baixas, mais arredondadas e ainda maiores. No entanto, isso não foi suficiente. A fortificação se tornou uma ciência; as plantas de uma fortaleza eram cuidadosamente criadas, levando em conta o campo de fogo disponível tanto para o agressor quanto para o defensor. O bastião passou a ter forma de flecha, com uma longa muralha inclinada, de modo que as armas pudessem dominar as áreas em frente às muralhas. Diante das principais defesas, valas e paredes eram criadas visando impedir a aproximação da infantaria inimiga – mas eram construídas também de modo a não atrapalhar o fogo defensivo. No fim do século XVII, as fortalezas se tornaram ainda mais complexas e eficientes, com direito a obras como revelins e semiluas. E essa ciência foi alçada a um novo patamar com os trabalhos de Vauban, cujas fortificações ainda sobrevivem em muitas regiões no norte da França.

Além do fogo de artilharia, a cidade ou fortaleza sitiada também era ameaçada – talvez de forma ainda mais insidiosa – pela aproximação furtiva de trincheiras e túneis cavados pelos sitiantes. Se a geologia local permitisse, uma forma de derrubar as muralhas defensivas consistia em cavar um túnel por debaixo dela, criando um espaço o mais amplo possível sob a terra e escorando-o com madeira. Quando incendiada, a "mina" entrava em colapso, trazendo consigo uma parte da muralha. Essa foi uma técnica usada ao longo da História dos cercos a fortificações de pedra e teve sua contribuição no Cerco de Vicksburg e em outras campanhas do teatro de operações ocidental da Guerra Civil Americana. Com as linhas de trincheira da Frente Ocidental

570: Guerra entre Atenas e Mégara.
560 – 550: Guerra entre Esparta e Tégea.
550: Esparta toma Thyreatis de Argos.
546 – 545: Pérsia conquista as cidades-estados gregas na costa do Egeu, na Ásia Menor.
540 – 523: Polícrates, tirano de Samos, é o primeiro grande imperialista naval.
535: Batalha de Alália. Foceia é expulsa de Córsega por etruscos e fenícios.
525 – 524: Expedição de Esparta e Corinto contra Samos não obtém sucesso.
509 – 508: Esparta invade Ática e liberta Atenas da tirania.
Por volta de 500: Esparta se torna a maior potência militar da Grécia continental. **494:** Cleômenes, rei de Esparta (520 – 490), acaba com o restabelecimento de Argos.

ORIENTE MÉDIO

Meados do século XIII: Hebreus conquistam a Palestina. Guerras de Josué (incluindo a queda de Jericó).
1190 – 1150: Reino Hitita é derrubado por frígios, lúvios etc.
1184 – 1153: O faraó Ramsés III expulsa invasores vindos do Saara. Cena é retratada em baixo-relevo como batalha naval.
1180: Frígios invadem a Ásia Menor. Grande invasão, possivelmente com a participação dos povos antes identificados por historiadores como "Povos do Mar", leva a grandes fragmentações.
1180 – 1177: O faraó Merneptá expulsa invasores da Líbia e os "Povos do Mar" em um ataque ao longo da costa e do delta do Nilo. Durante o reinado de Ramsés VI (1143 – 1136), o Egito perdeu seus domínios na Palestina.
Fim do século XIII até século XII: Ascensão de Elão.
1124 – 1103: Nabucodonosor I derrota Elão.
1114 – 1076: Tiglate-Pileser I expande o controle assírio até a costa do Mediterrâneo.
Fim do século XII ao início do século X: Filisteus dominam a Palestina.
1087: Rei Panesi, da Núbia, invade e ocupa temporariamente Tebas. Em 1080, seu regime se separa do Egito.
Por volta de 1060: Egito retorna às suas fronteiras originais. Fim do Império Egípcio.
1025 – 1006: Guerras do rei israelita Saul.
1006 – 968: Guerras do rei israelita Davi. Ele toma Jerusalém.
975: Davi derrota os filisteus.
Séculos XI e X: Babilônia é disputada por assírios, arameus, caldeus etc.
925: Divisão do Reino de Israel em Israel (norte) e Judá (sul).

INTRODUÇÃO: GUERRAS E ARMAS

durante a Primeira Guerra Mundial se espalhando pela Bélgica e pelo norte da França, túneis foram escavados precisamente com o mesmo propósito, mas agora usando explosivos, cujo poder era muito maior. Abaixo das trincheiras, uma guerra sombria e horrível era enfrentada entre mineiros opositores, com cada lado ouvindo atentamente em busca de sinais de que o inimigo também estava escavando.

Talvez a última fortificação, construída entre a Primeira e a Segunda Guerra Mundial, tenha sido a Linha Maginot, um complexo francês vasto com espessas camadas de concreto e armamento mais pesado jamais vis-

A LINHA DO TEMPO DA HISTÓRIA MILITAR AEC

Terceiro Período Intermediário. Egito fragmentado. Guerras esporádicas entre os estados.

911 – 891: Adadnivan II dá início ao restabelecimento e expansão da Assíria. Fundação do "Novo Império Assírio".

Séculos IX a VII: Assírios fazem guerra constantemente com base no terror para dominar a Mesopotâmia e além.

877: Assíria alcança o Mediterrâneo.

853: Batalha de Quaquar. Assírios são contidos por fenícios, sírios e Acabe de Israel.

Século VIII: Assíria conquista toda a Babilônia e grande parte da Palestina.

Por volta de 800: O Egito é composto de três reinos: Heracleópolis, Tebas e Cuxe.

Meados do século VIII: Ascensão de Cuxe.

750: Núbia avança ao norte, rumo à confluência dos dois Nilos.

745 – 725: Tiglate-Pileser III da Assíria conquista a Palestina.

Fim do século VIII: Incursões egípcias na Palestina e Síria provocam os assírios.

727: Pié, do Cuxe, conquista o delta do Nilo e é reconhecido como rei de todo o Egito.

722: Assíria toma Samaria.

720: Al-Mina é tomada pela Assíria.

717: Assíria toma Carquemis.

705: Cimérios conquistam Frígia.

701: Revolta da Judeia.
Batalha de Elteka. Assírios derrotados por Judeia e Egito.

700: Assíria toma Biblos.

688 – 663: Senaqueribe tira o Egito da Palestina.

677: Destruição de Sídon.

674: Invasão assíria do Egito é reprimida.

671: Assírios saqueiam Mênfis e tomam a cidade de Tiro.

664 – 656: Assíria assume o controle do Egito.

664 – 610: Psamético I expulsa os assírios do Egito.

652: Giges, rei da Lídia, é morto pelos cimérios.

630: Psamético ocupa Ashdode.

Por volta de 627: Último rei assírio da Babilônia morre; início da guerra civil.

626 – 625: A Babilônia torna-se independente da Assíria.

625: Ascensão do Império Medo.

625 – 539: Dinastia Caldeia restabelece a Babilônia como potência dominante na Mesopotâmia, o "Império Neobabilônico".

Ciaxares derrotam os citas.

616: Campanhas de Psamético contra os babilônios na Síria.

612: Colapso do Império Assírio e destruição de Nínive.

Abaixo: Artilharia atual. Soldados norte-americanos do 151º Regimento de Artilharia de Campo preparando-se para atirar um morteiro M198 de 155mm durante um treino anual, em julho de 2007. O 155 foi amplamente utilizado durante as guerras do Iraque – nas operações Tempestade no Deserto e Liberdade do Iraque.

INTRODUÇÃO: GUERRAS E ARMAS

to. Atravessando a fronteira da França com a Alemanha, tinha 140 quilômetros de extensão e vivia permanentemente vigiada, com paióis com ar-condicionado e uma área subterrânea ligando as linhas de trem. Sua eficácia, entretanto, foi completamente negativa, pois criou complacência no comando francês – o que levou ao desastre em 1940, quando os alemães simplesmente contornaram a estrutura, passando pela Bélgica.

A fortificação de cidades se tornou uma estratégia obsoleta em virtude das armas modernas e da velocidade das comunicações. Uma cidade pode ser atacada pelo ar – como foi o caso durante a Segunda Guerra Mundial, quando Londres foi vítima de um *blitzkrieg* e uma contraofensiva aérea foi lançada sobre cidades alemãs. Nenhum tipo de defesa criado pela humanidade poderia ter evitado a destruição atômica de Hiroshima e Nagasaki.

ARTILHARIA

Uma característica notável da arte da guerra foi o aumento da distância entre os inimigos beligerantes. Em tempos antigos, a área de alcance de um exército era a extensão da espada, a distância da qual uma lança podia ser arremessada ou uma flecha atirada. A artilharia viria a promover o aumento dessa distância e do peso dos projéteis – e, portanto, de seu poder de extermínio. A artilharia antiga tinha como base arremessar ou atirar projéteis por meio de torsão ou tensão. Balistas tinham como base a tensão. Grupos de cordas ou outras fibras bem amarradas geravam a energia que, quando liberada, arremessava um projétil. A tensão – como a usada nos arcos – era utilizada para dar força a catapultas e grandes arcos horizontais. Em geral, esses aparatos desajeitados e pesados eram mais úteis em cercos do que no campo de batalha. Peças menores de artilharia, contudo, eram úteis em linhas de defesa fortificadas, típicas do aparato de guerra romano.

Para a guerra de cerco, quanto mais pesada a artilharia, maiores as chances de criar buracos nas muralhas. Josefo descreve as catapultas romanas no cerco a Jerusalém em 70 EC como lançar pedras de 25 quilos a mais de 350 metros. Com o fim do Império Romano, a ciência da artilharia parece ter entrado em decadência. O trabuco, entretanto, que surgiu por volta do século XII, representava um meio simples de lançar grandes objetos a consideráveis distâncias. Ele funcionava por contrapeso. Ex-

A LINHA DO TEMPO DA HISTÓRIA MILITAR AEC

perimentos modernos indicam o poder dessas máquinas: com 10 toneladas e um braço de aproximadamente 15 metros, uma pedra de 135 quilos podia ser lançada a cerca de 280 metros.

De qualquer forma, esse tipo de maquinário era usado apenas em cercos. Somente com o surgimento da pólvora a artilharia começou a ganhar seu espaço como árbitro de batalhas. As primeiras armas de fogo eram tubos de ferro forjado presos com aros e carregados em uma das bocas com uma bola de pedra esférica. No final do século XIV, bombardas de ferro forjado eram capazes de projetar balas de canhão de 200 quilos. As armas de lançamento eram infinitamente superiores. Num primeiro momento, eram manufaturadas com latão e bronze; depois, com ferro e aço. E tinham a vantagem de conseguir atirar balas de canhão de metal e não de pedra. (As pedras, de qualquer forma, estavam custando muito e exigiam muito trabalho no século XV.) Pouco a pouco, a peça clássica de artilharia emergia: um tubo de metal fundido, com a boca carregada e que atirava pela culatra, colocado sobre uma estrutura com duas rodas e "bochechas" projetadas para trás para apontar a arma.

No século XVII, a artilharia se tornava mais lenta e mais manobrável. Gustavo Adolfo, da Suécia, mostrou-se um grande inovador ao criar armas para a infantaria ligeira, de modo a oferecer apoio no campo de batalha. Durante o século XVIII, carruagens mais leves e calibres padronizados possibilitaram a manufatura e o uso dessas armas. Napoleão (que começou sua carreira militar como parte da artilharia) conseguiu levar a campo "grandes baterias" para atacar a infantaria oponente antes de enviar uma cavalaria e infantaria para atacar - em Waterloo, seu exército

Fim do século VII e meados do século VI: Guerra dos medos contra Urartu, Lídia etc.; O Império Medo se expande até a Síria, leste da Ásia Menor e, a oeste, até o Indo.

610: Batalha de Megido. O egípcio Necho II derrota Josias de Judá.

Por volta de 610: Dinastia saíta governa o Egito.

605 – 562: Nabucodonosor II conquista a Síria e a Palestina.

605: Batalha de Carquemis. Necho é derrotado por Nabucodonosor, que toma o sul da Mesopotâmia.

601: Invasões do Egito na Babilônia são contidas.

Por volta de 600: Lídia introduz a primeira cunhagem do mundo.

597: Nabucodonosor toma Jerusalém.

594 – 589: Psamético II envia expedição à Núbia. Sua força inclui mercenários gregos.

590 – 589: Guerra Sagrada contra Crisa.

590 – 585: Guerra dos medos contra Lídia.

586: Nabucodonosor cerca e destrói Jerusalém.

581: Invasão babilônica do Egito chega ao fim.

574 – 570: Campanhas de Apriés.

570: Batalha de Cirene.

561 – 547: Creso é rei da Lídia.

560: Amósis II declara a dominação egípcia da Síria e da Palestina e ocupa o Chipre.

555 – 539: Nabonido é o último rei da Babilônia.

550: Ciro, o Grande (559 – 530), derruba a dinastia Medo e funda o Império Persa.

547 – 545: Ciro conquista a Lídia e domina Sárdis e as cidades costeiras do sul da Ásia Menor.

539: Ciro toma a Babilônia de Nabonido.

530: Ciro é morto na campanha no Sir Dária.

525: Batalha de Pelúsio. Rei babilônico Cambises conquista o Egito, que passa a ser uma província do Império Persa.

522 – 521: Guerra Civil na Pérsia

513: Grande expedição de Dário da Pérsia no Danúbio.

ÍNDIA

Por volta de 800: Início da era Kali. Conflito entre kauravas e pandavas da tribo kurv.

600: Ascensão das Repúblicas (Mahajanapandas). Conflito pela hegemonia no vale do Ganges. Dezesseis "grandes estados" se reúnem em reinos: Kashi, Côssola, Mágada e República Vrjjian.

543: Rei Bimbisara de Mágada conquista Kashi e Côssola e desfaz a confederação Vrjjian.

537: Dário da Pérsia conquista o vale do Indo.

491: Rei Ajatasatru (491 – 459) constrói um forte em Patua; anexa Kashi e Côssola.

Guerras de Ajatasatru. Por mais de 16 anos, ele domina Vrjji.

21

INTRODUÇÃO: GUERRAS E ARMAS

Abaixo: O General Wolfe organiza seus granadeiros de casaca vermelha em Heights of Abraham, durante o ataque de Quebec, em 1759. A infantaria está com seus mosquetes de pederneira Brown Bess prontos para o combate iminente.

usou mais de 250 peças de artilharia.

Durante o século XIX, grandes avanços na metalurgia e balística aprimoraram extraordinariamente a artilharia e as armas portáteis; os rifles se tornavam cada vez mais precisos. As armas começavam a tomar sua forma moderna e ganhavam velocidade; surgiram o carregamento pela culatra e as armas de disparo rápido. Ao final da

A LINHA DO TEMPO DA HISTÓRIA MILITAR AEC

Primeira Guerra Mundial, a artilharia dominava o campo de batalha e, durante três anos e meio de impasses na Frente Ocidental, prendeu as tropas ao terreno, transformando os assaltos de infantaria praticamente em ataques suicidas. Grandes bombardeios, realizados por enormes morteiros, não conseguiam romper o arame farpado que defendia as linhas inimigas e só serviam para agitar o chão, de modo a torná-lo algo semelhante a um pântano intransponível.

As manobras retornaram ao fim da Primeira Guerra Mundial, mas agora a artilharia tinha novos alvos: tanques e aeronaves. Surgiu uma espécie de corrida desenvolvimentista de tanques e antitanques; os primeiros se tornavam maiores e mais fortemente protegidos, blindados contra os projéteis criados para penetrar armaduras. O combate no ar era travado por aviões de guerra, mas as armas antiaéreas se tornavam cada vez mais eficazes com o desenvolvimento de espoletas de proximidade, as quais eram detonadas sem a necessidade de atingir a aeronave. Ao fim da guerra no Pacífico, os navios de guerra da Marinha dos Estados Unidos estavam cobertos de armas de defesa aérea – nos estágios finais, sobretudo para abater as aeronaves camicases japonesas. Enquanto isso, as grandes armas dos navios de guerra agora se mostravam capazes de cobrir distâncias superiores a 30 quilômetros.

A artilharia atual conta com a vantagem dos satélites e computadores para alcançar seus alvos; os propulsores são muitas vezes mais fortes do que a pólvora, e os foguetes, testados pelo inventor inglês Congreve durante as Guerras Napoleônicas, agora se tornaram mais elaborados, oferecendo a força e a precisão que estão suplantando a artilharia tradicional.

Por volta de 400: Grandes exércitos do Império Nanda.
495 – 448: Guerras Greco-Persas
497: Levantes gregos contra os persas em Mileto, Chipre etc.
494: Batalha de Lade: persas derrotam as frotas jônicas.
492: Primeira Campanha. Trácios repelem os persas.
490: Segunda Campanha. Batalha de Maratona. Gregos derrotam os persas.
480: Terceira Campanha. Batalha das Termópilas.
480: Batalha do cabo Artemísio: persas saqueiam Atenas.
480: Batalha de Salamina.
479: Persas voltam a ocupar Atenas. Batalha de Plateias.
479: Batalha de Mícale e libertação grega de cidades-estados da Ásia Menor.
478: Sob o comando de Pausânias, os gregos capturam Bizâncio e Chipre. Atenas cria a Liga de Delos contra a Pérsia.
467: Batalha do Eurimedonte. Atenas vence os persas.
458: Batalha de Egina.
459: Frota grega apoia a revolta egípcia. Expedições para Mênfis.
454: Frota grega aniquilada pelos persas.
449: Batalha de Salamina/Chipre.
448: Tratado de Cálias encerra o conflito.

GUERRAS GRECO-ETRUSCAS (MEDITERRÂNEO OCIDENTAL)
540: Batalha de Alália.
535: Gregos expulsos de Córsega.
474: Batalha de Cime/Cumas.
481 – 480: Cartago invade Sicília.
480: Batalha de Hímera (Siracusa, Cartago).
509: Revolução *versus* Tarquínio, o Soberbo, em Roma.

CHINA
475 – 221: Período dos Estados Combatentes.
Por volta do ano 300: A China se une em sete estados principais; grandes exércitos conscritos agora tomam o campo de combate, gerando um enorme aumento no número de conflitos.
Por volta de 255: Fim da dinastia Zhou e desintegração definitiva de qualquer tipo de estrutura imperial.

431 – 404: Guerra do Peloponeso.
457 – 451: Primeira Guerra. Derrota de Atenas.
457: Atenas conquista Egina. Batalha de Tanagra.
451: Trégua.
447: Beócia liberta-se de Atenas.

▶ INTRODUÇÃO: GUERRAS E ARMAS

ARMAS PORTÁTEIS

A chamada "revolução da pólvora" (de aproximadamente 1300 – 1650) fez surgir peças de artilharia modernas, armas portáteis e bombas. As primeiras armas portáteis eram simplórias e muitas vezes perigosas – tanto para quem as portava quanto para quem fosse o alvo. Em meados do século XV, o desenvolvimento do pavio e da serpentina possibilitou o surgimento do mosquete de fecho de mecha, a primeira arma de fogo prática. Pesada e desconfortável, também demorava para atirar e precisava de uma base bifurcada para segurar o lado com o bocal. Coronhas adequadas permitiram tiros mais precisos e menos dolorosos e, durante a Guerra de Independência Holandesa e a Guerra dos Trinta Anos, grandes formações de mosqueteiros tomaram o campo, mas sua demora para atirar exigia que eles estivessem protegidos por unidades de lanceiros. Com o desaparecimento das armaduras, no fim do século XVI, os mosquetes se tornaram mais leves e menores. Também durante o século XVI deu-se a criação da pederneira, um mecanismo mais barato e mais fácil de usar para acender a carga. Ela passou a ter uso militar um século depois e pouco a pouco tomou o lugar do mosquete de fecho de mecha – essa substituição estava praticamente completa por volta do ano 1700. No século XVIII, a padronização das peças e a capacidade dos Estados-nação de produzirem armas em massa possibilitou o surgimento de grandes exércitos de infantaria uniformemente equipados.

No entanto, o curto alcance dessas armas – muito menor do que o do arco – significava que as batalhas mantinham as mesmas formações e manobras lineares de antes, já que as armas portáteis miravam com exatidão um alvo a até 70 metros e tinham a capacidade de ferir alguém a até 200 metros. As saraivadas aumentaram a eficácia dessas armas de curto alcance e as batalhas se transformaram em fileiras de homens em pé, trocando fogo entre linhas de infantaria até um lado finalmente ceder, o campo de batalha desaparecendo em meio a uma densa névoa de fumaça.

A pederneira era a armá padrão da infantaria do século XVIII e início do século XIX, mas, embora o método de ignição fosse relativamente confiável, levava

A LINHA DO TEMPO DA HISTÓRIA MILITAR AEC

muito tempo para o carregamento e disparo (as saraivadas ocorriam em uma média de dois ou três tiros por minuto) e a precisão das esferas de chumbo usadas era medíocre.

Em 1843, o exército prussiano adotou o fuzil Dreyze, uma arma de retrocarga com ignição, o que aumentava a quantidade de tiros. O rifle francês Minié, de 1846 – 1848, aumentou o alcance para 1.000 metros com um projétil aprimorado, que se expandia ao ser atirado. No fim do século XIX, o mundo das armas portáteis havia sofrido uma revolução: cartuchos metálicos e propulsores sem fumaça em vez da antiga pólvora negra, possibilitando tiros precisos entre 5 e 600 metros ao mesmo tempo que o atirador era praticamente indetectável, de modo que certas formações de batalha se tornaram verdadeiros atos suicidas. As grandes potências demoraram a entender isso, como as baixas na Guerra dos Bôeres deixam claro.

A Primeira Guerra Mundial viu essas novas armas de fogo serem usadas em larga escala, mas foi a metralhadora – notavelmente o desenho da Maxim, operada por recuo – que eliminou as manobras táticas e pôs em marcha os eventos que levaram às trincheiras e linhas de cerco na Frente Ocidental. Com a capacidade de atirar entre 500 e 600 projéteis por minuto a uma média de até 2 mil metros, essas armas levaram um poder de destruição sem precedentes ao campo de batalha.

As armas portáteis modernas são automáticas ou semiautomáticas, do tipo que vemos na TV todas as noites. O poder de fogo é enorme e as táticas de infantaria de hoje colocam ênfase em pequenos grupos ocultos, trabalhando em conjunto com tanques, artilharia e

446: Eubeia e Mégara. Revolta contra Atenas. "Paz dos Trinta Anos." Atenas devolve os ganhos de guerra.
431 – 421: Segunda Guerra, indecisiva.
431 – 421: Guerra de Arquídamo.
Esparta destrói Ática; a praga atinge Atenas.
425: Batalha de Pilos. Vitória ateniense. Esfactéria se rende.
424: Campanha da Trácia. Batalha de Anfípolis.
421: Batalha de Niceia.
Esparta domina a terra; Atenas, o mar.
430-427: A praga enfraquece Atenas.
428 – 427: Revolta de Mitilene.
424: Batalha de Délio. Atenas derrotada.
421: Tratado de Nícias, resultante do desgaste provocado pela guerra.
418: Batalha de Mantineia. Esparta derrota Argos.
415 – 413: Expedição ateniense à Sicília se mostra desastrosa. Frota é aniquilada.
413 – 404: Guerra da Decélia.
410: Batalha de Cízico. Atenas recupera a supremacia naval.
407: Esparta ganha a cooperação persa.
406: Batalha das Arginusas. Atenas sai vitoriosa, mas surgem conflitos internos.
405: Batalha de Egospótamos. Frota ateniense é destruída.
404: Cerco e rendição de Atenas.
409: Cartago avança rumo a Siracusa.
Expansão contínua de Roma na Itália.
431: Batalha do Monte Algido.
498 – 493: Guerras Latinas.
403 – 400: Dionísio de Siracusa conquista a maior parte da Sicília.
401 – 400: Durante a guerra civil persa (Artaxerxes II *versus* Ciro, o Jovem), mercenários gregos vencem a Batalha de Cunaxa, mas, em seguida, investem em um recuo épico pelas montanhas, durante o inverno (conforme registrado por Xenofonte).

ESPARTA
399 – 394: Guerra de Esparta e Pérsia.
396 – 394: Expedição espartana à Ásia Menor.
395 – 387: Guerra de Corinto.
395: Batalha de Haliarto.
394: Cerco de Corinto (até 390).
394: Batalha de Coroneia.
394: Batalha de Cnidu. Frota espartana é derrotada pelos persas.
382: Esparta ocupa a cidadela de Tebas.
379 – 371: Guerra de Independência de Tebas.
379: Tebas expulsa tropas espartanas.

> INTRODUÇÃO: GUERRAS E ARMAS

força aérea.

VEÍCULOS BLINDADOS DE COMBATE

Com a superioridade esmagadora da defesa no fim do século XIX e início do século XX, quando as armas de fogo lançavam projéteis em alta velocidade e a artilharia dominava o campo de batalha a grandes distâncias, manobrar tornou-se quase impossível. Os movimentos iniciais da Primeira Guerra Mundial incluíam enormes exércitos sendo transportados por ferrovias até suas bases, depois avançando para encontrarem uns aos outros. Depois de um breve período de manobra, durante o qual o Plano Schlieffen modificado dos alemães fracassou na Batalha do Marne, uma espécie de beco sem saída se espalhava pela Bélgica e pelo noroeste da França, desfeito por ofensivas da infantaria

Abaixo: Um tanque Tiger alemão – Panzerkampfwagen VI – no Norte da África durante a Segunda Guerra Mundial. O Tiger era um sistema de armas impressionante, tão fortemente blindado que os tanques Aliados tinham muita dificuldade para destruí-lo, e com um alto poder de fogo de 88mm.

A LINHA DO TEMPO DA HISTÓRIA MILITAR AEC

que custavam quantidades inaceitáveis de vidas humanas. Defendidos por arame farpado, metralhadoras e com considerável trabalho abaixo do solo e quantidade de abrigos contra o fogo da artilharia, desenvolveram-se sistemas sofisticados e complexos de trincheiras. A Frente Ocidental se tornou uma gigantesca área de matança, onde a lama frequentemente se transformava em líquido após ser sacudida pelo bombardeio intenso e contínuo. Foi nesse cenário que o tanque de guer-

376: Batalha de Naxos. Atenas derrota Esparta no mar.
371: Batalha de Leuctra. Tebas derrota Esparta.
370 – 362: Guerras de Tebas.
370: Guerras de Tebas; invasão de Tebas ao Peloponeso e Lacônia.
364: Expedição naval de Tebas a Bizâncio.
364: Batalha de Cinoscéfalos.
363: Tebas derrota Tessália.
362: Tebas invade o Peloponeso novamente.
362: Batalha de Mantineia.
Guerras Dionísias contra Cartago
398 – 397: Primeira Guerra. Cartagineses expulsos de Siracusa.
392: Segunda Guerra. Cartagineses quase são expulsos da Sicília.
390 – 379: Dionísio conquista parte do sul da Itália.
389: Batalha de Elleponus. Dionísio derrota os italianos.
385 – 376: Terceira Guerra.
368 – 367: Quarta Guerra.
366 – 344: Agitação em Siracusa após a morte de Dionísio, em 367.

CONQUISTA ROMANA DA ITÁLIA
405 – 396: Etruscos de Veio sitiam Roma.
391: Gauleses sitiam Chiusi.
391: Gauleses derrotam Roma na Batalha do Ália e promovem saques em Roma.
367: Segunda invasão gaulesa é repelida.
362 – 345: Roma contém levantes latinos.
343 – 341: Primeira Guerra Samnita.
343: Batalhas de Astura, Suessula e Salicula.
342: Batalha do Monte Gauru.
341: Batalhas de Veseris, Tiferno; conquista romana da Campânia.
340 – 338: Guerras Latinas.
338: Batalhas de Sinnessa, Pedum.
360 – 1, 350 – 349: Gauleses atacam a região do vale do Tiber.

CARTAGO E SIRACUSA
344 – 339: Guerra cartaginesa contra Timoleon de Siracusa. Cerco de Siracusa.
340: Batalha de Crimiso.

GUERRAS DE FILIPE DA MACEDÔNIA
358: Filipe unifica a Macedônia.
357 – 355: Guerra dos Aliados.
357, 356: Expansão de Filipe até Calcídica.
355 – 346: Filipe toma grande parte de Tessália.
355 – 346: Segunda Guerra Santa. Filipe é arrastado para o centro do conflito grego.

▶ INTRODUÇÃO: GUERRAS E ARMAS

ra foi concebido e criado, com o propósito de atravessar as trincheiras e invadir as linhas inimigas. Munidos com esteiras, esses tanques de fato conseguiam transpor obstáculos formidáveis, enquanto a blindagem permitia proteção contra os tiros de armas portáteis. Os canhões e metralhadoras anexados à carcaça desses tanques também atiravam. Com o tempo, eles tiveram um impacto no curso dos eventos na Frente Ocidental, mas foi somente na Segunda Guerra Mundial que os canhões realmente ganharam espaço. No período entre guerras, teóricos como Fuller, Liddell Hart, Guderian e de Gaulle concordavam que o tanque podia ser um item de ponta para um exército atacando, em vez de um instrumento de apoio à infantaria. Nesse papel, o tanque levou manobra, choque e velocidade de volta à guerra. E os *blitzkriegs* alemães na Polônia, Bélgica, França e Rússia demonstravam que, se usados da forma adequada, os tanques eram armas decisivas. Desde então, eles têm sido um elemento essencial da guerra em solo. Durante a Segunda Guerra Mundial, a ameaça da artilharia antitanque foi respondida com uma blindagem mais pesada e, à época da épica Batalha de Kursk, em 1943, os dois lados levavam a campo milhares de veículos blindados de combate.

Na segunda metade do século XX, os tanques se tornaram cada vez mais sofisticados, com armamentos computadorizados capazes de perseguir um alvo selecionado, mesmo quando os veículos têm de manobrar em terrenos complicados. E os sistemas modernos de comunicação possibilitaram o aprimoramento das coordenações do ataque. Entretanto, a ameaça dos céus – dos jatos com armas "inteligentes", helicópteros de ataque que podem deixar seus esconderijos para lançar mísseis e também as aeronaves como o fortemente blindado A-10 Thunderbolt – levou muitos a acreditar que o tanque está se tornando obsoleto.

GUERRA NO MAR

Durante quase todos os quatro milênios e meio abordados neste livro, as embarcações de guerra dependeram de remos atuando como força propulsora. Durante a Antiguidade, os gregos desenvolveram um navio de guerra que foi considerado um clássico do design dessas embarcações: o trirreme. Três bancos de remo permitiam que esses longos e estreitos navios alcançassem alta velocidade,

A LINHA DO TEMPO DA HISTÓRIA MILITAR AEC

e o principal método de ataque era acertar o adversário. A proa desses barcos era pontiaguda e fortemente reforçada para perfurar o flanco do navio inimigo. Essa foi uma característica desde a batalha naval de Salamina até a de Acácio, com as embarcações se tornando maiores e mais fortes ao longo dos séculos. Entretanto, esses não eram navios de oceano e, até hoje, nenhum navio de guerra antigo completo foi encontrado por arqueólogos. Muitas informações sobre o desenho dessas embarcações continuam sendo um mistério, mas, durante a década de 1980, uma equipe anglo-grega reconstruiu um trirreme com base em evidências encontradas em cerâmicas, baixos-relevos, outros itens arqueológicos e escritos de historiadores antigos. O resultado foi um navio de guerra convincente, mas grande parte dele continua sendo conjectural.

O trirreme foi, essencialmente, o navio de guerra das democracias gregas. As galés de Roma eram impulsionadas por escravos remadores e, com a invenção das rampas de embarque, os romanos efetivamente transformaram as batalhas navais em extensões da guerra em solo.

As galés (também chamadas de galeras) propulsionadas por escravos continuaram sendo uma característica básica de muitas marinhas até o século XVI, quando o advento da pólvora revolucionou a guerra no mar, assim como fez com a guerra em solo. Em 1571, Lepanto foi a última grande batalha naval com o extensivo uso de galés; dezessete anos depois, a Armada Espanhola foi, em grande medida, um tipo de ação naval muito diferente, enfrentada entre navios próprios para o oceano, impulsionados por velas e armados com fileiras de canhões. No século XII, deu-se o descobrimento da bússola, permitindo aos navios se aventurarem com mais con-

352: Batalha de Crocus Field.
348: Filipe conquista Calcídica, Trácia.
345 – 339: Filipe consolida a posse do norte da Grécia.
342: Pérsia recupera o controle do Egito.
341 – 338: Guerra macedônica contra a Liga Helênica.
338: Batalha de Queroneia. Filipe derrota a Liga Helênica.
337: Parmênio, general de Filipe, lidera a vanguarda nos planos de invasão da Pérsia.
336: Filipe é assassinado.
335 – 323: Guerras de Alexandre, o Grande.
335: Campanha contra tribos do Danúbio abafa revoltas em Tessália, Atenas e Tebas.
334 – 331: Conquista da Pérsia.
334: Batalha de Grânico.
333: Batalha de Isso.
332 – 331: Conquista da Síria.
332: Cerco de Tiro, cerco de Gaza e conquista do Egito.
331: Levante espartano. Batalha de Megalópolis. Antípatro derrota Ágis.
331: Batalha de Gaugamela/Arbela.
330: Ocupação da Mesopotâmia.
331 – 323: Conquistas do leste da Pérsia até Hidaspes.
326: Batalha de Hidaspes.
323: Morte de Alexandre.

MEDITERRÂNEO OCIDENTAL
327/6 – 304: Segunda Guerra Samnita contra Roma.
323: Cartago dá início à reconquista da Sicília.
321: Batalha das Forcas Caudinas. Roma sofre uma derrota humilhante para os sabinos.

ÍNDIA
Por volta de 325/321: Chandragupta Máuria tira o poder de Nanda em Mágada e promove campanhas no norte e centro da Índia.
Guerras de Chandragupta: Ele conquista o norte da Índia e funda o Império Máuria.
305: Chandragupta enfrenta Seleuco I Nicator e encerra as relações amigáveis. Seleuco cede suas províncias na Índia em troca de 500 elefantes.
Por volta de 297 – 272, ou 268 Bindusara: "Amitrochates" ("Destruidor de Inimigos") cria o Segundo Império Máuria, que se estende ao sul, até Maiçor.
272/8 a por volta de 231: Asoka. Segundo registros de Plínio, o exército de Máuria era composto de 9 mil elefantes, 30 mil membros de cavalaria e 600 mil de infantaria.
260: Campanhas de Asoka contra Calinga.

▶ INTRODUÇÃO: GUERRAS E ARMAS

fiança pelos mares. No século XVI, o planeta estava sendo navegado, e agora as guerras podiam ser planejadas nos oceanos.

Por três séculos e meio, os navios de guerra à vela dominaram os mares, e as batalhas e combates individuais foram caracterizados por muita manobra, até o inimigo se encontrar ao alcance do canhão (algumas centenas de metros) e ambos começarem a atirar um contra o casco do outro. As batalhas entre as marinhas eram caracterizadas por grandes frotas enfileiradas, manobrando cuidadosamente para ganhar vantagem e levar o maior número possível de armas para atacar o inimigo.

A guerra transoceânica permitiu a conquista de grandes impérios pelo globo; agora as guerras da Europa continuavam na América do Norte, no Caribe, na Índia e nas rotas de comércio. Em meados do século XIX, a vela abriu espaço para o vapor, e os navios de guerra a vapor e com casco de aço, equipados com armas de carregamento pela culatra e que lançavam projéteis em alta velocidade, inauguraram a era da batalha naval. A Grã-Bretanha lançou o HMS Dreadnought em 1906, pondo em curso uma nova corrida armamentista; e os navios de guerra se tornaram ainda maiores e mais fortemente armados. O Dreadnought de 18 mil toneladas abrigava 10 canhões; durante a Segunda Guerra Mundial, os japoneses tinham gigantes de 70 mil toneladas com 18 canhões a bordo.

A era da batalha naval não durou muito, entretanto. No mar, assim como na terra, novos fatores entraram em cena. Minas marinhas e torpedos tinham custo baixo e se mostravam muito eficazes contra navios de guerra dispendiosos. Torpedos atirados de submarinos representavam uma nova ameaça às frotas na superfície e também aos navios mercantes. Nas duas guerras mundiais, uma enorme batalha foi travada no Atlântico Norte quando os submarinos alemães tentaram cortar o fornecimento de alimentos, combustíveis, munição e soldados enviados pelos Estados Unidos para a Grã-Bretanha.

De forma mais drástica, era do ar que vinha a maior ameaça. Os porta-aviões desenvolvidos no período entre guerras e durante a Segunda Guerra Mundial usurparam o lugar de navio capital que os encouraçados ocupavam nas frotas mundiais. A Batalha de Midway, em 1942, mostrou-se um ponto de virada; nela, duas frotas se enfrentaram estando tão distantes entre si a ponto de uma não

A LINHA DO TEMPO DA HISTÓRIA MILITAR AEC

enxergar a outra. Elas trocavam ataques aéreos a uma distância de mais de 160 quilômetros. Os Estados Unidos, a superpotência mundial, são capazes de projetar sua força militar pelo mundo por meio de porta-aviões extremamente poderosos, desenvolvidos a partir das grandes esquadras da Segunda Guerra Mundial no Pacífico. Foi por meio dessas esquadras que os Estados Unidos lançaram parte dos bombardeios aéreos no Iraque, em 1991, e em Kosovo, em 1999.

AVIAÇÃO MILITAR

O impacto da aviação ao longo dos últimos 75 anos alterou o cenário da guerra a ponto de torná-lo quase irreconhecível. A aviação estava em sua infância quando a Primeira Guerra Mundial teve início, e as aeronaves eram, a princípio, empregadas para propósitos de reconhecimento de terreno. A eliminação da aeronave de reconhecimento do inimigo logo tornou-se uma prioridade, e o resultado disso foram os caças. O primeiro combate aéreo aconteceu entre aeronaves lentas, cujos pilotos ostentavam pistolas e rifles. Depois, vieram as metralhadoras instaladas atrás do piloto e operadas por um segundo aviador, mas metralhadoras fixas foram o segredo da eficácia dos caças. O problema da obstrução dos tiros pela hélice foi solucionado pela Fokker, que permitiu que tiros fossem disparados através do arco da hélice por meio de sincronização mecânica. Isso tornou possível o verdadeiro combate aéreo, e uma série de caças foram aprimorados tanto em performance quanto em armamentos, levando às clássicas "dogfights" sobre as trincheiras. Os ases da aviação se tornaram habilidosos em manobras e o maior expoente dessa arte foi Manfred von Richthofen, que obteve 80 vitórias

Rei Demétrio, de Báctria, (aprox. 190 – 167) invade Punjab e conquista o controle do noroeste da Índia: governo indo-grego.

185: O último dos Máurias, Briadrata, é assassinado por Pusiamitra, que funda a Dinastia Sunga, com seu núcleo em Mágada.

Após 88: Citas (Sakas) invadem Pártia e chegam ao vale do Indo.

323 – 280: Guerras dos Diádocos. Guerras dos sucessores de Alexandre.

323 – 322: Guerra Lamiaca.

322: Batalha de Abidos. Cleitus derrota frota ateniense.

322: Batalha de Amorgos. Cleitus derrota e bloqueia Atenas.

322: Batalha de Cranão. Antípatro invade Tessália e derrota os gregos.

322: Pérdicas invade a Capadócia e a entrega a Crátero. Pérdicas agora é regente de quase todo o império.

322 – 319: Guerras contra Pérdicas.

321: Batalha de Lysimachia. Eumenes, em nome de Pérdicas, derrota Crátero.

321: Pérdicas invade o Egito. O exército se revolta e o assassina. Antípatro é eleito regente pelo exército na Síria; ele entrega a Babilônia a Seleuco.

320: Antígono invade a Capadócia e derrota Eumenes na Batalha de Oraynian Fields.

319: Morte de Antípatro. Exército macedônio elege Poliperconte como regente. Antígono, Cassandro e Ptolomeu se unem contra ele.

GUERRA COM POLIPERCONTE

Antígono conquista a Ásia Menor; Ptolomeu toma a Síria.

318: Cassandro invade a Grécia.

318: Batalha do Bósforo. Cleitus derrota frota de Antígono. Eumenes toma a Babilônia.

317: Antígono enfrenta Eumenes na Mesopotâmia até Eumenes ser traído. Antígono agora controla a Ásia e o Oriente.

317: Cassandro conquista Atenas e a Macedônia.

317 – 316: Cerco de Pidna. Morte de Olímpia, mãe de Alexandre.

315 – 312: Primeira Guerra Antigônida.

Todos se aliam contra Antígono e seu filho Demétrio. Muitas manobras ocorrem em seguida.

312: Batalha de Gaza. Ptolomeu vence Demétrio, mas Antígono recupera sua posição por volta do ano de 311, quando as partes chegam à paz. Antígono perde o Oriente.

311 – 308: Campanhas inúteis e confusas por todos os lados.

307 – 301: Segunda Guerra Antigônida.

Antígono aposta em uma segunda tentativa de reunir o império de Alexandre: todos se aliam contra ele e Demétrio.

▶ INTRODUÇÃO: GUERRAS E ARMAS

Acima: Um caça de longo alcance P-38 Lockheed Lightning americano usado na Segunda Guerra Mundial, aqui pintado com as "listras da invasão" para o desembarque na Normandia, em junho de 1944. Foi uma aeronave desse tipo que derrubou na ilha de Bougainville o avião transportando o Comandante-chefe da Marinha Imperial Japonesa, o Almirante Yamamoto, em abril de 1943.

antes de ser derrubado, possivelmente por fogo antiaéreo, em 1918.

Um papel vital dos primeiros caças era derrubar os balões e aeronaves de observação. Aerostatos mais leves do que o ar foram desenvolvidos como bombardeiros, e os ataques de zepelins à Inglaterra – o primeiro uso de uma aeronave contra civis – foram considerados bárbaros. Mas isso foi apenas um aperitivo do que estava por vir. No período entre guerras, os bombardeiros eram vistos como a arma final, pois havia a ideia de que sempre transporiam barreiras e entrariam na guerra, fazendo brotar, em uma população amedrontada, a visão de cidades arrasadas por esquadras. Não era tão simples assim, mas o ataque por terra viria a dominar a Segunda Guerra Mundial. Durante as campanhas de *blitzkrieg* de 1939 – 1941, os alemães usaram bombardeiros de mergulho Stuka como artilharia aérea oferecendo apoio às tropas em solo. No Extremo Oriente, os japoneses usaram a força aérea de seus porta-aviões para atacar Pearl Harbor e paralisar preventivamente a frota americana. Quando Singapura estava prestes a cair, dois navios capitais britânicos foram afundados por aeronaves japonesas, provando, sem deixar qualquer sombra de dúvida, que, tanto no mar quanto em solo, o poder aéreo agora era dominante.

Pela Europa, os bombardeiros atingiam instalações militares e civis

32

A LINHA DO TEMPO DA HISTÓRIA MILITAR AEC

indiscriminadamente, atacadas e protegidas por legiões de soldados. E, ao fim da guerra, o Mustang munia os Aliados com um avião de caça de longo alcance capaz de acompanhar os bombardeiros nos mais longos ataques. O último e drástico ato da guerra veio do ar, quando bombas atômicas lançadas em duas cidades por fim persuadiram os japoneses a desistir de sua resistência fanática perante o esmagador poderio militar dos Estados Unidos.

A Guerra Fria, travada entre o bloco oriental e as potências ocidentais, viu a construção de bombas nucleares suficientes para destruir várias vezes a humanidade. O acréscimo de novas tecnologias, que começaram a ser desenvolvidas pelos alemães como última tentativa de evitar a derrota, deu ao mundo o V-2, o míssil balístico intercontinental que visava atingir as cidades dos oponentes. Os mísseis eram, e continuam sendo, empregados em silos em terra e em submarinos nucleares no mar, todos com impressionante potencial destrutivo. Durante as últimas décadas do século XX, entretanto, a Guerra Fria chegou ao fim; os envolvidos fizeram acordos para limitar as armas nucleares e os testes de ogivas. Porém, muitas dessas terríveis armas continuam existindo, e as armas nucleares já não estão mais restritas às superpotências.

De qualquer forma, o poder aéreo continua dominante. Os grandes porta-aviões dos Estados Unidos podem ser rapidamente levados a qualquer parte do mundo, transportando armamentos em geral muito mais tecnológicos que os do potencial inimigo. A Força Aérea, com suas armas "inteligentes" e mísseis de cruzeiro, mostrou seu poder durante a Guerra do Golfo, em 1991, e também no Iraque, em 2003.

307: Demétrio toma Atenas.
306: Batalha de Salamina. Demétrio derrota a frota de Ptolomeu. Antígono e Demétrio assumem o título de reis conjuntos do império; Ptolomeu se declara rei do Egito.
304: Batalha das Termópilas. Demétrio derrota Cassandro e conquista a maior parte da Grécia e Tessália.
302 – 301: Aliados invadem a Ásia Menor e a Síria e vencem Antígono.
301: Batalha de Ipso. Seleuco e Lisímaco derrotam Antígono, que acaba morto. Eles dividem o reino e Cassandro é reconhecido como rei da Macedônia. A guerra contra Demétrio, com vários realinhamentos de alianças, continua.
294: Demétrio toma Atenas e a Macedônia.
293: Demétrio toma Tessália e outros territórios.
292: Demétrio invade a Trácia.
288: Lisímaco e Pirro invadem a Macedônia.
283: Morte de Demétrio.
281: Batalha de Corupédio. Seleuco derrota Lisímaco.
280: Morte de Seleuco.
279: Gauleses atacam a Macedônia.
277: Batalha de Lisímaco. Antíoco, filho de Seleuco, derrota os gauleses.

Os rivais agora são de uma nova geração e têm reinos estabelecidos: Antígono II Gônatas (filho de Demétrio) governa a Macedônia; Antíoco, filho de Seleuco, governa a Ásia Menor e a Mesopotâmia (Império Selêucida); Ptolomeu II governa o Egito.

275: Batalha dos Elefantes. Antíoco derrota os gálatas.
274 – 272: Guerras de conquista de Pirro na Grécia e Macedônia.
274: Pirro vence a Macedônia.
273: Antígono Gônatas retoma a Macedônia.
267 – 261: Guerra Cremonidiana entre o Egito e a Macedônia.
265 – 261: Cerco de Atenas por Antígono.
263 – 261: Guerra de Eumenes.
263: Batalha perto de Sárdis. Antíoco I sai derrotado.
258 – 255: Segunda Guerra Síria: macedônios e selêucidas contra o Egito.
258: Batalha de Cós. Macedônia derrota frota egípcia. Selêucidas tomam a Síria.
245 – 241: Terceira Guerra Síria.
245: Batalha de Andros. Macedônia e Rodes derrotam o Egito, que não consegue recuperar a Síria.

Abaixo: Cena de uma tropa britânica sob ataque na Batalha de Waterloo, em 18 de junho de 1815. A formação em quadrado, com fileiras voltadas para fora, geralmente mostrava-se eficaz em repelir ataques de cavalaria, mas a infantaria precisava retornar à formação para ter o máximo de poder de fogo possível contra a infantaria inimiga.

ANTIGA MESOPOTÂMIA/ANTIGO EGITO

SARGÃO DA ACÁDIA (REG. 2334 – 2279 AEC)
Primeiro grande imperador, ele deixou de ser servo do rei de Kish para fundar seu próprio Estado, nos arredores da cidade de Acádia. Pode ter conquistado todo o sul da Mesopotâmia e sudoeste da Pérsia, assim como partes do Líbano. Seus sucessores continuaram em guerra defendendo o império, que finalmente sucumbiu aos gútios por volta de 2050 AEC.

SHAMSHI-ADAD I (REG. 1813 – 1781 AEC)
Fundador do primeiro Império Assírio. Conquistou todo o norte da Mesopotâmia.

TUTMÉS I (REG. 1525 – 1512 AEC)
Faraó da Décima Oitava dinastia Egípcia. Fez uma campanha nos confins da Núbia, além da quarta catarata, apossando-se de suas minas de ouro. Conquistou desde a região dos hicsos até o Eufrates, que definiu como fronteira do Império Egípcio.

O rei assírio Tiglate-Pileser em sua biga de guerra.

O faraó egípcio Tutmés I.

TUTMÉS III (REG. 1504 – 1450 AEC)

Foi um dos maiores faraós do Egito. Enfrentou uma revolta enorme na Síria e venceu a Batalha de Megido (1457 AEC), o primeiro conflito militar registrado na História. Dezessete campanhas subsequentes subjugaram a Síria e a Palestina, ao passo que campanhas no Nilo expandiram o controle egípcio até a quarta catarata.

A LINHA DO TEMPO DA HISTÓRIA MILITAR AEC

GUERRA DOS IRMÃOS (SELEUCO II CONTRA ANTÍOCO HÍERAX)

240 ou 239: Batalha de Ancara. Híerax derrota Seleuco.
239 – 229: Guerras de Demétrio II da Macedônia.
233: Batalha de Phylacia. Demétrio derrota a Liga Aqueia.
229 – 222: Guerra de Cleômenes.
227: Batalha de Megalópolis. Cleômenes de Esparta derrota a Liga Aqueia.
222: Batalha de Selásia. Macedônios e aqueus derrotam Cleômenes.
219: Quarta Guerra Síria. O selêucida Antíoco III ataca o Egito na Síria.
217: Batalha de Ráfia. Egípcios derrotam os selêucidas.
220 – 217: Batalha dos Aliados (Macedônia contra Etólia e Esparta); Filipe V da Macedônia dá início às invasões ao teatro de guerra romano.
207: Batalha de Mantineia. Liga Aqueia derrota Esparta.
230 – 228: Campanha romana na Ilíria.
238 – 179: Guerras de Filipe V da Macedônia.
217 – 205: Primeira Guerra Romano-Macedônica.
203 – 200: Guerra Macedônica-Selêucida contra o Egito.
201: Batalha de Lade. Macedônia vence a frota de Rodes.
201: Batalha de Quios. Macedônia derrotada por Pérgamo.
200 – 196: Segunda Guerra Romano-Macedônica.
199 – 198: Flaminino derrota Filipe.
197: Batalha de Cinoscéfalos. Filipe sai derrotado.
184, 183, 181: Campanhas de Filipe nos Bálcãs.

SICÍLIA
312: Agátocles começa um conflito com Cartago.
311: Cartago vence a Batalha de Hímerae e sitia Siracusa.
310: Agátocles sitia Cartago até 307.
302: Agátocles invade o sul da Itália.

ROMA
Continuação da Segunda Guerra Samnita.
316: Batalha de Lantulae.
315: Batalha de Ciuna.
309: Batalha do Lago Vadimon.
306: Batalha de Mevania.
305: Roma toma Boviano.
304: Paz. Roma anexa Campânia.
298 – 290: Terceira Guerra Samnita.
298: Batalha de Camerino.
295: Batalha de Sentino.
293: Batalha de Aquilônia.

SUPILULIUMA (REG. 1380 – 1340 AEC)
Fundador do Império Hitita; conquistou Mitani por volta de 1360 AEC e invadiu a Síria; tomou Carquemis em aproximadamente 1354 AEC.

RAMSÉS II, O GRANDE
Um dos maiores governantes do Egito, enfrentou uma série de campanhas contra os hititas na Síria e Palestina. A Batalha de Kadesh contra os hititas é a primeira grande batalha registrada em detalhes na História. Outras campanhas foram, em geral, expedições punitivas em províncias periféricas, além da defesa do Egito contra invasores da Líbia. Seu reinado marca o último momento do Egito como potência militar.

Ramsés II, o Grande, em sua biga de guerra.

ASSURNASIRPAL II (REG. 883 – 859 AEC)
Foi um rei particularmente cruel. Expandiu o poder assírio até o Mediterrâneo e fundou Nimrud para se tornar a capital militar do império. Reorganizou o exército e usou pela primeira vez armas de ferro em massa. Suas campanhas anuais espalhavam o terror por toda parte.

A LINHA DO TEMPO DA HISTÓRIA MILITAR AEC

Lançadores assírios.

TIGLATE-PILESER
(REG. 745 – 727 AEC)

Fundou o Império Neoassírio após um período de relativa fraqueza. Fez campanhas contra o Reino de Urartu, Armaeus, Palestina, Síria, Irã e Babilônia, expandindo o domínio assírio até a fronteira com o Egito e o Golfo Pérsico. Em 729 AEC, anexou a Babilônia; em 732 AEC, tomou Damasco. Substituiu o sistema de milícias por um exército permanente e deu início à cruel política de deportações em massa (hoje eufemizada como "limpeza étnica"), como a das Dez Tribos Perdidas de Israel, em 722 AEC.

285 – 282: Conquista romana da Itália celta.
285: Batalha de Arezzo.
283: Batalha do Lago Vadimon.
282: Batalha de Populonia encerra a resistência etrusca.
281 – 272: Guerras Pírricas.
280: Batalha de Heracleia.
279: Batalha de Ásculo.
275: Batalha de Benevento.
272: Bloqueio e queda de Tarento. Roma agora também domina o sul da Itália.
269: Último levante samnita contra Roma é subjugado.
264 – 241: Primeira Guerra Púnica.
262: Roma toma Agrigento.
260: Batalha das Ilhas Eólias.
260: Batalha de Milas.
259: Invasão romana a Córsega, Malta, Sardenha.
256: Batalha do Cabo Ecnomo.
256: Batalha de Ádis.
255: Batalha de Túnis.
251: Batalha de Palermo I.
250: Batalha de Palermo II.
250/49: Batalha de Helenópolis.
242: Roma toma Marsala e Helenópolis.
241: Batalha das Ilhas Égadas.
241: Paz. Cartago entrega a Sicília.
241 – 237: Revolta do exército cartaginês.
238: Roma toma a Córsega e a Sardenha.
238 – 229: Cartago conquista desde o sudeste da Espanha até o limite com o Ebro.
219: Cartago toma Sagunto, provocando uma guerra em grande escala com Roma.
218 – 202: Segunda Guerra Púnica.
219 – 203: Campanhas de Aníbal na Itália.
218: Aníbal cruza os Alpes. Batalhas de Ticino e Trebbia.
217: Batalha do Lago Trasimeno.
217: Batalha de Gerônio.
216: Batalha de Canas.
215: Campanha Neápolis/Calábria.
214: Batalha de Benevento.
213: Aníbal toma Tarento.
212 – 211: Cerco de Cápua.
212: Batalha de Herdonea I.
210: Batalha de Herdonea II.
207: Batalha do Metauro.
205: Mago toma Gênova.
203: Aníbal volta à África.

Acima: Assírios cercam uma cidade. À esquerda, a tomada da cidade de Astartu.

39

▶ ANTIGA MESOPOTÂMIA

Cavalaria, infantaria agrupada.

SARGÃO II (REG. 721 – 705 AEC)

Rei assírio que passou grande parte de seu reinado combatendo rebeliões e reconquistando territórios perdidos. Egito, Elão e Urartu mostraram resistência ao governo assírio. Em 714 AEC, invadiu e subjugou Urartu; em 710 AEC, reconquistou a Babilônia (que havia sido tomada pelos caldeus em 720 AEC).

SENAQUERIBE (REG. 705 – 681 AEC)

Reprimiu revoltas na Palestina e na Fenícia; encerrou as revoltas na Babilônia ao retomar e saquear a cidade em 689 AEC. Atacou Elão. Expandiu e construiu Nínive.

Tropas assírias.

ASSARADÃO (680 – 669 AEC)

Foi o rei assírio que expulsou invasores citas e cimérios do norte e noroeste. Em 671 AEC, subjugou uma revolta em Sídon, tomou Tiro e invadiu o Egito, assumindo o controle de Mênfis no mesmo ano. Suas campanhas levaram o Império Assírio à sua maior extensão territorial.

Arqueiros em ação atrás de um aríete.

ASSURBANIPAL (668 – 627 AEC)

Foi o último grande rei assírio. Reprimiu duas revoltas no Egito, mas não conseguiu manter a província depois do ano de 655 AEC. Em 648 AEC, conquistou a Babilônia, que estava em posse de seu irmão. Em 642 AEC, invadiu Elão e destruiu Susa.

NABUCODONOSOR (605 – 562 AEC)

Filho do fundador do Império da Caldeia. Foi um tático e estrategista brilhante, que perseguiu a política de "não ter oponente até o horizonte". Venceu o exército egípcio em Carquemis e Hama e, assim, conquistou o controle da Síria. As campanhas subsequentes na Palestina culminaram na tomada de Jerusalém, em 597 e 586 AEC. Sua tentativa de invasão do Egito em 568 – 567 AEC não foi bem-sucedida.

Arqueiros de biga.

A LINHA DO TEMPO DA HISTÓRIA MILITAR AEC

TEATRO ESPANHOL
218: Batalha de Celsa.
217: Batalha do Ebro (naval).
215: Batalha de Ibera (Dertosa).
213: Roma toma Sagunto.
211: Batalha de Lorquí.
209: Roma toma Nova Cartago.
208: Batalha de Bécula.
206: Batalha de Ilipa.

SICÍLIA E OUTROS TEATROS
218: Cartago ataca Marsala, mas é repelida.
215: Revoltas sardenhas contra Roma. Batalha de Cavales.
215 – 212: Campanha na Sicília. Romanos invadem Siracusa.
210 – 209: Incursão de Cartago a Agrigento.

ÁFRICA
204: Cipião invade e sitia Útica.
203: Batalha perto de Útica.
203: Batalha das Grandes Planícies.
203: Aníbal retorna à África.
202: Batalha de Zama. Aníbal sofre sua última derrota para Cipião.
200 – 191, 186, 181: Levantes dos boios na Gália Cisalpina.

CHINA
Dinastia Qin (ou Chin).
Por volta de 221: O primeiro grande imperador Qin Shihuang une a China "civilizada", reforça a Grande Muralha e institui grandes reformas centralizadoras (cunhagem uniforme, escrita, canais, estradas etc.). Exércitos de terracota que guardavam sua enorme tumba vêm sendo descobertos atualmente.
206: Grandes rebeliões sacodem a China após a morte do primeiro imperador.
Cerca de 206 ou 202: Gaozu de Han volta a unir a China e funda a dinastia Han, que coloniza o sul e o sudoeste da China, a Coreia, o Vietnã e a Ásia Central, abrindo a Rota da Seda para o Ocidente e rotas marítimas para a Birmânia e a Índia.
Guerras de expansão da dinastia Han,
206 – 113: Campanhas eliminam os reinos da costa sudeste.
Meados do século II: Ofensiva contra o Xiongnu.
Meados do século II: Norte do Vietnã é ocupado.
117 – 115: Conquista das tribos de Chiang.
117 – 100: Expansão para o Ocidente.
108: Invasões da China e Indochina.
Segunda metade do século I: Início do declínio da dinastia Han.
Por volta de 33: Revoltas camponesas.

▶ IMPÉRIO PERSA

Acima: Infantaria persa.

CIRO, O GRANDE
(REG. 559 – 530 AEC)

Foi fundador do Império Aquemênida, ou Império Persa. Após derrotar seu suserano medo, por volta do ano 550 AEC, conquistou Medo, Assíria e parte da Ásia Menor antes de tomar Lídia e as cidades jônicas. Em 539 AEC, dominou a Babilônia. Seu império, de 4 mil quilômetros de extensão e 1.500 quilômetros de norte a sul, era vasto, com uma população de cerca de 35 milhões. Seu filho, Cambises, conquistou o Egito e Chipre.

Acima: Infantaria grega.

Abaixo: Ciro, o Grande.

42

A LINHA DO TEMPO DA HISTÓRIA MILITAR AEC

Acima: Dario I, o Grande.

DARIO I, O GRANDE
(549 – 486 AEC)

Com a ajuda do guarda-costas de Cambises, seu antecessor, expulsou o usurpador Esmérdis e passou a expandir o já enorme Império Persa. Em 513 AEC, havia conquistado até o Indo, a leste. Em 510 AEC, lançou uma enorme expedição nos Bálcãs, contra os citas, e invadiu cidades-estados na Grécia. A revolta dos gregos jônicos foi repelida com a destruição de Mileto e deportações, mas isso gerou uma enorme guerra contra os gregos. Derrotado em Maratona e com uma rebelião no Egito, Dario morreu antes de conseguir contra-atacar.

GUERRAS MACEDÔNICAS DE ROMA

215 – 205: Primeira Guerra Romano--Macedônica.
214: Filipe V toma Oricum.
213: Filipe invade Ilíria.
212 – 211: Operações na Grécia Central.
207: Batalha de Mantineia (Esparta derrotada pela Liga Aqueia).
205: Paz.
202: Campanhas de Filipe no Bósforo.
201: Batalha de Lade.
200 – 106: Segunda Guerra Romano--Macedônica.
Roma invade Epiro.
199: Batalha de Ottalobus.
197: Batalha de Cinoscéfalos.
195: Campanhas de Flaminino na Grécia.
216 – 196: Guerras de Antíoco, o Grande (rei selêucida da Síria).
216 – 213: Campanha de Antíoco de Sardes.
210: Antíoco recupera a Armênia.
202: Antíoco invade a Síria.
200: Batalha de Pânio e cerco de Sídon (até 199).
199: Antíoco garante a conquista de toda a Palestina.
197: Antíoco conquista a costa sudoeste da Ásia Menor e Trácia.
192 – 188: Guerras de Roma com Antíoco, o Grande.
192: Antíoco invade a Grécia.
191: Batalha de Termópilas. Perda da Grécia para Antíoco.
191: Batalha do Cabo Corico.
190: Roma invade a Ásia Menor ao passar por Dardanelos.
190: Batalha de Myonnesus.
189: Batalha de Magnésia. L. Cipião derrota Antíoco. Fim do poderoso Reino Selêucida.
140: Batalha de Side.

ROMA NA ESPANHA

195 – 133: Primeira Guerra Celtibérica.
153 – 151: Retomada da guerra.
134 – 133: Guerra Numantina. Cerco final e queda de Numância.
154 – 137: Guerra Lusitana.

GÁLIA CISALPINA

197 – 196: Campanhas de Roma contra insubres, boiis etc.
193: Campanhas de Roma contra insubres, boiis etc.
183 – 177: Campanhas de Roma na Ístria.
181 – 177: Revolta na Sardenha e pacificação.

▶ MARATONA/TERMÓPILAS

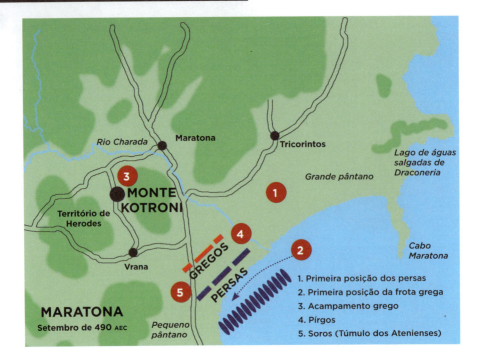

BATALHA DE MARATONA

CONTEXTO: Guerras Médicas.

DATA: Setembro de 490 AEC.

LOCAL: 40 quilômetros a nordeste de Atenas, Grécia.

COMANDANTES/FORÇAS: Dátis comandou entre 15 e 20 mil persas. Milcíades e Calímaco comandaram 10 mil atenienses e mil hoplitas de Plateias.

OBJETIVOS: Gregos queriam expulsar as forças expedicionárias persas do território grego continental.

BAIXAS: Supostamente 192 gregos, número desconhecido de participantes de Plateia e 6.400 persas.

VITÓRIA: Grega.

CONSEQUÊNCIAS: Vista como uma das batalhas decisivas da História, demonstrou a superioridade da infantaria grega e estimulou a resistência aos persas que investiam contra as cidades-estados gregas. Quebrou o mito da invencibilidade persa. A batalha salvou os gregos das invasões persas e foi celebrada por muito tempo.

BATALHA DAS TERMÓPILAS

CONTEXTO: Guerras Médicas.

DATA: Primavera de 489 AEC.

LOCAL: Passagem estreita das montanhas de Lâmia, na costa norte do Golfo de Lâmia, centro-leste da Grécia.

COMANDANTES/FORÇAS: Leônidas, rei de Esparta, comandou 300 espartanos e entre 5 e 7 mil aliados gregos. O comandante Mardônio (do rei Xerxes), liderando persas, falou em 100 mil, mas provavelmente havia uma fração disso.

OBJETIVOS: Os gregos buscavam atrasar o avanço dos persas e ganhar tempo para a retirada e concentração de seus aliados gregos.

BAIXAS: O número de baixas gregas é desconhecido, mas o exército espartano lutou até a morte depois que um traidor mostrou aos persas uma rota contornando sua posição defensiva. O número de mortes persas é desconhecido.

VITÓRIA: Persa.

CONSEQUÊNCIAS: Um épico da resistência heroica a uma força esmagadora e uma inspiração para os gregos, que então tiveram tempo de se retirar da linha de defesa do istmo de Corinto.

Diferentemente do que ocorreria mais tarde, nenhum navio de guerra antigo foi encontrado completo – o que se achou até hoje foram fragmentos, incluindo os grandes bicos pontiagudos utilizados para atacar navios inimigos. Detalhes de projetos de navios antigos podem ser vistos em obras de cerâmica, pinturas e murais, mas as disposições de remos e remadores em birremes, trirremes etc. permanecem conjecturais. Uma reconstrução de um trirreme grego foi criada em 1987 e posta em movimento de forma bem-sucedida por equipes de remadores de universidades britânicas e clubes de remo.

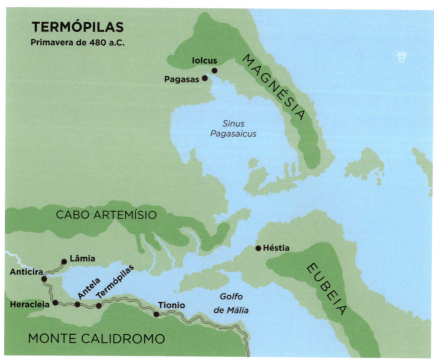

SALAMINA/PLATEIAS

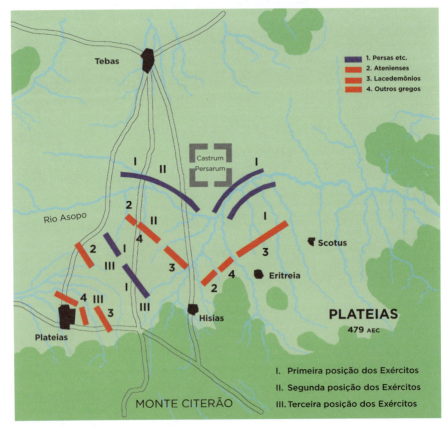

A LINHA DO TEMPO DA HISTÓRIA MILITAR AEC

BATALHA DE SALAMINA

Contexto:	Guerras Médicas.
Data:	Setembro de 480 AEC.
Localização:	Golfo Sarônico, porto de Pireu, que serve Atenas.
Comandantes/Forças:	Temístocles e Euribíades comandaram 366 trirremes gregos de Atenas e Egina. Persas contaram com 600 galés.
Objetivos:	Os persas tentavam tomar Atenas e conquistar a Grécia. Os gregos queriam derrotar e expulsar os invasores persas.
Baixas:	Entre 200 e 300 navios persas e 40 trirremes gregos.
Vitória:	Gregos.
Consequências:	A primeira batalha naval decisiva da História. A frota persa foi expulsa das águas gregas, atrasando o ataque do exército persa. A batalha garantiu o Peloponeso, mas a Grécia Central continuou em mãos persas até a Batalha de Plateias.

BATALHA DE PLATEIAS

Contexto:	Guerras Médicas.
Data:	479 AEC.
Localização:	Sul da Beócia, 12 quilômetros a sul de Tebas.
Comandantes/Forças:	Pausânias comandou as forças da Liga do Peloponeso: 26.500 hoplitas e 11.500 cidadãos de Atenas, Egina, Plateia e Mégara. Mardônio comandava um número desconhecido, mas muito grande, de persas.
Objetivos:	Os persas queriam conquistar a Grécia. Os gregos queriam que fosse uma batalha decisiva para conseguirem expulsá-los.
Baixas:	1.360 gregos e mais de 50 mil persas, segundo Plutarco, mas esses números são claramente exagerados.
Vitória:	Grega.
Consequências:	Fim decisivo à tentativa persa de conquistar a Grécia e outra demonstração de superioridade das formações e disciplina gregas.

169: Egípcios invadem a Palestina e enfrentam Antíoco IV (Selêucida). Em resposta, Antíoco invade o Egito.

167: Antíoco controla temporariamente o Egito e Chipre.

171 – 168: Terceira Guerra Macedônica.

171: Batalha de Calicino.

168: Batalha de Pidna.

186: Guerra Bitínia-Pérgamo.

167 – 160: Revolta dos Macabeus (Palestina).

165: Batalha de Emaús.

164: Batalha de Bet Zur.

162: Batalha de Bet Zacarias.

160: Batalha de Adsa.

160: Batalha de Elasa.

151: Guerra entre Cartago e Numídia.

149 – 146: Terceira Guerra Púnica. Cidade de Cartago é arrasada por Roma.

154: Campanha romana. Romanos contra lígures.

152 – 145: Guerra Egípcio-Selêucida na Palestina e Síria.

145: Batalha de Oenoparas.

149 – 148: Quarta Guerra Macedônica.

146: Fim da Liga Aqueia.

146: Batalha de Escarpa. Roma assume o controle de toda a Grécia.

133: Rei Átalo deixa Pérgamo para Roma.

132 – 130: Revolta de Pérgamo sufocada por Roma.

135 – 132: Primeira Guerra Servil contra Roma.

129 – 118: Guerra Civil Egípcia.

129 – 76: Roma conquista a Dalmácia.

125 – 120: Roma conquista o sul da Gália (até Cevenas).

117 – 105: Guerra de Jugurta.

111: Intervenção romana.

110: Batalha de Calama.

109: Batalha de Mutul.

113 – 101: Cimbros e teutões invadem a Gália e a Itália.

113: Batalha de Noreia.

109: Batalha no vale do Ródano.

105: Batalha de Aráusio.

102: Batalha de Águas Sextias.

101: Batalha de Vercelas. Mário e Cátulo derrotam os invasores de forma decisiva.

104 – 101: Segunda Guerra Servil.

103 – 76: Guerras de Alexandre Janeu. Suas políticas agressivas resultam na expansão da Judeia, mas há conflito com Egito e outras potências locais, além de uma revolta de judeus entre os anos de 82 e 85.

102: Campanha romana contra os piratas cilícios.

▶ OS GREGOS DA ANTIGUIDADE

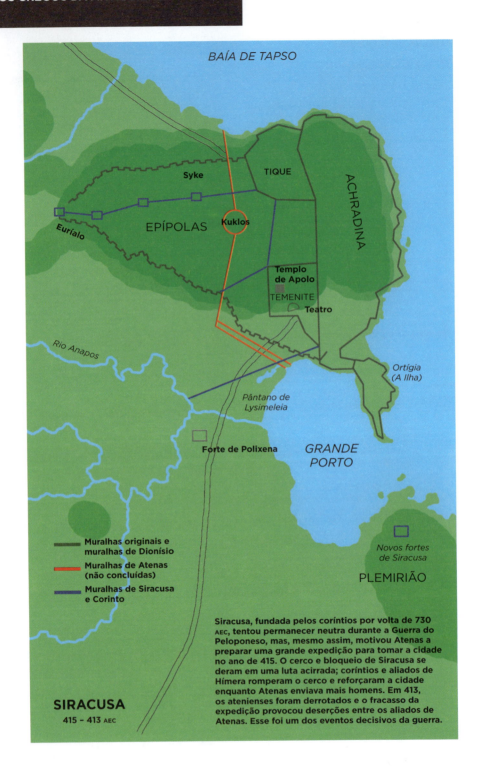

BAÍA DE TAPSO

Syke
TIQUE
ACHRADINA
Euríalo
EPÍPOLAS
Kuklos
Templo de Apolo
TEMENITE
Teatro
Rio Anapos
Ortígia (A Ilha)
Pântano de Lysimeleia
Forte de Polixena
GRANDE PORTO
Novos fortes de Siracusa
PLEMIRIÃO

— Muralhas originais e muralhas de Dionísio
— Muralhas de Atenas (não concluídas)
— Muralhas de Siracusa e Corinto

SIRACUSA
415 – 413 AEC

Siracusa, fundada pelos coríntios por volta de 730 AEC, tentou permanecer neutra durante a Guerra do Peloponeso, mas, mesmo assim, motivou Atenas a preparar uma grande expedição para tomar a cidade no ano de 415. O cerco e bloqueio de Siracusa se deram em uma luta acirrada; coríntios e aliados de Hímera romperam o cerco e reforçaram a cidade enquanto Atenas enviava mais homens. Em 413, os atenienses foram derrotados e o fracasso da expedição provocou deserções entre os aliados de Atenas. Esse foi um dos eventos decisivos da guerra.

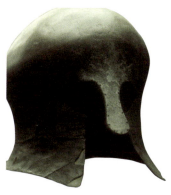

Acima: Elmo em estilo coríntio do Museu do Castelo Sant'Angelo, Roma.

À esquerda: Estátua de um guerreiro grego usando o típico elmo ornado com crinas de cavalo e carregando um escudo grande e redondo. A estátua originalmente incluía um pilo, ou lança, segurado na mão direita do guerreiro.

A LINHA DO TEMPO DA HISTÓRIA MILITAR AEC

ESPANHA

99, 98 – 93: Revoltas lusitanas.
91 – 98: Guerra Social contra Roma (Guerra das tribos aliadas de Roma).
90: Batalha do Rio Tolenos.
89: Batalha do Lago Fucino.
89: Batalha de Ásculo.
89: Batalha perto de Pompeia.
88: Agitação em Roma. Sula invade Roma.
87: Contragolpe de Estado de Mário e Cina em Roma.
89 – 88: Guerra Civil Egípcia.
88 – 85: Primeira Guerra Mitridática (Ponto contra Roma).
88: Mitrídates invade a Capadócia.
Batalha do Rio Amnias.
Atenas se levanta contra Roma.
87: Sula comanda as operações no Leste.
87 – 85: Campanhas de Sula na Grécia.
86: Batalha de Mileópolis. Derrota do exército pôntico.
86: Atenas é tomada novamente por Sula.
86: Batalha de Queroneia. Sula derrota exército pôntico.
86: Batalha de Cícico. Lúculo sai vitorioso.
85: Batalha de Orcômeno. Sula derrota exército pôntico.
85: Batalha do Ríndaco.
85: Batalha de Lectum, Batalha de Tenedos.
85: Sula chega à Ásia Menor.
83 – 82: Guerra de Sula.
83: Sula retorna do Oriente. Batalha do Monte Tifata. Sula sai vitorioso.
82: Batalhas de Sacriportus, Faventia, Chiusi, Porta Colina. Sula sai vencedor.
82 – 80: Campanhas de Pompeu contra os rebeldes da África e Sicília.
81 – 79: Sula ditador.
83: Partos conquistam a Síria.
83 – 72: Guerra Sertoriana (Espanha).
77: Pompeu se une a Metelo na Espanha.
76: Sertório ganha batalhas de Lauro e Itálica.
75: Pompeu sai vitorioso em Turia, mas é derrotado em Sucro. O apoio subsequente de Sertório desaparece e, em 72 ou 73, ele é assassinado.
83 – 82: Segunda Guerra Mitridática (Mitrídates expulsa Murena).
77: Revolta de Lépido.
Batalha de Cosa (então Pompeu é transferido para a Espanha).
78 – 76: Campanha romana contra os piratas do Mediterrâneo.

ALEXANDRE, O GRANDE

ALEXANDRE, O GRANDE
(ALEXANDRE III, DA MACEDÔNIA)

Talvez o maior guerreiro de toda a História, Alexandre, o Grande, foi um gênio militar cujos feitos permanecem ainda hoje no folclore de grande parte do enorme império que ele conquistou no Oriente Médio. Era filho de Filipe II (380 – 336 AEC), que criou uma força militar de elite e conquistou o controle das cidades-estados gregas. Alexandre participou da vitória de seu pai em Queroneia, em 228 AEC, e subiu ao trono da Macedônia após o assassinato de Filipe, dois anos depois. Invadiu a Ásia em 334 AEC, buscando nada menos do que a conquista do Império Persa. Alcançou seu objetivo depois de quatro anos de campanhas, proclamando-se como Grande Rei em 331 AEC. Suas principais batalhas foram a de Grânico (334 AEC), de Isso (333 AEC), de Gaugamela (331 AEC) e de Hidaspes (327 AEC). Tanto explorador como soldado, ele guiou o exército a leste e norte, rumo ao Afeganistão moderno, e à fronteira com a Índia, até suas tropas se recusarem a seguir marchando. Morreu na Babilônia antes que seus planos de conquista do Ocidente fossem colocados em prática.

Dos 13 aos 16 anos, Alexandre aprendeu a filosofia de Aristóteles. Herdou a liderança da Grécia, que seu pai, Filipe, havia alcançado após 20 anos de oportunismo

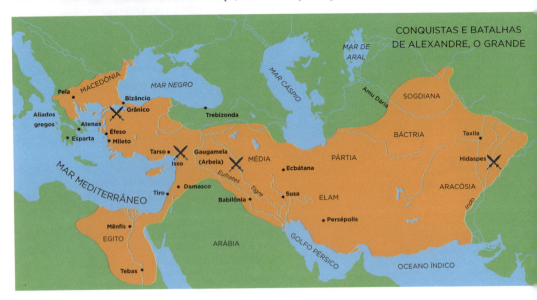

A LINHA DO TEMPO DA HISTÓRIA MILITAR AEC

Alexandre (esquerda) e Dario (direita) em batalha, conforme retratado no mosaico romano descoberto em Pompeia.

político e fortes campanhas. Na Batalha de Queroneia, Filipe venceu Atenas e Tebas, e então uniu as cidades-estados gregas em uma federação para contra-atacar o poderoso Império Persa, vingando as guerras anteriores e libertando as cidades gregas da Ásia Menor.

Com a morte de Filipe, os gregos rapidamente compreenderam que seu filho de 20 anos era, de todas as formas, igual ao pai – descendentes de Tessália e Tebas preveniam quaisquer tentativas de independência. Diferentemente dos gregos, que trabalhavam com material de guerra sazonal e limitado, os macedônios criaram um novo tipo de máquina de guerra, com um exército profissional capaz de tomar o campo a qualquer momento do ano e preparado para, após a vitória no campo de batalha, explorar seu sucesso e conquistar ganhos mais duradouros. Alexandre entendia plenamente a importância de uma busca incansável, então esse exército foi o primeiro passo em direção à vitória total. Só assim ele pôde contemplar a conquista de um grande império. Suas façanhas foram realizadas em apenas 12 anos.

74: Campanha de Marco Antônio contra os piratas se prova um fracasso.
72 – 71: Terceira Guerra Servil (revolta de Espártaco).
72: Batalha do Monte Gargano.
72: Batalha do Piceno. Batalha de Mutina.
71: Crasso e Pompeu marcham sobre Roma.
74 – 62: Terceira Guerra Mitridática.
74: Batalha do Ríndaco. Mitrídates invade Bitínia.
73: Batalha de Lemnos.
69: Batalha de Tigranocerta. Lúculo derrota exército pôntico.
68: Batalha de Artaxata.
67: Batalha de Zela. Mitrídates derrota os romanos.
66: Pompeu assume comando contra Mitrídates.
64 – 62: Campanhas de Pompeu na Mesopotâmia Superior e Síria; solução da questão romana no Oriente.
67: Campanha de Pompeu contra piratas no Mediterrâneo.
65: Roma intervém na Judeia. Batalha de Papyron.
63 – 62: Revolta de Catilina.
62: Batalha de Pistoia.
60: Primeiro Triunvirato governa Roma (Pompeu, Crasso, César).
58 – 50: César conquista a Gália.
58: Campanhas contra helvécios e suevos.
58: Batalha de Toulon-sur-Arroux.
58: Batalha perto de Cernay.
57: Campanha contra a Bélgica romana.
57: Batalha de Neuf-Mesnil.
56: Campanha contra tribos marítimas do oeste.
56: Batalha de Quiberon Bay.
55: Campanhas na fronteira norte da Gália.
55: Primeira invasão da Grã-Bretanha.
54: Segunda invasão da Grã-Bretanha.
54: Rebelião de Ambiórix.
53: Revolta de Ambiórix. Batalha de Aduatuca. Ambiórix derrota Sabino. Campanhas contra os nérvios etc.
52: Rebelião de Vercingetórix.
52: Batalha de Gergóvia.
52: Batalha de Lutécia.
52: Cerco e batalha de Alésia.
51: Cerco de Uxellodunum.
55: Gabínio intervém na crise de sucessão egípcia.
55: Crise de sucessão no Império Parta.
54 – 53: Campanha de Crasso em Parta.
53: Batalha de Carras. Romanos saem derrotados, Crasso é morto.
Guerra Civil Romana.

▶ **ALEXANDRE, O GRANDE**

Enquanto isso, Dario fugiu. Após um interlúdio no Egito, em 331 AEC, Alexandre partiu em busca do rei persa, derrotando-o outra vez em Gaugamela. Alexandre voltou a perseguir Dario, mas o encontrou morrendo, traído por seus oficiais liderados por Bessos, sátrapa da Báctria. Em 330 AEC, o Império Persa pertencia a Alexandre.

As guerrilhas e conflitos nas montanhas seguiram por quatro anos no nordeste do império, subjugando as tribos que viviam no limite do grande império. Em 327 AEC, uma nova empreitada levou os gregos na direção do Indo e, às margens do Hidaspes, Alexandre derrotou um exército indiano. Outras conquistas apareciam no horizonte, mas o exército já tinha enfrentado o suficiente. Depois de o terem acompanhado por mais de 3 mil quilômetros desde a Grécia, eles não seguiriam a jornada; seu rei havia se tornado um explorador. Os gregos voltaram à Babilônia, por terra e mar, enquanto a nova frota de Alexandre desbravava o Oceano Índico e o exército marchava pelo deserto de Gedrósia.

Alexandre surgiu como um libertador dos persas, mas nem todas as cidades o enxergavam assim. O Cerco de Tiro foi uma empreitada enorme que durou sete meses inteiros e envolveu a construção de dois portos e a criação de uma enorme operação naval. Cerca de 8 mil cidadãos de Tiro morreram na batalha.

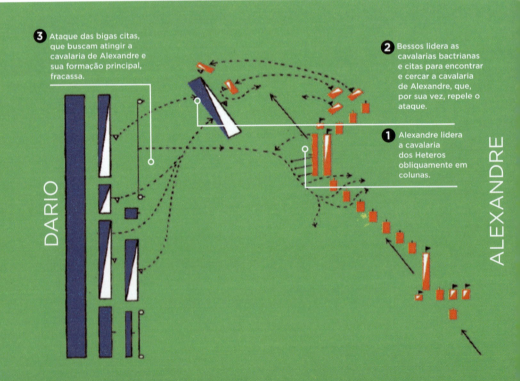

Cabeça de Alexandre, o GRANDE, com um diadema e usando chifre de carneiro.

Acima: As grandes vitórias de Alexandre no campo de batalha são bem conhecidas. Porém, ele também precisou manter longos cercos, como o de Tiro, que se estendeu de janeiro a julho de 332 e envolveu a construção de dois diques de 800 metros com direito a catapultas e aparatos de cerco para combater ataques navais que provinham até de um brulote. Em contraste com sua ardente impetuosidade no campo de batalha, Alexandre demonstrava paciência e determinação formidáveis.

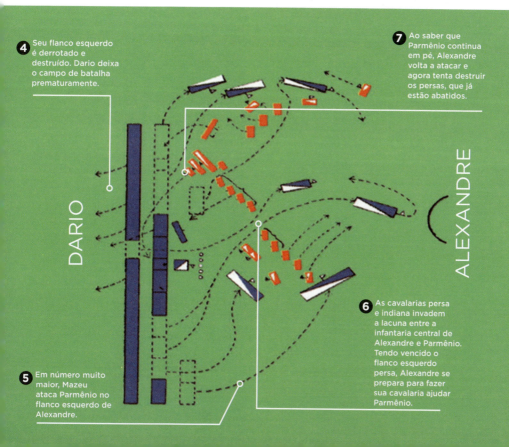

4 Seu flanco esquerdo é derrotado e destruído. Dario deixa o campo de batalha prematuramente.

7 Ao saber que Parmênio continua em pé, Alexandre volta a atacar e agora tenta destruir os persas, que já estão abatidos.

5 Em número muito maior, Mazeu ataca Parmênio no flanco esquerdo de Alexandre.

6 As cavalarias persa e indiana invadem a lacuna entre a infantaria central de Alexandre e Parmênio. Tendo vencido o flanco esquerdo persa, Alexandre se prepara para fazer sua cavalaria ajudar Parmênio.

> **SUCESSORES DE ALEXANDRE**

DEMÉTRIO I, POLIÓRCETES (336 – 283 AEC)

Foi filho de Antígono Monoftalmo, um dos sucessores de Alexandre competindo pelo controle da Antiga Macedônia. O apelido "Poliórcetes" significa "o sitiante". Suas principais batalhas foram Gaza (312 AEC), Salamina/Chipre (306 AEC) e Ipso (301 AEC). Mais ambicioso e ativo do que bem-sucedido, mostrou resiliência e capacidade de enfrentar vigorosamente uma derrota após a outra. Participou de várias campanhas, ganhando o controle da Grécia (293 – 289 AEC), mas perdeu a Macedônia em 288 AEC, terminando sua carreira preso com uma pequena força de mercenários ao lado de Seleuco, na Cilícia. Em vez de executá-lo, seus capturadores o encorajaram a beber até a morte.

PTOLOMEU I SÓTER (APROX. 367 – 282/3 AEC)

Amigo, general e biógrafo de Alexandre, o Grande, além de fundador da dinastia Macedônia que governou o Egito de 305/4 AEC até a morte de Cleópatra, em 30 AEC. Durante as guerras dos sucessores de Alexandre, estabeleceu-se como rei do Egito e expandiu seu domínio até Palestina, Chipre e partes do Egeu.

SELEUCO I NICATOR (APROX. 358 – 280 AEC)

Foi o mais bem-sucedido dos generais de Alexandre, o Grande, competindo para reunir e governar o enorme império após sua morte. Em 312 AEC, Seleuco controlava a Babilônia e grande parte da Mesopotâmia. A vitória em Ipsos (301 AEC) rendeu o controle da Síria e, em 296 AEC, da Cilícia. Fundou Antioquia em 300 AEC e Selêucia do Tigre,

---

APÓS SUA MORTE, ALEXANDRE, O GRANDE, FOI SUCEDIDO POR VÁRIOS DE SEUS PRINCIPAIS GENERAIS, QUE DIVIDIRAM O IMPÉRIO. ALGUNS DOS MAIS IMPORTANTES FORAM:

ANTÍGONO I
(Monoftalmo, o Zarolho)

Tomou posse da Ásia Menor e da Síria e tentou reunir o império. Morreu na Batalha de Ipsos, em 301 AEC.

ANTÍGONO II

Neto de Antígono, conquistou para sua dinastia a Macedônia, que continuou sob o controle do país até ser conquistada pelos romanos.

ANTÍPATRO

Regente da Macedônia. Impôs o controle macedônio sobre a Grécia depois de uma revolta que teve início logo após a morte de Alexandre.

CASSANDRO

Filho de Antípatro; por volta de 317 AEC, tomou a Macedônia, mas morreu em 297 AEC.

LISÍMACO

Assumiu o controle da Trácia e expandiu seu domínio até sua morte, na Batalha de Corupédio, em 280 AEC; seu reino foi absorvido pelos selêucidas.

Seleuco I Nicator.

em 312 AEC. A Batalha de Corupédio (281 AEC) trouxe a conquista da Ásia Menor, de modo que, à época de sua morte, ele havia reunido a maior parte do império de Alexandre na Ásia. Reconhecendo os limites de seu império a leste, por volta de 304 AEC, cedeu suas províncias na Índia a Chandragupta, fundador do Império Máuria. Foi assassinado enquanto embarcava em uma campanha para conquistar a Macedônia. Sua última dinastia durou dois séculos.

PTOLOMEU I SÓTER

Tomou o Egito e, durante algum tempo, obteve sucesso em expandir seu império de modo a incluir a Palestina, a Síria e a costa do que hoje é o sul da Turquia. O Egito de Ptolomeu permaneceu independente até a derrota de Cleópatra em Áccio, em 31 AEC, e sua anexação por Roma.

SELEUCO I NICATOR

Obteve a posse da porção oriental do império de Alexandre e fundou um reino que se estendia do Egeu até a fronteira da Índia. Vitorioso na Batalha de Corupédio, foi assassinado logo depois.

A LINHA DO TEMPO DA HISTÓRIA MILITAR AEC

49: Quase sem derramar sangue, César conquista a Itália.

49: Primeira Campanha Espanhola.

49: Manobras de Ilerda.

49: Cerco de Massília.

49: Cúrio é derrotado na Batalha do Bagradas, na África.

49: Levante do exército de César em Placentia.

48: Campanha de Dirráquio.

48: Cerco de Dirráquio.

48: Campanha e batalha de Farsalos. César derrota Pompeu.

48 – 47: Campanha de César no Egito. Batalha do Delta do Nilo. Batalha de Canopeia. César assegura o trono egípcio para Cleópatra.

47: Batalha de Nicópolis. Fárnaces, filho de Mitrídates, o Grande, derrota o Tenente Domício, de César.

47: Campanha de César na Ásia. Batalha de Zela. César expulsa Fárnaces.

47: Rebelião de tropas em Roma.

47 – 46: Campanha de César na África.

46: Batalhas de Ruspina e Thapso. César derrota os aliados de Pompeu.

46 – 45: Segunda Campanha de César na Espanha.

45: Batalha de Munda.

44: Assassinato de Júlio César.

GUERRAS DO SEGUNDO TRIUNVIRATO

43: Guerra de Mutina. Batalha de Mutina.

43: Segundo Triunvirato governa Roma (Marco Antônio, Otávio, Lépido)

42: Campanha de Filipos.

42: Batalhas de Filipos. Marco Antônio e Otávio derrotam Bruto, Cássio e os outros assassinos de César.

40: Parta conquista a Síria e o sul da Ásia Menor.

41 – 40: Guerra de Perúsia. Cerco de Perúsia.

43 – 35: Guerra de Sexto Pompeu.

36: Batalha de Milas. Batalha de Nauloco.

39 – 33: Guerras Párticas de Antônio.

38: Batalha de Gindarus.

36: Invasões de Marco Antônio a Parta fracassam.

34: Campanha de Marco Antônio na Armênia.

35 – 33: Campanha Ilíria de Otávio.

32 – 31: Guerra entre Marco Antônio (com Cleópatra) e Otávio.

31: Batalha de Áccio. Marco Antônio e egípcios saem derrotados. Marco Antônio e Cleópatra cometem suicídio. Otávio (Augusto a partir de 27) é agora o único governante do Império Romano.

55

GREGOS DA ANTIGUIDADE

ANTÍOCO III, O GRANDE (241 – 187 AEC)

Rei selêucida, cujas ambições expansionistas levaram, após muito sucesso, à queda do Império Selêucida nas mãos de Roma. Depois de recuperar partes perdidas de seu império no leste (Armênia, Pártia, Báctria), ele conspirou com Filipe V da Macedônia contra o Egito. Em 202 – 198 AEC, conquistou a Síria ptolemaica e a Palestina, depois enfrentou os interesses romanos na Grécia (192 AEC). Em Termópilas (191 AEC) e Magnésia (189 AEC), foi derrotado por Roma, o que culminou no fim do Império Selêucida, uma das maiores potências do Mediterrâneo.

Estátua de Pirro na cidade de Arta, Epiro.

Antíoco III, o Grande.

Moeda de Pirro.

PIRRO (319 – 272 AEC)

Rei de Epiro, que almejava ser o "Alexandre do Ocidente". Suas campanhas na Itália (281 - 275 AEC) inicialmente surgiram para ajudar Tarento contra Roma. Suas principais batalhas foram Heracleia, Ásculo (279 AEC) e Benevento (275 AEC). Também enfrentou os cartagineses na Sicília, mas não chegou ao fim do conflito. Suas "vitórias pírricas" (em Heracleia, que foram conquistas a um custo insuportável) não alcançaram um sucesso duradouro.

A LINHA DO TEMPO DA HISTÓRIA MILITAR AEC

25 – 24: Expedição de Galo na Arábia.
26 – 24: Augusto conquista o noroeste ibérico.
26: Batalha de Vélica.
30 – 28: Operações na fronteira romana nos Bálcãs.
25 – 24: Expedição de Galo na Arábia.
17 – 14: Operações romanas na região do Reno-Danúbio.
14: Agripa intervém no Reino do Bósforo.
12: Início das campanhas germânicas.
12 – 9: Campanhas dos Drusos.
8: Tibério assume o comando no território germânico.

ERA COMUM

CHINA

9 – 23: Wang Mang usurpa o trono;
23: restauração da dinastia Han. Enquanto isso, a ameaça externa dos Xiongnu ganha força.
Fim do século I: Imperador Wu de Han lança uma campanha contra os Xiongnu na Ásia Central.
25: Faccionismo da corte enfraquece a autoridade central;
por volta de 160: comandantes regionais se tornam autônomos.
184: Levante em massa dos Turbantes Amarelos.
220: Xiandi, último imperador Han, abdica e a China se divide em três reinos: Wei (Norte), que se torna Ch'in Ocidental; Shu (Oeste); e Wu (Sul).
263: Wei conquista Shu.
265: Golpe de Ssuma em Wei.

ORIENTE MÉDIO

4: Crise de sucessão na Armênia.
5 – 6: Revolta Gaetrilian na Mauritânia.

EUROPA: GUERRAS DA ROMA IMPERIAL

6 – 9: Revolta Panônia contida por Tibério
7: Batalha de Volcaean Marsh. Tibério prepara uma emboscada e vence os rebeldes.
9: Revolta na região germânica recentemente conquistada por Armínio.
9: Batalha da Floresta de Teutoburgo (ou Desastre de Varo). Um grande desastre para Roma: Púbio Quintílio Varo é derrotado e perde cerca de 20 mil homens. Isso significa efetivamente o fim dos planos romanos de expansão para o rio Elba. Campanhas subsequentes são ataques rápidos, e não tentativas de conquista.
14 – 16: Revolta das legiões alemãs.
Germânico as reprime e, em seguida, faz campanha na Alemanha.
16: Batalha de Idistaviso. Germânico vai para o Oriente, mas morre (possivelmente envenenado) na Antioquia.

▶ GREGOS DA ANTIGUIDADE

ANÍBAL (247 – 183 AEC)

Um dos grandes capitães da História; tornou-se famoso por cruzar os Alpes e entrar na Itália com um exército que incluía elefantes. Assumiu o comando do exército cartaginês na Espanha, em 221 AEC, e tomou Sagunto dois anos mais tarde, precipitando a Segunda Guerra Púnica com Roma. Ele criou a estratégia de invadir a Itália (a partir da Espanha, via Alpes) para gerar revolta entre os aliados romanos na península. As principais batalhas foram Ticino (218 AEC), Lago Trasimeno (217 AEC), Canas (216 AEC) e Zama (202 AEC). A vitória em Canas se destaca como uma das batalhas clássicas da História, exemplo de envolvimento duplo. Entretanto, apesar do comando dividido, a estratégia de Fábio (de evitar batalha campal para desgastar o exército cartaginês) e a relutância dos aliados romanos a se unirem à causa de Cartago levaram à erosão gradual de seu exército. Depois de 16 anos de campanha sem um resultado decisivo, Aníbal voltou a defender Cartago em 203 AEC. No ano seguinte, foi derrotado por Cipião em Zama.

Abaixo: Os elefantes de Aníbal cruzam o rio Ródano, a caminho dos colos dos Alpes.

A LINHA DO TEMPO DA HISTÓRIA MILITAR

A Batalha de Canas é considerada uma das grandes obras-primas do generalato e foi citada mesmo em 1991 pelo General Schwarzkopf como uma inspiração para sua estratégia na ofensiva contra as forças de Saddam Hussein no Kuwait e no Iraque.

PÚBLIO CORNÉLIO CIPIÃO AFRICANO (APROX. 236 – 184 AEC)

Um dos maiores generais romanos, levou a República à vitória na Segunda Guerra Púnica. Eleito aos 25 anos para cuidar de um império proconsular, revisou táticas legionárias e venceu Asdrúbal, irmão de Aníbal, em Bécula. Sua vitória em Ilipa decidiu o curso da guerra na Espanha. Foi cônsul em 205 AEC e então guiou a invasão do território cartaginês, tomando Utica e Tunes antes de derrotar Aníbal em Zama. Sua campanha triunfante lhe rendeu o apelido de "Africanus".

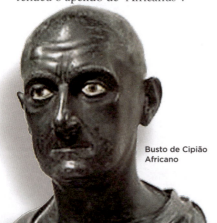

Busto de Cipião Africano

17 – 24: Revolta na Numídia comandada por Tacfarinas.

22: Batalha de Talas.

21: Revolta gaulesa de Júlio Floro e Júlio Sacrovir.

25: Revolta da Trácia.

28 – 41: Revolta Frísia.

35 – 52: Operações da sucessão armênia.

40 – 49: Início da conquista da Britânia. Depois de uma invasão abortada, em 40, Aulo Pláucio lidera uma grande expedição em 43. Em 49, os romanos chegam ao rio Severn. Depois da derrota de Carataco, operações permanecem modestas até 61.

35 – 52: Operação da sucessão armênia.

61: Revolta dos icenos na Grã-Bretanha. Boadiceia dos icenos toma o território de Camuloduno antes de Suetônio Paulino derrotá-la perto de Lichfield.

66 – 68: Revolta na Judeia.

70 – 73: Cerco de Massada.

68: Revolta de Júlio Víndice (contida), precursora da grande revolta contra o imperador Nero, que se suicida quando a Guarda Pretoriana apoia o usurpador Galba.

69 – 70: Guerra de Sucessão Romana.

69: Ano dos quatro imperadores. A sucessão de golpes promove a ascensão de Otão e depois de Vitélio ao trono.

69: Batalha de Locus Castorum. Aliado de Otão, Caecina não consegue derrotar os vitelianos.

69: Primeira Batalha de Bedriacum (Cremona). Vitélio derrota Otão.

69: Segunda Batalha de Bedriacum. Legiões de Vespasiano derrotam Vitélio.

71 – 74: Guerra de Bergantim, na Bretanha, resulta no avanço da fronteira romana mais a norte.

72: Campanha do Alto Eufrates firma a fronteira por meio século.

73 – 74: Basileia anexada à Alemanha.

78 – 84: Cneu Júlio Agrícola promove campanha na Escócia; romanos estão sobrecarregados.

84: Batalha de Monte Gráupio. Agrícola derrota Pictos.

89: Revolta de Saturnino na Alemanha.

97 – 98: Guerra dos suevos.

GUERRAS DE TRAJANO

101 – 102: Primeira Guerra Dácia. Trajano invade e vence em Tapae (101), mas as baixas e o terreno difícil retardam o avanço romano.

102: Primeira Batalha de Sarmizegetusa (capital da Dácia); Trajano derrota o rei dácio Decébalo.

59

NAVIOS DE GUERRA ANTIGOS

Uma concepção, com base em evidências de Herculano, de um trirreme usando vela em vez de remo.

A LINHA DO TEMPO DA HISTÓRIA MILITAR

105 – 106: Segunda Guerra Dácia. A forte ofensiva de Trajano conquista completamente a Dácia.

106: Segunda Batalha de Sarmizegetusa. A província romana de Dácia é criada.

113 – 116: Trajano conquista Pártia e Armênia.

115 – 117: Revoltas em Cirenaica, Egito e Palestina.

116 – 117: Revolta na Mesopotâmia.

122/3 até por volta de 128: Muralha de Adriano é construída na Grã-Bretanha e se tornará a fronteira norte de Roma.

132 – 135: Revolta de Bar Kochba na Palestina.

134: Recaptura de Jerusalém.

Revolta Brigantina na Grã-Bretanha é controlada por volta de 139 – 142, mas novos levantes ocorrem em 155 e 158. Lólio Úrbico constrói a Muralha de Antonino entre os rios Clyde e Forth.

145 – 152: Agitações na Mauritânia.

152 – 153: Insurreição egípcia.

161: Guerra Parta.

157 – 158: Operações na Dácia.

167, 172 – 175: Pressão de tribos germânicas, incluindo Chatti, Marcomanni, Quadi, Iazyges, Roxolani etc., provocam incursões romanas punitivas pelo Danúbio. O império se envolve fortemente com as fronteiras no norte. Depois de dois séculos de relativa estabilidade e paz, o Império Romano se vê diante da aproximação de um período de crises interna e externa.

175 – 176: Revolta de Avídio Cássio na Síria.

184: Muralha de Antonino é transpassada.

184 – 186: Rebelião das legiões na Grã-Bretanha.

190: Revolta africana.

192 – 197: Imperador Cômodo é assassinado. Rivais que querem assumir o trono são eliminados por Lúcio Septímio Severo.

193: Batalha de Cízico.

194 – 195, 197 – 199: Campanhas de Septímio Severo em Pártia.

194: Batalha de Isso.

195 – 197: Revolta de Albino.

197: Batalha de Lugduno (Lyon); cidade destruída, Albino é derrotado por Severo.

209: Grande expedição a Moray Firth, na Escócia, liderada por Septímio Severo.

Muralha de Adriano é reformada para se tornar a nova fronteira da Bretanha.

213 – 214: Campanha de Caracala contra os alamanos.

Linhas defensivas concluídas no trecho entre Reno e Danúbio.

214: Campanha de Teócrito na Armênia.

215: Massacres de Alexandrino por Caracala.

216 – 217: Campanha de Caracala no Oriente.

216: Batalha de Nísibis.

Um trirreme romano é levado ao mar e os marinheiros desfilam no deque.

61

▶ ROMANOS DA ANTIGUIDADE

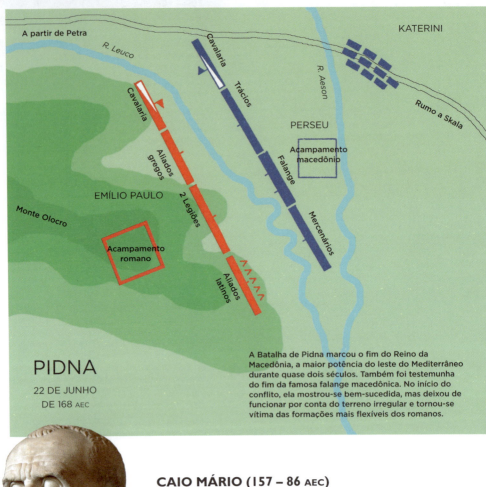

PIDNA
22 DE JUNHO DE 168 AEC

A Batalha de Pidna marcou o fim do Reino da Macedônia, a maior potência do leste do Mediterrâneo durante quase dois séculos. Também foi testemunha do fim da famosa falange macedônica. No início do conflito, ela mostrou-se bem-sucedida, mas deixou de funcionar por conta do terreno irregular e tornou-se vítima das formações mais flexíveis dos romanos.

CAIO MÁRIO (157 – 86 AEC)

Primeiro dos grandes chefes militares romanos, teve ambições e rivalidades que levaram à queda da República Romana. Ganhou proeminência durante a Guerra Jugurtina, revolucionando a composição do exército romano ao recrutar voluntários independentemente das qualificações estabelecidas e criar um exército semiprofissional mais apto a ser leal ao general do que ao Estado. Defendeu a Itália da invasão dos cimbros e teutões, derrotando-os nas batalhas de Águas Sextias (102 AEC) e Vercelas (101 AEC). Foi cônsul por seis vezes e, então, envolveu-se no conflito político entre os optimates e equestres, em aliança com Saturnino e, posteriormente, com Cina, em oposição a Sula. Morreu antes do triunfo de Sula. Com o casamento, tornou-se tio de Júlio César.

Lúcio Cornélio Sula.

LÚCIO CORNÉLIO SULA
(138 – 78 AEC)

Foi o segundo grande chefe militar romano durante o século I AEC e ditador de Roma entre 81 e 79 AEC. A rivalidade com Mário pelo comando na Primeira Guerra Mitridática levou-o a marchar por Roma e agarrar o poder. Ele derrotou Mitrídates e retornou à guerra civil em Roma. A questão foi resolvida em 82 AEC, na Batalha de Porta Colina, e ele assumiu o controle de Roma. Seu regime restaurou o poder dos optimates, mas, após Lúcio sair de cena, Roma enfrentou meio século de conflitos civis, que terminariam com o reinado de um homem.

Mitrídates VI, de Ponto

A LINHA DO TEMPO DA HISTÓRIA MILITAR

218: Batalha de Antioquia

ORIENTE MÉDIO
227: Artaxes I cria o Império Sassânida.

ÍNDIA
Chefe Yuezhi Kujula Kadphises conquista o norte da Índia.
Depois do ano 100: Apogeu do Império Cuchana sob o comando de Kanishka.
Século II: Satarahanas (Decão).
Início do século III: Rei pandia Nedunjeliyan conquista importante vitória sobre Ceras.
Por volta de 250: Cuchanas são limitados a Gandhara e Caxemira e se tornam vassalos dos sassânidas.

CHINA
280: China reunificada por Ch'in Ocidental.
Guerras dos Oito Príncipes – conflitos dinásticos internos acabam com a autoridade da administração central.
Dezesseis Reinos, ou Dezesseis Estados. Alguns grupos bárbaros realizam conquistas.
Guerra quase permanenente entre os Estados do norte. Muitas pessoas fogem dos invasores bárbaros do norte e seguem rumo ao sul.
383: Chien Ch'in invade o sul, mas é repelido.
Dinastias do sul da China: Ch'in Oriental; Sung; Qi; Liang; Chen.
Fim do século XVI: Yang Chien conquista o sul e reunifica a China, fundando a dinastia Sui.

CRISE DO IMPÉRIO ROMANO
Após o assassinato de Caracala (217), uma sucessão de imperadores chega ao trono, impulsionados por suas legiões, mas logo são assassinados ou derrubados por um rival ou mesmo por suas próprias tropas. Há poucos registros desse período, mas eles apontam para um estado de guerra quase constante dentro do império e com as tribos ao norte do Reno e Danúbio. Também indicam a continuação do conflito no Oriente. Muitas batalhas são travadas durante esse período, mas elas raramente recebem nomes, e os detalhes são poucos. Alamanos e godos são os principais inimigos da Europa. A falta de mão de obra e de recursos econômicos do império é grave. Roma é atingida pela praga em 262.
231 – 233: Campanha de Alexandre Severo no Oriente.
234 – 235: Guerra Alamana.
236 – 237: Campanhas Sármatas/Dácias.
238: Guerra com os sassânidas.
240: Rebelião em Cartago.
244: Invasões tribais no Danúbio e Bálcãs.

63

▶ ROMANOS DA ANTIGUIDADE

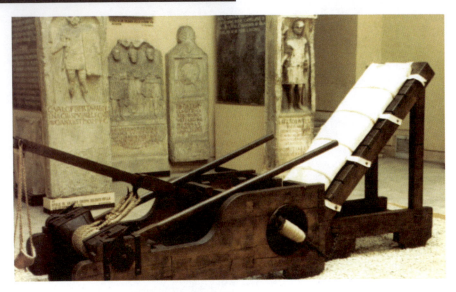

Reconstrução de uma peça de artilharia romana.

QUINTO SERTÓRIO (APROX. 122 – 72 AEC)

General romano que se aliou a Mário e Cina contra Sula e fugiu para a Espanha depois da Batalha de Porta Colina. Corajoso e engenhoso, provou-se brilhante em guerras ditas irregulares. Com os lusitanos e um exército de exilados da Roma de Sula, desafiou os maiores esforços de Pompeu até ser assassinado, em 72 AEC.

MITRÍDATES VI, O GRANDE (120 – 63 AEC)

Rei de Ponto, foi um inimigo implacável de Roma. Em 88 AEC, capturou a Capadócia, a Bitínia e a província de Roma na Ásia, mas foi derrotado e expulso por Sula por volta de 84 AEC. Derrotou as atividades de Murena (83 – 82 AEC), tenente de Sula, e invadiu a Bitínia outra vez (entregue a Roma em 74 AEC). As campanhas do general romano Lúculo foram frustradas pelos políticos e Mitrídates finalmente foi levado de seu reino por Pompeu.

POMPEU, O GRANDE (GNAEUS POMPEIUS MAGNUS) (106 – 48 AEC)

General romano dominante entre os regimes de Sula e César, alcançou proeminência com seu pai, Estrabão, durante a Guerra Social. Auxiliou Sula (83 – 82 AEC) e ajudou a suprimir a revolta de Lépido, em 77 AEC. Envolveu-se em campanhas contra Sertório na Espanha, depois voltou à Itália ao fim da revolta de Espártaco. Com Crasso, aterrorizou Roma até se tornar cônsul, em 70 AEC. Participou de uma grande campanha contra piratas no Mediterrâneo (67 AEC),

Pompeu, o Grande.

Júlio César.

depois assumiu o comando da guerra contra Mitrídates, resolvendo os problemas romanos no Oriente. Voltou a Roma para formar o primeiro triunvirato com Crasso e César. Enfrentou César (49 – 48 AEC) na Guerra Civil Romana (Guerra do Primeiro Triunvirato), sendo derrotado em Farsalos (48 AEC) e assassinado no Egito.

C. JÚLIO CÉSAR (100 – 44 AEC)

Um dos maiores generais da História, César conquistou a Gália para Roma, invadiu a Grã-Bretanha duas vezes e derrotou seus inimigos, liderados por Pompeu, o Grande, na Guerra Civil Romana de 49 – 45 AEC. Ao assumir a ditadura de Roma, deu fim à República Romana, colocando em cena um regime imperial, cujo fundador era seu sobrinho adotado, Otávio (que posteriormente viria a ser conhecido como Augusto). Com Pompeu e Crasso, formou uma aliança (o Primeiro Triunvirato) e seu consulado assumiu o governo da Gália, uma pequena região do que hoje é a França. Entre 58 e 52 AEC, dominou sistematicamente o restante da Gália, com uma pausa entre os anos de 55 e 54 AEC para invadir, mas não conquistar, a Grã-Bretanha. Em 52 – 51 AEC, uma revolta massiva na Gália foi suprimida depois de muita luta. A tensão com o Senado e seu outrora aliado Pompeu levou à Guerra Civil em 49 AEC. César invadiu a Itália, derrotou o exército de Pompeu na Espanha e enfrentou Pompeu em Dirráquio antes de derrotá-lo em Farsalos, na Grécia, em 48 AEC. Sua perseguição a Pompeu no Egito levou a uma campanha em Alexandria e no Nilo, depois da qual

Estátua de Napoleão III a Vercingetorix.

A LINHA DO TEMPO DA HISTÓRIA MILITAR

251: Batalha de Abrito. Imperador Décio morre ao enfrentar os godos.

251: Batalha de Forum Trebroni.

253 – 260: Guerra Romano-Persa.

259: Batalha de Edessa.

260: Imperador Valentiniano torna-se prisioneiro dos persas.

256: Saxões atacam a costa britânica.

258/9: Alamanos invadem o norte da Itália, de onde são expulsos por Galiano.

269: Batalha de Nis. Cláudio derrota os godos.

260 – 274/5: Império Gaulês de Póstumo.

Marco Cassiânio Latínio Póstumo proclama-se imperador em Colônia. A Gália é recuperada em 275, após a Batalha dos Campos Cataláunicos, pelo imperador Aureliano, que acaba assassinado no mesmo ano. Durante o seu reinado, têm início novas obras nas muralhas de Roma, que não se faziam necessárias desde os tempos da República.

262 – 267: Odenato das campanhas de Palmira enfrenta a Pérsia.

273: Palmira é destruída.

282 – 283: Caro invade a Mesopotâmia.

Persas ocupam grande parte do Oriente durante o conflito romano.

285: Batalha do Margus (contra o rival Carino) define Diocleciano como imperador que vai "refundar" o império.

286 – 293: Caráusio declara a independência da Grã-Bretanha e do norte da Gália, mas é assassinado por Alecto.

293: Tetraquia – o Colegiado de Imperadores.

Diocleciano divide o funcionamento do império entre dois imperadores com substitutos/sucessores designados. O objetivo é a continuidade e a maior eficiência no combate às incursões dos bárbaros vindos do outro lado do Reno e do Danúbio. A fronteira é grande demais para ser comandada por um único homem. E a capital, Roma, não funciona mais como uma base estratégica para essas operações.

295 – 298: Crise chega a Roma. Narses da Pérsia está em guerra; Aquileu no Egito; Quinquegentanei na África; Caráusio na Grã-Bretanha. Há ainda frentes de guerra no Reno e no Danúbio.

296: Batalha de Clausentum. Tetrarca Constâncio recupera a Grã-Bretanha para Roma.

297: Batalha de Carras – persas derrotam Galério.

297/8: Batalha de Langres – grande vitória romana sobre os alamanos.

306 – 323/4: Guerra dos Tetrarcas.

312: Constantino toma a Itália de Magêncio.

312: Batalhas de Turim, Verona, Saxa Rubra.

Constantino derrota as tropas de Magêncio.

65

ROMANOS DA ANTIGUIDADE

Reconstrução em tamanho real das linhas de defesa romanas, construídas durante o cerco de Alésia, promovido por César. Em frente à muralha fortalecida com torres há trincheiras e fossos cobertos com matagais que ocultavam lanças afiadas – o equivalente antigo aos campos minados atuais.

ele retornou a Roma, derrotando as forças pônticas em Zama, onde hoje fica a Turquia, pelo caminho. Enquanto isso, seus inimigos se reuniam na África, onde César os derrotou em Tapso (47 – 46 AEC) antes de perseguir os últimos apoiadores de Pompeu em Munda, Espanha (45 AEC). César foi assassinado enquanto planejava uma nova campanha contra os partos.

César não foi essencialmente um inovador, mas um supremo expoente da máquina de guerra romana. Os grupos de soldados romanos eram um instrumento muito mais refinado do que a antiga falange, permitindo-lhe movimentar-se e manobrar com velocidade. Ele assumiu riscos, e por vezes seus planos deram errado, o que o condenou a uma campanha longa e exaustiva, na qual a pá foi tão importante quanto a espada. Entretanto, sua força de vontade sempre indomada – e a força de seus veteranos – trouxeram vitórias.

Maquete no Museu da Civilização Romana, em Roma, mostrando uma torre de cerco em funcionamento, com a ponte sobre a muralha de proteção para permitir que as tropas de ataque vencessem as defesas. Atrás da torre há caminhos cobertos para proteger os engenheiros e as tropas de flechas e outros projéteis. As legiões romanas possuíam habilidades formidáveis no trabalho com a madeira e eram capazes de construir acampamentos, engenhos de cerco, catapultas, pontes (como a que César usou para cruzar o Reno) e até mesmo navios de guerra nas campanhas.

BATALHA DO SAMBRE
Julho de 57 AEC
O exército de César cai em uma emboscada de tribos belgas durante a conquista da Gália.

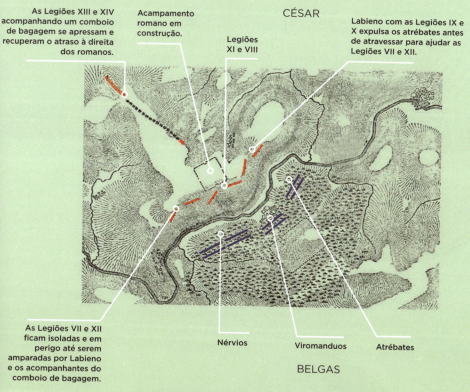

BATALHA DE FARSALOS
29 de junho de 48 AEC
César derrota Pompeu de forma decisiva na Grécia

▶ ROMANOS DA ANTIGUIDADE

MARCO ANTÔNIO (MARCUS ANTONIUS) (APROX. 82 – 30 AEC)

Penúltimo na linhagem de chefes militares cujas rivalidades levaram à queda da República Romana, serviu com César na Gália e durante a guerra civil (Guerra do Primeiro Triunvirato). Aliou-se a Otávio e Lépido após o fracasso da Guerra de Mutina para formar o Segundo Triunvirato (43 AEC). Derrotou os assassinos de César em Filipos (42 AEC). Dividiu o mundo romano com Otávio e tentou, sem sucesso, conquistar a Pártia. Em uma aliança com Cleópatra do Egito, cometeu suicídio em Áccio (31 AEC) antes de ser derrotado por Otávio.

Marco Antônio.

MARCO VIPSÂNIO AGRIPA (APROX. 63 – 12 AEC)

Amigo e general de Augusto (44 – 30 AEC), venceu Marco Antônio e Cleópatra em Áccio (31 AEC).

Marco Vipsânio Agripa.

AUGUSTO (C. OTÁVIO)
(63 AEC – 14 EC)

Foi herdeiro de Júlio César e fundador do Império Romano. Estava mais para estadista do que para general (ver Agripa). Com Marco Antônio e Lépido, formou o Segundo Triunvirato; derrotou Sexto, filho de Pompeu, em 36 AEC, e Marco Antônio em Áccio, em 31 AEC. Em seguida, fez campanha em Ilírico e no noroeste da Espanha. Assegurou as fronteiras a norte e estabeleceu a administração de Roma e as relações exteriores, dando início a um longo período de relativa paz e dominação romana da Europa Ocidental e mediterrânea.

Abaixo: Augusto.

A LINHA DO TEMPO DA HISTÓRIA MILITAR

312: Batalha de Ponte Mílvia. Magêncio é morto. Constantino é convertido ao cristianismo durante a campanha e, no futuro, adota o Lábaro em escudos de seu exército.
313: Licínio derrota Maximino Daia.
313: Campanhas de Constantino no Reno.
314: Primeira Guerra entre Constantino e Licínio.
315: Batalha de Cibalis. Constantino derrota Licínio.
315: Batalha de Mardis é indecisiva.
323/324: Guerra entre Constantino e Licínio.
323: Batalha de Plovdiv-Adrianópolis. Constantino vence Licínio.
323: Batalha de Crisópolis. Licínio é derrotado, rende-se e depois é executado.
328: Constantino consagra a sua nova capital, Constantinopla (antiga Bizâncio); a cidade passou quatro anos sendo reconstruída. Estrategicamente, ela funcionaria melhor do que Roma para enfrentar as ameaças ao império vindas do norte e do leste. Gradualmente, o Império Romano se torna mais permanentemente dividido em Ocidental e Oriental. Porém, enquanto Roma Ocidental sucumbe em um século e meio por conta de ataques vindos do Reno e do Danúbio, Constantinopla, capital do Império Bizantino, continua como o bastião do império, agora oficialmente um Estado cristão, por mais de 1.100 anos. Tradicionalmente, os historiadores têm visto esses acontecimentos como o início da Idade Média.
332: O filho de Constantino, Constantino II, enfrenta os godos no Danúbio e conquista uma vitória significativa.
340: Constantino II invade a Itália, após disputas com seus irmãos.
340: Batalha de Aquileia. Constantino II é derrotado e morto por Constante.
341 – 342: Constante derrota os gauleses.
350 – 353: Guerra contra Magnêncio.
351: Batalha de Mursa. Constâncio derrota o usurpador bárbaro Magnêncio, o primeiro grande triunfo da cavalaria blindada sobre legiões de infantaria.
354: Crise gaulesa. Grandes incursões de tribos bárbaras.
A partir de 364: operações constantes na região entre o Reno e o Danúbio.
356 – 361: Operações entre Reno e Danúbio.
356 – 359: Campanhas de Juliano (o Apóstata) na Renânia.
361: Guerra de Juliano com Constâncio.
358 – 361: Guerra Persa.
363: Campanha de Juliano no Oriente. Joviano sinaliza a Paz dos Trinta Anos.
371 – 377: Operações armênias contra os persas no Oriente.

▶ ROMANOS DA ANTIGUIDADE

Enteado de Augusto, Tibério foi o segundo imperador de Roma (14 – 37 EC). Antes de chegar ao trono, lutou com distinção na fronteira da Germânia e Panônia.

À direita: Vespasiano tornou-se imperador de Roma em 69, concluindo o Ano dos Quatro Imperadores (seus antecessores foram Galba, Otão e Vitélio). Suas legiões na Síria e Palestina, que acabaram com a revolta dos judeus, proclamaram-no imperador, e ele derrotou Vitélio em Cremona. A criação de imperadores por exércitos no campo de batalha viria a se tornar uma prática comum no século III.

Acima: Busto de Trajano.

MARCO ÚLPIO NERVA TRAJANO (REG. 98 – 117)

De origem ibérica, Trajano foi o epítome do grande soldado-imperador romano, famoso sobretudo por sua conquista da Dácia, que é celebrada na Coluna de Trajano, em Roma. Provocado pelas atividades do rei Decébalo, da Dácia, Trajano conquistou a região em duas campanhas, criando uma espécie de região de tranquilidade nos Cárpatos, que serviu como escudo estratégico para o Danúbio e arredores até a crise do século III, quando Aureliano abandonou a província. A Dácia também tinha a vantagem de abrigar minas de ouro e prata. Menos duradouras foram as conquistas de Trajano da Armênia e da Mesopotâmia, provocadas por uma de muitas crises de sucessão na Armênia e a interferência dos partos. Os romanos tomaram a capital parta, Ctesifonte, chegando à foz do Tigre, mas acabou se tornando difícil demais manter a região, e o sucessor de Trajano, Adriano, recuou a fronteira.

A LINHA DO TEMPO DA HISTÓRIA MILITAR

Anos 370: Hunos atacam o reino ostrogodo. Cada vez mais, o avanço dos hunos da estepe rumo à Europa Oriental coloca pressão sobre as tribos no sul e leste; por sua vez, essas tribos cada vez mais tentam atravessar o Império Romano e buscam um lugar para se fixar. E as regiões de fronteira do império estão cada vez menos povoadas em virtude dos constantes ataques e depredações.

376 – 382: Guerra Gótica.

378: Batalha de Adrianópolis. Uma das grandes batalhas decisivas da História. Os hunos derrotam os romanos e o imperador do Oriente, Valente, é morto. Os hunos conseguem invadir Roma. É o início do fim do império no oeste. Fritigerno guia os godos rumo à Trácia e Grécia. O fato de esse desastre no campo de batalha não ter sido imediatamente fatal ao império deve-se a Teodósio, o Grande (379 – 395), que restabeleceu a ordem.

383 – 388: Revolta de Máximo.

392 – 394: Revolta de Eugênio.

394: Batalha do Rio Frígido, perto de Aquileia. Teodósio derrota Eugênio, que acaba morto.

395: Hunos invadem Capadócia, Armênia, Trácia e Síria.

395: A divisão entre Impérios Ocidental e Oriental torna-se permanente. Depois da morte de Teodósio, a decadência do império se acentua. Seus herdeiros não conseguem cumprir com a tarefa de manter o império e cada vez mais delegam a administração dos assuntos importantes a seus principais ministros, ao mesmo tempo que se isolavam da realidade em Ravena. No Ocidente, uma sucessão de cavaleiros (comandantes dos exércitos) passa a tomar decisões políticas.

395 – 398: Campanha de Alarido na Grécia. Estilicão, mestre de cavalaria do imperador Honório do Ocidente, não consegue impedir os godos, comandados por Alarico, de irem aonde quisessem: Grécia, Ilíria e depois Itália.

399: Revolta de Tribigild.

400: Revolta de Gildo.

400: Levante godo.

401 – 403: Primeira invasão de Alarico à Itália.

402: Batalha de Pollentia. Estilicão derrota os godos, mas não decisivamente.

405: Bárbaros tentam cruzar os Alpes, mas são impedidos.

406 – 407: Grande invasão bárbara na Gália. Ao fim de dezembro de 206, grandes grupos bárbaros cruzam o Reno congelado em Mainz. Não há um exército imperial para impedi-los. Essa é a segunda invasão. Dali, as tribos seguem para a Gália.

407: Revolta de Constantino na Bretanha. Ele invade a Gália, que está sendo devastada por tribos vândalas que seguem rumo ao sul.

ROMANOS DA ANTIGUIDADE

Lúcio Septímio Severo.

LÚCIO SEPTÍMIO SEVERO (REG. 193 – 211)

Fundador da dinastia Severa e africano de nascimento, Septímio teve de lutar pelo trono, vencendo Dídio Juliano em 193, Pescênio Níger em 194 e Clódio Albino em 196. Entendia a importância do exército e provocou a hostilidade do Senado ao instalar tropas próximo à capital. Conquistou a Mesopotâmia (195 – 202), tomando Ctesifonte e anexando a região. Em 208, visitou a Grã-Bretanha e montou uma expedição contra os caledônios, depois da qual, entendendo que a Muralha de Antonino era uma linha de defesa distante demais ao norte, ordenou que melhorias fossem feitas à Muralha de Adriano. Morreu em Eboraco (York, Inglaterra), deixando o império para seu filho Caracala, que era desequilibrado e megalomaníaco, e que desfez grande parte do trabalho que seu pai realizara no Império Romano.

Cenas de batalha retratadas na Coluna de Trajano, em Roma. Na parte superior direita, pode-se ver a formação "testudo" (ou tartaruga) – legionários usando seus escudos quadrados para formar uma espécie de carapaça contra flechas e outros projéteis.

A LINHA DO TEMPO DA HISTÓRIA MILITAR

407 – 410: Segunda invasão da Itália por Alarico.
410: Saque de Roma.
408: Hunos começam a agir no Baixo Danúbio.
409 – 411: Revolta de Máximo.
412 – 418: Os visigodos deixam a Itália e vão para a Gália e península Ibérica.
413: Revolta de Heraclião.

Os godos se fixam no sul da Gália com pontos de apoio no norte da Espanha. Há uma luta quase constante com outras tribos bárbaras e com os romanos.

422: Hunos atacam a Trácia.
424 – 425: Com a morte do imperador ocidental Honório, em 423, Teodósio II do Império Oriental envia um exército para colocar Valentiniano III (com idade de 4 anos) no trono ocidental. Enquanto isso, Aécio (390 – 454) é mestre de cavalaria e usa bárbaros mercenários (incluindo os hunos) para manter alguma autoridade imperial no Ocidente.

Anos 430: Conduzido por Clodion, os francos avançam rumo ao rio Somme.
434/5: Os hunos, atacando e invadindo a Trácia, exigem pagamentos e ameaçam Constantinopla.
435 – 437: Aécio impede que os burgúndios invadam a Alta Bélgica.

CAMPANHAS DE ÁTILA, O HUNO

441 – 443, 447 – 448: Átila lidera a grande confederação de hunos contra Constantinopla, devastando e expoliando a terra. No campo eles são invencíveis, mas falta-lhes a capacidade de invadir ou sitiar grandes cidades.

451: Hunos invadem a Gália. Batalha dos Campos Cataláunicos. Aécio, com um exército romano misto, que inclui uma quantidade significativa de visigodos comandados por Teodorico, derrota os hunos, que recuam.

452: Átila invade a Itália. Com ajuda, os hunos reduzem e destroem a grande cidade de Aquileia, mas se aventuram pouco ao sul, aparentemente por conta da intervenção do papa Leão. Porém, a justificativa mais plausível seria o fato de a forragem para os cavalos hunos ser escassa e a praga ter se espalhado pela Itália. Essa foi a última grande incursão realizada pelos hunos.

453: Átila morre; seu império não sobrevive por muito tempo sem ele.
429: Vândalos entram na África.

Vândalos atacam regiões costeiras no Mediterrâneo.

439: Invasão persa da Armênia.
440 – 441: Grande expedição contra os vândalos prova-se um fracasso.
455: Expedição vândala saqueia Roma.
456: Invasão vândala da Sicília é contida por Ricímero.

Abaixo: Soldados da Guarda Pretoriana, que funcionava como guarda-costas pessoal do imperador romano. Ela se tornou um fator importante na política palaciana, desertando Calígula e Nero e assassinando Galba e Pertinaz.

▶ ROMANOS DA ANTIGUIDADE

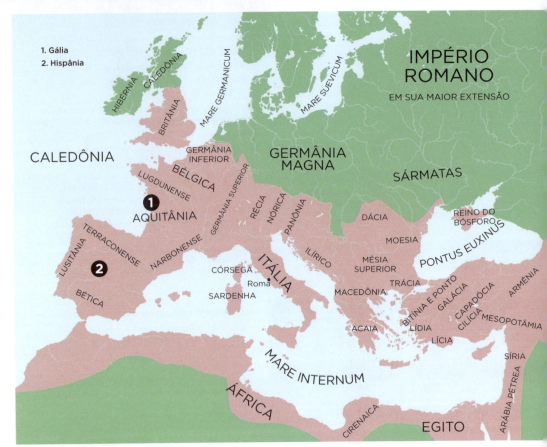

1. Gália
2. Hispânia

IMPÉRIO ROMANO EM SUA MAIOR EXTENSÃO

Diocleciano.

CAIO AURÉLIO VALÉRIO DIOCLECIANO, DIOCLECIANO (REG. 284 – 305)

Após duas décadas de imperadores breves, Diocleciano, que nasceu na Dalmácia, estabilizou e reformou o sistema de governo romano levando em conta as demandas sobre o governante, impostas pelas contínuas guerras contra invasões bárbaras e a ameaça de usurpadores criada pelos vários exércitos empregados no império. Dois imperadores seniores e dois imperadores juniores, com sucessões adotivas, governariam o império. O sistema não funcionou como o esperado, mas de fato gerou uma estrutura de governo mais sólida que, em essência, sobreviveria até meados do próximo século. Efetivamente (e com a contribuição subsequente de Constantino), ele refundou o império. A disciplina foi restaurada no exército, que incluía uma força permanente maior, além de unidades de defesa local dentro das províncias menores com o objetivo de guardar as fronteiras.

Muralhas de Roma.

A LINHA DO TEMPO DA HISTÓRIA MILITAR

454: Em nome de Roma, visigodos atacam os bagaudas no noroeste da Gália.

455: Batalha de Nedao (local desconhecido). Dissolução do Império Huno.

455 – 456: Usurpação de Ávito.

456: Visigodos entram na península Ibérica.

456: Batalha do Rio Órbigo acaba com o poder dos suevos, que haviam se instalado na região.

458 – 461: Imperador Majoriano lidera uma expedição na Espanha.

Por volta de 464: Os visigodos (que têm Toulouse como capital) expandem seu território a norte do Loire.

466 – 484: Reinado de Eurico, fundador do Reino Visigótico na Espanha.

456 – 465: Revolta de Egídio na Gália, que se torna um campo de batalha entre francos, que vão para o sul, burgúndios no leste, visigodos no sul e bretões no noroeste.

Enquanto isso, a Bretanha, separada de Roma por essas forças bárbaras, passa a ser considerada pelo império um território perdido.

468 e 472 – 473: Visigodos conquistam grande parte da Espanha.

472 – 476: Anarquia na Itália após a morte de Ricímero (mestre de cavalaria), que havia levado ao trono e derrubado uma série de imperadores indignos.

475: Odoacro lidera a revolta do exército.

476: Fim do Império do Ocidente com a abdicação do jovem imperador Rômulo Augusto.

476 – 493: Odoacro governa a Itália formalmente para o império.

475 – 477: Imperador oriental Zenão é deposto e retorna ao poder.

476: Expedição de Eurico na Itália é repelida.

481 – 511: Guerras de Clóvis expandem o reino dos francos.

486: Batalha de Soissons. Clóvis derrota Siágrio.

491: Campanha dos francos contra os turíngios.

500: Campanha contra os burgúndios.

507: Batalha de Vouillé. Clóvis derrota Alarico e conquista todo o sul da Gália, exceto Provença.

523: Campanha contra os burgúndios.

542: Expedições a Saragoça.

Campanhas entre francos e ostrogodos disputando a Septimania (Provença).

488: Ostrogodos, liderados por Teodorico, o Grande, invadem a Itália "em nome do" Império Oriental para tomá-la de Odoacro. Depois de várias campanhas, os dois principais líderes se encontram e Teodorico traiçoeiramente mata Odoacro. Teodorico (493 – 526) será um ator importante na diplomacia internacional e governará nominalmente como parte do Império Bizantino.

75

▶ ROMANOS DA ANTIGUIDADE

Busto de Constantino, o Grande, em Roma.

FLÁVIO VALÉRIO CONSTANTINO (CONSTANTINO, O GRANDE) (REG. 306 – 337)

Primeiro imperador cristão de Roma, enfrentou rivais durante seis anos (306 – 312) antes de, em 323, eliminar seu parceiro Licínio (Augusto, do Oriente) para se tornar governante único do Império Romano. Reconhecendo que Roma já não era a capital estratégica do império, estabeleceu Bizâncio como nova capital, renomeando-a de Constantinopla (atual Istambul). Segundo a lenda, uma visão antes da decisiva Batalha da Ponte Mílvia levou-o a adotar o cristianismo, e seu estandarte militar passou a ter o Lábaro, um monograma combinando as primeiras duas letras da palavra "Cristo" em grego. Foi Constantino quem estabeleceu o cristianismo como religião oficial do Império Romano.

A LINHA DO TEMPO DA HISTÓRIA MILITAR

Acima: A partir do século III, o uso da cavalaria se tornou cada vez mais importante e a até então poderosa infantaria das legiões foi ofuscada no campo de batalha. Essa é a cavalaria de catafractários protegida dos pés à cabeça, conforme retratada na Coluna de Trajano.

Acima: Constantino, o Grande, representado em um mosaico bizantino que reflete sua importância para a Igreja Católica.

RECONQUISTAS DE JUSTINIANO

527 – 565: Justiniano governa o Império Bizantino e se prepara para recuperar o Ocidente. Seus generais – Belisário em particular – inicialmente obtêm sucesso, mas a empreitada esgotaria os recursos do império e não poderia ser sustentada no longo prazo.

533 – 534: Belisário conquista o reino vândalo do Norte de África, derrota os vândalos em Ad Decimum e Tricamaro.

535 – 554: Guerra Gótica na Itália.

535: Belisário toma a Sicília e, em seguida, em 536, Nápoles e Roma. Em 540, toma Milão e Ravena dos ostrogodos.

541 – 542: Belisário dá início a uma campanha inconclusiva contra Cosroes I da Pérsia.

541: Ostrogodos elegem Totila como rei; Totila reconquista grande parte da Itália Bizantina.

544 – 548: Campanhas de Belisário contra Totila, mas com sucesso limitado por conta da falta de suprimentos e de apoio do Oriente; 548: é substituído por Narses.

552: Narses derrota Totila em Tagina; Totila é morto. Por volta de 554, Narses reconquista a Itália.

Anos 520 a 560: conflitos esporádicos entre eslavos, búlgaros e hunos e bizantinos.

ÍNDIA

Meados do século IV: Samudragupta e seu filho Chandra Gupta II fazem campanha e fundam o Império Gupta.

Final do século V: Incursões dos hunos no norte da Índia; depois do ano 500, os hunos brancos conquistam o poder no norte da Índia até serem gradualmente expulsos, no século VI.

510: Batalha de Airikina. Vitória dos hunos.

511: Hunos fazem saques em Prayaya.

Três grandes dinastias emergem: Pushyabhutis em Kanauj, Chalukyas em Badami e Pallavas em Kanci.

600 – 630: Fundação do poder Pallava por Mahendravarman I.

608 – 642: Fundação do poder Chalukya por Pulakeshin II.

620: Pulakeshin II derrota Harsha.

Após 647: Dissolução do Império Kanauj, que se transforma nos Estados menores de Rajapute.

CHINA, COREIA E TIBETE

Por volta de 600: Unificação e expansão do Tibete.

618: Formação da dinastia Tang, seguida por cerca de dez anos de conflitos internos pelo trono.

626 – 640: Expansão chinesa na Ásia Central e (temporariamente) Coreia.

> ROMANOS DA ANTIGUIDADE

TEODÓSIO, O GRANDE (REG. 379 – 395)

Último governante de um Império Romano unido, Teodósio obteve sucesso em evitar o desastre total do império após a enorme derrota em Adrianópolis e a morte de seu antecessor, Valente, no Oriente. Foi forçado a derrotar dois usurpadores, Máximo e Eugênio, e fez cessar temporariamente o contínuo conflito com a Pérsia.

FLÁVIO ESTILICÃO (359 – 408)

Principal general romano durante o reinado do imperador Honório, por força de caráter foi um importante estabilizador durante um complicado período após o desastre de Adrianópolis e a invasão dos godos comandados por Alarico. Tramou contra eles na Grécia e frustrou sua invasão à Itália, em 401 – 403, conquistando uma vitória incompleta em Pollenzo. Em 406, em Florença, massacrou um grande número de invasores. Dois anos depois, entretanto, foi assassinado por Honório, deixando a Itália sem um líder e aberta a outras invasões. O resultado foi, em 410, a primeira pilhagem de Roma em 800 anos.

Teodósio, o Grande.

Abaixo: Átila lidera seus hunos nessa reprodução de uma pintura romântica do século XIX.

A LINHA DO TEMPO DA HISTÓRIA MILITAR

ÁTILA (434 – 453)

Também conhecido como "Flagelo de Deus", sucedeu, ao lado de seu irmão (que logo mataria), seu pai como rei da Confederação Huna. Os hunos eram nômades da Ásia Central que haviam paulatinamente emigrado da estepe buscando criar um vasto império que englobaria grande parte da Alemanha e da região a leste do Cáspio. Dali, os cavaleiros de Átila aterrorizaram suas tribos vizinhas e saquearam os territórios fronteiriços do Império Romano. Invasões súbitas e violentas mostraram-se extremamente destrutivas e os hunos sempre voltavam para casa com grandes quantidades de coisas saqueadas e frequentemente subsídios consideráveis de Constantinopla, cuja muralha ainda os desafiava. Mesmo assim, grandes cidades, como Singidunum, Sirmio, Naísso, Serdica e Aquileia foram destruídas, e vastas áreas das províncias do Danúbio acabaram assoladas. Sua derrota em 451 salvou a Gália, mas Átila continuava capaz de realizar mais uma invasão à Itália – que, aliás, parecia inevitável. Sua morte encerrou a unidade da Confederação Huna e a grande ameaça à civilização ocidental desapareceu.

FLÁVIO AÉCIO (395 – 454)

Mestre de cavalaria (general-comandante) do imperador romano Valentiniano III, Aécio enfrentou uma série de campanhas para reafirmar a autoridade romana no Ocidente contra visigodos, francos e burgúndios, esses últimos tendo sido destruídos durante 435 – 437. Sua maior batalha aconteceu em 451 nos Campos Cataláunicos, onde, com a ajuda dos visigodos, derrotou os hunos de Átila. Aécio foi morto por seu imperador ingrato em 454.

Por volta de 660: Destruição do Estado Paekche, que se transforma em distritos militares autônomos da Coreia, criados para proteger as fronteiras chinesas.
Anos 660: Exércitos chineses invadem a Índia, a bacia do rio Tarim etc.
668: Destruição do Estado coreano de Koguryo e ocupação do norte da Coreia até a retirada, em 676, quando o Estado de Silla assume o controle.
751: Batalha do Rio Talas. Muçulmanos derrotam os chineses.
755: Rebelião de An Lushuan leva ao enfraquecimento do Estado da dinastia Tang e fortes levantes de camponeses.
763 – 783: Tibete toma a bacia do rio Tarim após a retirada das tropas chinesas.
Por volta de 790: Reino de Tufan conquista as províncias ocidentais da China.
Por volta de 900: Colapso definitivo da autoridade central. A China é dividida em dez Estados, com cinco dinastias de breve duração. Período das Cinco Dinastias e dos Dez Reinos: golpe de estado dá fim à última dinastia.
960: Dinastia Sung ao norte.
963 – 979: Sungs reúnem grande parte da China.
979 – 1004: Guerra na fronteira entre China e Liao.
982 – 1126: Guerra na fronteira entre China e Tangut.
Por volta de 1125 – 1127: Tribos do Norte conquistam o norte da China e criam o Império Ch'in.
Por volta de 1127: Controle Sung é reduzido à metade sul da China: Império Sung Meridional.

GRÃ-BRETANHA

Meados do século V: Anglos, saxões e jutos invadem a Grã-Bretanha.
Entre 446 e 454: Líderes lendários Hengist e Horsa lutam em nome do rei britânico Vortigerno contra os pictos.
Depois, Hengist cria um reino juto em Kent.
Por volta de 480 – 500: Batalha do Monte Badon (Mons Badiconus). O lendário Artur vence os invasores.
491: Aella (primeiro bretwalda, ou hegemon) saqueia Pevensey. A resistência aos invasores é liderada por Ambrósio Aureliano.
552: Batalha de Old Sarum. Cínrico de Gewissae derrota os britânicos.
577: Batalha de Deorham. Ceawlin de Gewissae derrota três reis britânicos e expande Wessex até os Reinos de Deira e Bernicia, no rio Severn, e forma Nortúmbria, que ganha supremacia. Eduíno, da Nortúmbria, é o quinto bretwalda e adota o cristianismo.
633: Batalha de Heathfield. Penda, de Mércia, e Cadwallon, de Gwynedd, derrotam e assassinam Edwin.

INVASÕES BÁRBARAS

GENSERICO (428 – 477)

Rei dos vândalos, liderou seu povo a partir da Espanha para criar um reino na África Setentrional. Ao avançar pelo estreito de Gibraltar, tomou a província romana da África (essencialmente a Tunísia) em 439, quando da queda de Cartago. Distante dos bárbaros, que criaram reinos nas ruínas do Império Romano do Ocidente, ele criou uma frota considerável, com a qual promoveu várias investidas na região central do Mediterrâneo. Em 455, uma expedição chegou à foz do Tibre e logo passou

Abaixo: Os ataques e invasões dos chamados bárbaros na região do Império Romano resultaram em muita anarquia e destruição, além de provocarem a subtração de muitos itens de ouro e prata das igrejas cristãs. O termo "vândalo" usado atualmente é derivado dos vândalos que, ao se estabelecerem no Norte da África, montaram uma expedição para saquear Roma – expedição esta que eles levaram a cabo com uma eficiência implacável e que foi muito além do saque de 410.

a saquear Roma. As atividades dos piratas vândalos levaram o império a iniciar duas investidas para destruí-los. Ocorridos em 460 e 468, esses ataques foram frustrados e os vândalos expandiram seu controle pelas Ilhas Baleares, Sardenha, Córsega e Sicília (que foi subsequentemente entregue ao Reino Ostrogótico da Itália). Os vândalos de Genserico existiram até 533, quando Belisário reconquistou o Norte da África para o imperador bizantino Justiniano.

EURICO (REG. 466 – 484)

Fundador do Reino Visigótico na Espanha, Eurico alterou a política visigoda ao decidir tornar seu Reino de Toulouse independente de Roma, e não um confederado. Ameaçados pelos francos ao norte, pelos burgúndios ao leste e pelas tentativas romanas de reconquistar o controle da Gália, Eurico adotou uma postura ofensiva. Em Déols, Indre, venceu uma coalisão de romanos, siágrios independentes, bretões, francos e burgúndios. Em 472 – 473, seu exército conquistou grande parte da península Ibérica.

Eurico, fundador do Reino dos Visigodos. Originalmente estabelecidos na França, os visigodos se expandiram pela península Ibérica, onde os sucessores de Eurico governariam um reino próspero até o início do século VIII.

A LINHA DO TEMPO DA HISTÓRIA MILITAR

634: Batalha de Heavenfield. O bretwalda Osvaldo, da Nortúmbria, derrota Cadwallon.

642: Batalha de Oswestry/Maserfield. Osvaldo é derrotado por Penda.

655: Batalha de Winwaedsfield. O cristão Oswiu, da Nortúmbria, derrota e mata o pagão Penda e se torna bretwalda.

661: Mércia derrota saxões ocidentais.

675 – 704: Etelredo, da Mércia, derrota a Nortúmbria de forma decisiva perto de Trent. Nortúmbria entra em decadência. Mércia atinge o apogeu sob o comando de Etelbaldo (716 – 757) e Offa (757 – 796), que passa a chamar a si mesmo de rei de toda a Inglaterra. Ele constrói o Dique de Offa, provavelmente uma defesa para evitar abigeatos. Mércia entre em declínio após o período de Offa. Ascensão de Wessex.

IMPÉRIO BIZANTINO

602: Motim bizantino, anarquia e guerra civil. Campanhas em curso contra incursões dos avares.

603: Revolta dos Narsus. Persas envolvidos nas operações de Edessa-Dara.

605 – 628: Guerra Bizantino-Sassânida.

608 – 610: Revolta de Heráclio, que se torna imperador (610 – 641).

613: Batalha de Antioquia.

626: Constantinopla sitiada por avares, búlgaros, eslavos, gépidas e persas.

627/8: Batalha de Ctesifonte.

GUERRAS DOS FRANCOS

Por volta de 575: Conflitos interfamiliares entre os merovíngios por causa de uma procissão. Esses conflitos nos reinos francos levam à ascensão dos prefeitos, que surgem para conquistar efetivamente o poder.

Por volta de 670: Ebroíno, prefeito de Nêustria, conquista Borgonha.

687: Batalha de Tertry. Pepino de Herstal, prefeito de Austrásia, derrota Bertachar, prefeito de Nêustria, que é assassinado em 681. Queda efetiva dos merovíngios e início dos governantes carolíngios sobre os francos. Pepino torna-se indiscutível mestre de toda a Gália, exceto Aquitânia. Os merovíngios permanecem como fantoches.

719 – 741: Carlos Martel derrota a Austrásia em duas batalhas.

716: Batalha de Amblève.

719: Batalha de Vinay.

719: Batalha de Soissons. Martel torna-se mestre de Borgonha.

720 – 739: França é invadida por árabes.

720: Árabes tomam Septimania.

81

▶ CLÓVIS/GUERRAS JUSTINIANAS

CLÓVIS I (REG. 481 – 511)

Foi o merovíngio fundador do Reino Franco. Liderando os francos, avançou ainda mais no interior da Gália, derrotando Siágrio, o último governante romano na Gália, em Soissons, em 486. Enfrentou campanhas contra tribos burgúndias e germânicas na Turíngia e, em Vouillé, perto de Poitiers, derrotou os visigodos antes de tomar posse temporária da capital desse povo, Toulouse. Adotou o catolicismo (em contraste ao cristianismo ariano de seus inimigos do sul, os visigodos) e criou sua capital em Paris. Uma das figuras mais centrais da história da França, Clóvis I criou uma dinastia estável e o início de uma base de poder para o futuro Império Carolíngio.

O batismo do rei franco Clóvis por São Remígio (apóstolo dos francos) em 496, em Reims.

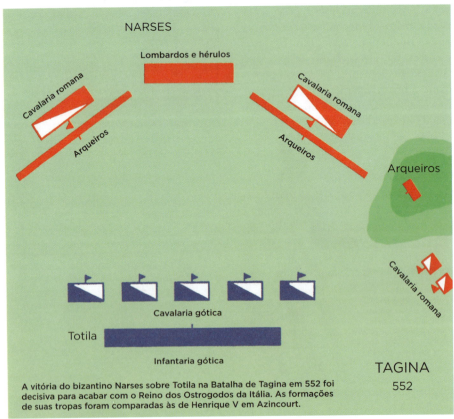

A vitória do bizantino Narses sobre Totila na Batalha de Tagina em 552 foi decisiva para acabar com o Reino dos Ostrogodos da Itália. As formações de suas tropas foram comparadas às de Henrique V em Azincourt.

A LINHA DO TEMPO DA HISTÓRIA MILITAR

BELISÁRIO (APROX. 505 – 565)

Maior general do imperador bizantino Justiniano, tornou-se uma figura lendária graças aos escritos de Procópio e, no século XX, de Robert Graves. Depois de lutar nas guerras contra a Pérsia, participou da Revolta de Nika em Constantinopla, que se mostrou um perigo para o regime imperial. Liderou a força expedicionária que destruiu o Reino Vândalo em 533. Dois anos depois, foi enviado para retomar a Itália dos ostrogodos e, num primeiro momento, mostrou-se bem-sucedido, mas inadequadamente apoiado por Constantinopla. Depois de ficar sitiado em Roma, entre 537 – 538, avançou para o norte e aceitou a rendição dos ostrogodos ao mesmo tempo que recusava a oferta do trono italiano. Isso deixou Justiniano desconfiado; Belisário foi chamado de volta e, depois disso, sua carreira militar tornou-se esporádica e dependente de intrigas na corte, as quais pioraram com as atividades escandalosas de sua esposa.

NARSES (APROX. 480 – 573/4)

Um raro exemplo de eunuco bizantino chegando a um posto alto, Narses foi o general que concluiu a reconquista de Justiniano da Itália para o Império Romano. Teve papel crucial em sufocar a Revolta de Nika em 554, obtendo, assim, a confiança do imperador. Durante sua primeira campanha na Itália, lutou com Belisário, que dificultou os esforços de guerra bizantinos. Durante a segunda campanha, após Belisário ter sido chamado de volta, Narses voltou com um exército bem equipado. Em Tagina, derrotou de forma decisiva os ostrogodos e conseguiu reconquistar a Itália.

732: Batalha de Tours ou Poitiers (local desconhecido). Abderramão é derrotado e assassinado por Carlos.
737: Carlos toma Avinhão dos muçulmanos.
738: Expedição de Carlos na Saxônia.
739: Carlos evita ataque muçulmano a Provença. Carlos também faz campanha contra Aquitânia e Alemans.

GUERRAS DOS LOMBARDOS

663: Expedição bizantina do imperador Constante à Itália fracassa ao tentar expulsar os lombardos.
678 – 681: Tratado de paz entre lombardos e bizantinos.
700 – 712: Conflitos da sucessão lombarda.
712 – 744: Liutprando, rei dos lombardos, consolida o poder na Itália.
751: Lombardos tomam Ravena, capital bizantina na Itália.

ORIENTE MÉDIO

Anos 630 a 650: GUERRA DE CONQUISTA MUÇULMANA.
Exércitos muçulmanos ultrapassam as fronteiras da Arábia.
636: Batalha de Jarmuque.
637: Batalha de Cadésia.
640: Conquista do Egito e da Síria.
642: Batalha de Nahavend.
650: Muçulmanos tomam Persópolis.
651: Batalha de Merv. Conquista muçulmana da Pérsia; fim do Império Sassânida.
Guerra Civil Muçulmana.
657: Batalha do Camelo.
Batalha de Basra.
Batalha de Siffiu.
Campanhas marítimas muçulmanas contra Bizâncio.
661 – 750: Califado Omíada.
674 – 678: Constantinopla sitiada pelos muçulmanos.
Anos 690 a 700: Conquistas muçulmanas.
698: Muçulmanos tomam Cartago.
702: Muçulmanos conquistam os berberes.
717 – 718: Constantinopla sitiada pelos muçulmanos.
747 – 750: Guerra Civil Muçulmana.
750: Batalha do Zab. Califado Abássida toma o lugar do califado Omíada.
755 – 772: Revolta dos berberes no Norte da África.
763: Construção de Bagdá.
Bizantinos tomam a Trácia dos eslavos.

HERÁCLIO/CARLOS MARTEL

Acima: O rei sassânida Cosroes II se submete ao imperador bizantino Heráclio.

HERÁCLIO I (REG. 610 – 641)

Heráclio I foi o imperador bizantino que restaurou a fortuna do império após um período de guerra civil e de perda militar. Em 610, assumiu o poder em Constantinopla após uma grande derrota do exército e um estado de praticamente anarquia na capital. Os fracassos iniciais na Síria e Palestina foram seguidos por grandes campanhas na Armênia e Mesopotâmia, levando à queda de Cosroes, rei persa. Ele reformou o exército bizantino, criando um sistema regional de soldados que eram agricultores locais para substituir a anterior dependência de recrutas e mercenários irregulares. Isso ofereceu um novo alento às defesas do império. Entretanto, os anos de decadência de Heráclio viram os ares das conquistas islâmicas começarem a soprar pelo império.

Abaixo: A vitória de Carlos Martel na Batalha de Tours.

A LINHA DO TEMPO DA HISTÓRIA MILITAR

Cavaleiros islâmicos conforme retratados em um manuscrito europeu do século XVI.

CARLOS MARTEL (APROX. 688 – 741)

Prefeito de Austrásia, Carlos foi o vencedor da Batalha de Tours (ou Batalha de Poitiers, já que o local é incerto), em 732, derrotando de forma extraordinária a última expedição islâmica significativa da Espanha a chegar aos confins da França. (Os historiadores modernos, entretanto, divergem sobre a dimensão e o significado da batalha.) Como resultado, Carlos recebeu o apelido de Martel (o "Martelo"). Após uma guerra civil que se seguiu à morte de seu pai, Pepino, em 714, ele restabeleceu o controle dos reinos francos e subsequentemente iniciou uma série de campanhas incessantes contra Baviária, Borgonha, Aquitânia e os saxões. Em 737, tomou Avinhão dos islâmicos e, em 739, expulsou-os de Provença. O mito do governo merovíngio foi mantido, mas o poder continuava firmemente em suas mãos e, com sua morte, foi transmitido a seus dois filhos legítimos, seguindo o costume lastimável dos francos de dividir a herança. Entretanto, ele criou as bases sobre as quais seu ilustre neto, Carlos Magno, construiria um grande império.

776 – 843: Conflito interno em Bizâncio por causa da iconoclastia.
798: Muçulmanos tomam Ibiza.
811 – 881: Guerra Civil no califado Abássida.
825 ou 823: Creta é tomada.
827 – 832: Aglábidas dão início à conquista da Sicília (conclusão por volta de 902).
830 – 838: Guerra Abássida-Bizantina na Índia.

ÍNDIA

704 – 715: Muçulmanos tomam Transoxiana, Khwarazim e Tashkent.
712 – 713: Invasão muçulmana de Sind. Conquista árabe da região do Indo até 745.
740: Chalukia derrota Pallavas.
750: Gopala funda a dinastia Pala. Dos anos 750 até cerca de 950, Rashtrakutas formam a principal força da Índia.
757 ou 752 – 756: Rebelião dos Rashtrakutas, que derrotam Chalukia.
Por volta de 840: Ascensão de Pratinaras (rei Bhoja).
Por volta de 840: Colapso da autoridade central no Tibete.
Guerras dos Visigodos na Espanha.
610 – 612: Rei Viterico enfrenta vascões e bizantinos.
629: Última posse bizantina (Algarve) é tomada. Visigodos agora governam quase toda a península Ibérica.
631: Francos invadem o território até Saragoça.
653: Rebelião dos nobres reprimida pelo rei Recesvinto (649 – 672).
672 – 680: Rei Wamba constantemente em guerra com vascões, rebeldes de Septimania e invasões muçulmanas.
680: Wamba deposto. Ervígio assume (até 678).
708: Invasão muçulmana da costa ibérica é reprimida pelo rei Vitiza.
709: Revoluções levam ao reinado do último rei visigodo: Roderick (Rodrigo).
709 – 710: Invasões muçulmanas da península Ibérica.
711: Tarik da Mauritânia lidera a invasão muçulmana da península Ibérica; toma Gibraltar e Algeciras.
19 de julho de 711: Batalha de La Jauda. Muçulmanos derrotam Roderick e tomam Sevilha, Écija, Córdova e Toledo. Musa traz reforços muçulmanos.
Setembro de 713: Batalha de Segoyuela. Derrota final do rei Roderick. Fim do Reino Visigótico. Em Toledo, Musa proclama o califa como soberano.

85

CARLOS MAGNO/CRUM/MAHMUD

CARLOS MAGNO (768 – 814)

Carlos Magno em uma imagem de Dürer.

Uma das maiores figuras da Idade Média, Carlos Magno (Carlos, o Grande) reuniu os reinos francos em 771 e, após muitas guerras de conquista, reuniu quase toda a Europa Ocidental (exceto a península Ibérica) em um regime cristão. Foi coroado sacro-imperador romano pelo papa em Roma no dia de Natal de 800 e, ao menos incialmente, usou a força militar como meio de difundir o cristianismo entre as tribos pagãs da Alemanha. Suas campanhas foram muitas para serem listadas aqui, mas, em geral, tomavam a forma de expedições anuais. Em 773, invadiu a Itália e deu fim ao Reino Lombardo após o cerco de Pavia. Em 778, cruzou os Pirineus sem a intenção de fazer uma conquista permanente. A batalha de retaguarda (na verdade, pouco mais do que um pequeno conflito) de Roncesvales, durante a retirada da Espanha, transformou-se em uma lenda heroica. A invasão subsequente da Espanha criaria (em 795) uma marcha espanhola (ou Estado-tampão). Campanhas de longa duração aconteceram na Alemanha, derrubando o duque Tassilão, da Bavária (787/8), derrotando os ávaros (788 – 796) e produzindo uma série de guerras amargas na Saxônia.

CRUM, CÃ DA BULGÁRIA (REG. 802/3 – 814)

O Primeiro Império Búlgaro (681 – 1018) tornou-se uma potência política significativa nos Bálcãs durante o reinado do cã Tervel. O reinado de Crum foi marcado por conflitos dramáticos com Constantinopla

O IMPÉRIO DE CARLOS MAGNO

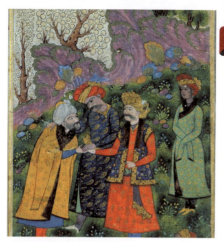

Mahmud de Gázni está à direita.

e uma expansão do Reino Búlgaro. Em 809, ele tomou Sófia do Império Bizantino, mas, em 811, o imperador Nicéforo I atacou a Bulgária e destruiu Pliska, a capital de Crum. Entretanto, Crum armou uma armadilha para o exército bizantino e, na batalha subsequente, o imperador foi morto. Crum mais uma vez partiu para a ofensiva e, em 813, chegou a sitiar Constantinopla. Entretanto, sem contar com o apoio de uma frota, acabou fracassando e, no ano seguinte, morreu enquanto dava início a um segundo cerco.

MAHMUD DE GÁZNI (REG. 999 – 1030)

Sultão de Gázni, foi um governante islâmico afegão. Também foi o primeiro islâmico a invadir a Índia. Planejou cerca de 17 expedições no norte do país (1001 – 1026) e venceu uma grande batalha contra uma confederação de Estados hindus em 1008. Seu último ataque resultou na pilhagem do templo hindu em Somnath. Conquistou a maior parte do Irã e governou um império que incluía a Caxemira e Punjab. As consequências de suas campanhas foram o enfraquecimento do poder de governantes hindus no norte da Índia e a abertura de caminho para as invasões islâmicas que viriam em seguida.

A LINHA DO TEMPO DA HISTÓRIA MILITAR

BÁLCÃS

Cazaques se expandem por Crimeia, Ucrânia e Cáucaso.

679 – 680: Protobúlgaros conquistam regiões do Danúbio.

FRANCOS

751 – 768: Pepino, o Breve, é rei dos francos.

Início dos anos 750: Muçulmanos são expulsos da França.

753: Campanhas da Saxônia.

754: Pepino invade a Itália para ajudar o papa contra os lombardos. Os bizantinos o enganam e ele tem de se refugiar com os francos. O papa unge Pepino como rei dos francos e patrício dos romanos. Em Pavia, Astolfo dos lombardos se rende, mas posteriormente nega qualquer acordo.

Por volta de 755/6: Ele está outra vez prestes a chegar a Roma.

756: Pepino invade a Itália novamente; mesmo resultado.

759: Campanha Saxônica.

759: Francos tomam Narbona.

760 – 768: Conquista de Aquitânia.

768 – 814: Carlos Magno.

771: Carlos Magno une os reinos francos. Dá início a guerras de conquista na Itália, nos Pirineus, na Baviera contra os ávaros e no norte e nordeste da Alemanha contra saxões, eslavos e dinamarqueses.

Campanhas de Carlos Magno na Itália.

773 – 774: Carlos invade a Itália e sitia Pavia.

774: Rei Desidério se torna prisioneiro; assim, Carlos Magno destrói o Reino Lombardo. As operações subsequentes são na Itália e Ístria (790).

805: Conquista de Veneza e Dalmácia.

Campanhas de Carlos Magno na Espanha.

778: Francos chegam à Espanha e tomam Pamplona em um ataque rápido.

785: Girona voluntariamente passa a ser governada pelos francos.

793: Hisham I, emir de Córdova, promove uma invasão, toma Girona entra em Narbona e Carcassonne. A resposta franca leva à marcha espanhola em 795.

799: Ilhas Baleares passam a fazer parte do domínio franco.

801: Francos tomam Barcelona.

806: Francos tomam Pamplona e Novara.

811: Francos tomam Tortosa.

Campanhas de Carlos Magno no Oriente.

787 – 796: Francos conquistam Baviera e os avares. Destruição do Estado Avar em 803 (principal território avar tomado em 795). Campanhas praticamente anuais. Como resultado desses ataques contínuos, há um despovoamento da região.

VIKINGS/ALFREDO, O GRANDE

ALFREDO, O GRANDE
(REG. 871 – 899)

Rei de Wessex, erudito e combatente ativo dos aparentemente invencíveis dinamarqueses. Apesar de sofrer grandes contratempos, Alfredo por fim conseguiu levar os vikings de volta ao território entre Londres e Chester. Criou um exército semiprofissional e deu início à criação da frota anglo-saxônica. Também reforçou as proteções de Londres, que haviam permanecido praticamente abandonadas por vários séculos.

Alfredo, o Grande.

A LINHA DO TEMPO DA HISTÓRIA MILITAR

Acima: Drácares vikings. Esses navios ágeis, construídos com clínquer e apropriados para oceanos também eram capazes de penetrar estuários e rios, oferecendo aos negociantes escandinavos (que se tornaram salteadores) grandes vantagens estratégicas. Durante os séculos IX a XI, o grande período da expansão escandinava, os vikings se mostraram grandes navegadores em suas embarcações a remo e a vela, e a eles são creditadas as primeiras visitas de europeus à América do Norte.

772 – 785: Campanhas saxônicas. Campanhas anuais, amargas e duras.

779: Batalha do Monte Suntel acaba com a ascensão saxônica (4.500 saxões são decapitados em um dia como punição).

Continuação de levantes, deportações etc. por mais de 30 anos.

808 – 810: Confronto com os dinamarqueses.

782: Sorábios atacam Turíngia.

806: Turíngia é conquistada pelo filho de Carlos Magno.

Dia de Natal de 800: Carlos Magno é coroado imperador dos romanos (ou sacro-imperador romano) em Roma.

843: Império dividido. Temporariamente reunido em 885.

887/8: Desintegração final do Império Carolíngio, que se torna os reinos da França, Itália e Alemanha.

BÁLCÃS/BIZANTINOS

803: Crum une os búlgaros.

811: Crum derrota Nicéforo em Edirne (Adrianópolis).

805: Veneza, Dalmácia e Córsega são conquistadas.

893 – 927: Czar Simeão e apogeu do Império Búlgaro.

JAPÃO

740: Batalha de Itabitsu.
764: Batalha de Miohosaki.
989: Conflito entre Quioto e Nara.
1051 – 1063: Início da Guerra dos Nove Anos.
1086 – 1089: Fim da Guerra dos Três Anos.
1146: Batalha de Quioto.
1156 e 1160: Guerras de Sucessão Japonesa.
1180 – 1185: Guerras Genpei.
1185: Batalha de Dan no Ura.
1331 – 1333: Regência de Jojo é derrubada.
1333 – 1392: Guerras Nanboku-chô entre as cortes do norte e do sul.

ESCANDINÁVIA

808 – 810: Guerra Dinamarquesa.

Por volta de 895: Batalha de Hafsfjord. Haroldo Cabelo Belo une o sul da Noruega.

ESPANHA: EMIRADO DE CÓRDOVA

755/6: Dinastia Omíada da Espanha é fundada; campanhas de Aglábida. Piratas muçulmanos invadem a costa central do Mediterrâneo, especialmente a partir de bases situadas em Bari (841 – 871) e Taranto (840 – 880).

846 ou 850: Muçulmanos saqueiam Roma.

89

▶ **PRIMEIROS GUERREIROS MEDIEVAIS**

Acima: Oto, o Grande.

OTO, O GRANDE (REG. 936 – 973)

Oto foi rei germânico a partir de 936 e o criador do Sacro-Império Romano-Germânico. Derrotou os magiares no rio Lech em 955, encerrando sua carreira de ataques que aterrorizaram a Europa Central e a Ocidental por mais de meio século. Em 962, foi coroado imperador em Roma após ter entrado nos conflitos da Itália em 951 e assumido o título de rei dos lombardos. Foi forçado a realizar duas outras expedições à Itália (em 962 e 966) e também venceu as tribos das regiões centrais do

À direita: Guerreiros normandos usando a armadura típica da época, com longas cotas de malha, escudos em forma de pipa e os elmos cônicos característicos, com as pontas alongadas.

90

A LINHA DO TEMPO DA HISTÓRIA MILITAR

Abaixo: A Batalha de Svolder, envolvendo apenas embarcações, que resultou na vitória de Sueno Barba Bifurcada sobre o rei Olavo I, da Noruega.

Elba e Oder. Sua principal conquista foi a consolidação do Reich, levando paz e segurança aos territórios germânicos e definindo-os como a maior potência da Europa durante os séculos que estavam por vir.

SUENO I (SUENO BARBA BIFURCADA) (APROX. 960 – 1014)

Após destronar seu pai, Haroldo Dente-Azul, Sueno conseguiu expandir o domínio dinamarquês pela Escandinávia e conquistou a Inglaterra, fundando um império anglo-dinamarquês que teve continuidade com seu filho e neto. Foi reconhecido como rei da Inglaterra em 1013 e morreu um ano depois, sendo sucedido por seu filho, Canuto.

BOLESLAU, O BRAVO (OU O VALENTE) (992 – 1025)

Foi o primeiro rei da Polônia. Subjugou as tribos eslavas do Ocidente e trabalhou para unificar a Polônia. Em 996, conquistou a Pomerânia e, em seguida, a Cracóvia. Entre 1003 - 1018, esteve em conflito com o Império Germânico, mas conseguiu aumentar o território de seu reino à custa de todos os seus vizinhos. Transformou a Polônia em um importante Estado europeu, mas suas conquistas não foram duradouras.

847: Muçulmanos tomam Bari. Estados cristãos do norte da península Ibérica se combinam, fragmentam e intermitentemente entram em conflito uns com os outros e com os muçulmanos.

ORIENTE MÉDIO

852: Expedição naval bizantina contra o Egito.
860: Rus atacam Constantinopla.
867: Safáridas de Herat conquistam a independência.
867 – 886: Basílio I é imperador de Bizâncio.
868: Egito independente sob o comando dos tulúnidas.
905: Abássidas tomam o Egito dos tulúnidas.
909: Ascensão dos fatímidas do Norte da África; eles saqueiam as costas da Itália, Córsega, Sardenha e Ligúria.
914 e 919: Expedições fatímidas contra o Egito fracassam.
960: Fatímidas conquistam o Egito.
961: Bizantinos recuperam Creta.
965: Bizantinos recuperaram Chipre.
966 – 968: Invasão bizantina à Síria.
969: Bizantinos recuperam Antioquia.
974 – 975: Invasão bizantina à Síria.
983 – 1055: Guerra Civil Buída no Iraque/Irã.
989 – 1025: Guerras de Basílio II.
997 ou 999 – 1030: Guerras de Mahmud, de Gázni, na Transoxiana, Irã e Iraque.
1032: Bizantinos tomam Edessa.
1039: Invasão turca do Afeganistão.
1050: Tribos hilali e sullaym do Alto Egito invadem Cirenaica e Turquia.
Décadas de 1050 e 1060: Almorávidas conquistam o Marrocos.
Guerras de Conquista Seljúcidas.
1055: Seljuque toma Bagdá.
Década de 1060: Seljuque conquista norte da Síria e Hejaz.
1060 – 1073: Conflito civil em Fatímida, Egito.
1069: Seljuque toma Fez.
1071: Batalha de Manziquerta. Seljúcidas tomam dos bizantinos a maior parte da Ásia Menor.
1073 – 1077: Baar al-Jamah estabelece regime militar no Egito.
Três sultanatos seljúcidas existem: Rum, Hamadã e Merv.
1096: Cruzada do Povo é massacrada pelos seljúcidas.

AMÉRICAS

Por volta de 980: Primeiro desembarque europeu na América.
Por volta de 993 – 995: Batalhas entre vikings e ameríndios.

> **HASTINGS/NORMANDOS/BASÍLIO**

Cavalaria normanda na Batalha de Hastings.

BATALHA DE HASTINGS

Contexto:	Invasão normanda da Inglaterra.
Data:	14 de outubro de 1066.
Localização:	Próximo à cidade de Hastings, East Sussex, costa sul da Inglaterra.
Comandantes/Forças:	O rei Haroldo da Inglaterra comandou aproximadamente 7.500 homens; o Duque Guilherme da Normandia comandou aproximadamente 7 mil homens.
Objetivos:	Guilherme tinha invadido a Inglaterra porque queria a coroa inglesa.
Baixas:	Os ingleses perderam aproximadamente 2 mil homens, incluindo o rei e seus irmãos; os normandos também perderam cerca de 2 mil homens.
Vitória:	Normandos.
Consequências:	Guilherme conquistou a Inglaterra e foi coroado rei.

BASÍLIO II (ASSASSINO DE BÚLGAROS) (963 – 1025)

Um dos maiores soldados-imperadores de Bizâncio. Em 989, antes de perseguir sua política de expandir e consolidar a autoridade bizantina, Basílio II teve de derrotar a oposição interna. Expandiu o império na Síria, mas seu principal feito, conforme sua alcunha sugere, foi a conquista da Bulgária (986 – 1018). Após a vitória em Ocrida (capital búlgara), ele teria cegado todos os sobreviventes do exército inimigo, deixando um homem em cem com olhos para guiar os demais para casa. (O rei búlgaro morreu em seguida, após ter uma síncope.) Basílio nunca se casou nem teve filhos, portanto, com sua morte, suas conquistas rapidamente se perderam.

ROBERTO DE ALTAVILA (GUISCARDO) (1015 – 1085)

Epítome dos personagens heroicos e épicos que existiram ao longo dos séculos, Guiscardo foi um homem de ação, mas também sagaz, um antecessor ime-

Abaixo: Guilherme, o Conquistador.

diato dos líderes que chegaram a Jerusalém no século XI. Em 1047, com seus irmãos normandos (incluindo Guilherme de Altavila, eleito conde de Apúlia após derrotar os bizantinos), Roberto criou um grande reino no sul da Itália e da Sicília. Em 1059, o papa conferiu-lhe o ducado de Apúlia, Calábria e Sicília. Em 1061, Roberto conquistou a Calábria; em 1071, Bari, a última cidade bizantina na Itália, caiu e foi entregue a ele; e, em 1076, tomou Salerno e a fez sua capital. Com seu irmão Roger e o apoio papal, conquistou a Sicília a partir de 1081. Ambicioso até os ossos, morreu em campanha contra os bizantinos em Cefalônia.

GUILHERME I, O CONQUISTADOR (1027 – 1087)

Inicialmente diante de várias ameaças a seu ducado, em 1066 havia anexado Maine e Vexin e começava a reivindicar o trono da Inglaterra. Derrotou seu rival, Haroldo Godwinson, em Hastings (Senlac), em 1066, e foi coroado rei da Inglaterra no dia de Natal do mesmo ano. Passou os anos entre 1067 – 1071 consolidando suas conquistas antes de invadir a Escócia, em 1072, e Gales, em 1081, criando marchas ou Estados-tampão. Essas ações nas Ilhas Britânicas levaram à perda de Maine em 1077.

A LINHA DO TEMPO DA HISTÓRIA MILITAR

ÍNDIA

900: Samânidas derrubam safáridas.

907: Parantaka I estabelece poder chola no sul da Índia.

Por volta de 950 até aprox. 1200: Criação do Império Chola.

972: Rei paramara Siyaka II saqueia a capital rashtrakuta, Manyakheta.

985 – 1014: Raja Raja I expande o poder chola.

999 – 1017: Grandes campanhas dos cholas até o Sri Lanka.

1000: Expedição naval às Maldivas.

1022: Expedição ao Ganges.

1022 ou 1023: Campanha de Rajendra Chola no norte.

1025: Expedições navais de Chola rumo à Ásia.

997 ou 999 – 1030: Guerras de Mahmud de Gázni na Índia. Conquista de Punjab.

1001: Batalha de Peshawar. Segunda invasão muçulmana da Índia.

1024 ou 1025: Batalha de Somnath. Templo de Shiva é destruído.

1040: Gaznávidas derrotam seljúcidas.

1040: Seljúcidas rompem com Gázni. Declínio de Gázni.

1018: Exércitos turcos saqueiam Kanauj, acabando com o poder pratihara.

MEDITERRÂNEO

870: Muçulmanos conquistam Malta.

871: Sacro-imperador romano Luís II volta a tomar Bari, sede muçulmana na Itália, para o papa.

Século IX: Confederação das Doze Tribos criam a cidade-Estado de Veneza.

VIKINGS

793: Vikings invadem Lindisfarne. Em seguida, têm início as expedições de ataque nórdicas rumo às Ilhas Britânicas e costas de França, Espanha e até mesmo Mediterrâneo.

834 – 845: Incursões nórdicas no Reno, norte da França e norte da Alemanha.

856 – 862: Incursões nórdicas chegam a seu ápice.

862: Vikings tomam Kiev.

865 – 867: Grande Exército Viking invade a Inglaterra.

870: Norse toma Strathclyde.

882 – 892: Grande Exército Viking invade a França.

882: Oleg une Novgorod e Kiev.

885 – 886: Vikings sitiam Paris.

BOUVINES/RICARDO, CORAÇÃO DE LEÃO/FILIPE AUGUSTO

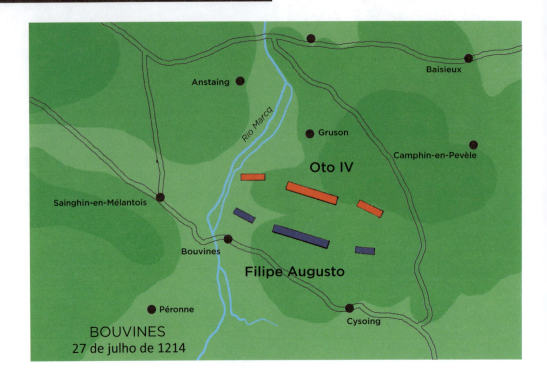

BOUVINES
27 de julho de 1214

BATALHA DE BOUVINES

CONTEXTO: Guerras Franco-Angevinas de Filipe II da França e rei João da Inglaterra.

DATA: 27 de julho de 1214.

LOCALIZAÇÃO: Sudeste de Lille, França.

COMANDANTES/FORÇAS: Oto IV, sacro-imperador romano, comandou entre 15 e 24 mil homens. Filipe Augusto comandou entre 10 e 22 mil franceses.

OBJETIVOS: Os ingleses tentavam recuperar terras na França, já conquistadas pelo rei francês. João invadiu o centro-sul da França; os aliados de João, incluindo Oto (com uma força comandada pelo conde de Salisbury), invadiram o norte.

BAIXAS: Os aliados perderam 170 cavaleiros e um número desconhecido de membros da infantaria; o conde de Flandres foi capturado; franceses tiveram poucas perdas.

VITÓRIA: Francesa.

CONSEQUÊNCIAS: Filipe destruiu a coalisão reunida contra ele e acabou com a esperança inglesa de recuperar terras a norte do Loire.

RICARDO I, CORAÇÃO DE LEÃO (1157 – 1199)

Modelo de cruzado e grande herói romântico, Ricardo liderou a Terceira Cruzada à Terra Santa na esteira dos desastres que haviam acontecido aos cristãos após a Batalha de Hattin. A maior vitória de Ricardo se deu contra Saladino na Batalha de Arsuf (1191), mas, no fim, ele não conseguiu tomar Jerusalém de volta. Enquanto voltava à Inglaterra, foi capturado por seu arqui-inimigo e mantido como refém por dois anos (1192 – 1194). Menos glorioso do que seus esforços no Oriente Médio foi seu combate contra Filipe Augusto, da França, que se aproveitou de sua ausência para conquistar grandes territórios que antes pertenciam a Ricardo na França.

A LINHA DO TEMPO DA HISTÓRIA MILITAR

Selo de Filipe II Augusto.

FILIPE II (FILIPE AUGUSTO) (REG. 1180 – 1223)

Foi rei da França e o principal fundador do poder monárquico francês. Maquiavélico tanto como estadista quanto como soldado, tomou regiões consideráveis do Império Angevino enquanto seu oponente mais formidável, Ricardo I, estava na Terra Santa em uma cruzada da qual Filipe havia retornado antes. João, irmão de Ricardo, não era páreo para ele. A Batalha de Bouvines (1214) contra os aliados de João, de Flandres, e a Alemanha selou o destino das posses angevinas em território francês, permitindo que a França se tornasse a maior potência da Europa Ocidental.

Estátua de Ricardo Coração de Leão próxima ao Parlamento, em Londres.

911: Viking Rollo cria o Condado da Normandia. Seus descendentes criam um forte principado.

GRÃ-BRETANHA

825: Batalha de Ellendune. Egberto de Wessex derrota Beornwulf, rei de Mércia, de forma definitiva.

838: Batalha de Hingston Down. Egberto frustra a grande invasão viking.

851: Incursão viking no Tâmisa, até Londres.

865: Grande Exército Viking invade East Anglia.

869: Batalha de Hoxne. Vikings derrotam East Anglia.

871: Batalha de Reading. Etelredo I é derrotado pelos vikings.

871: Batalha de Wilton. Alfredo, rei de Wessex, é derrotado pelo viking Guthrum.

871: Batalha de Chippenham. Guthrum derrota Alfredo.

871: Batalha de Edington/Ethandun. Alfredo derrota Guthrum de forma definitiva. Paz de Chippenham e conversão de Guthrum ao cristianismo.

910: Batalha de Tettenhall. Eduardo, o Velho, de Wessex, derrota os dinamarqueses de York.

937: Batalha de Brunanburgh. Etelstano de Wessex derrota uma coalizão de vikings, escoceses e bretões e pode reivindicar o trono como rei de toda a Grã-Bretanha.

944: Edmundo I, de Wessex, anexa York.

954: Batalha de Stainmore. O viking Érico Machado Sangrento é derrotado e morto por Edredo, de Wessex. Em seguida, há um enfraquecimento de Wessex provocado por uma sucessão de falhas dos reis.

991: Batalha de Maldon. Olavo Tryggvason derrota o conde de Essex.

994: Expedição de Olavo Tryggvason e Sueno Barba Bifurcada. Olavo retorna para assumir Reino da Noruega; Sueno, para reclamar o Reino da Dinamarca.

1002: Etelredo II, o Despreparado, massacra todos os vikings no serviço real, incluindo a irmã de Sueno, que era mantida refém.

1013: Sueno (agora rei da Dinamarca) desembarca no Humber e marcha rumo ao sul, conquistando efetivamente o país. Ele morre em 1014.

1015: Canuto (filho de Sueno) controla a maior parte do reino.

1016: Batalha de Pen Selwood. Canuto é derrotado por Edmundo Braço de Ferro.

1016: Batalha de Ashingdon. Vitória decisiva de Canuto sobre Edmundo.

1016 – 1035: Canuto governa Inglaterra e Dinamarca.

95

AS CRUZADAS

Acima: Nefs conduzindo seu exército de Aigues-Mortes, no delta do Ródano, à Tunísia, durante a Oitava Cruzada, em 1270.

SALADINO (1138 – 1193)

Sultão zengida do Egito, Saladino deu fim ao regime fatímida e lutou entre 1184 e 1187 na Mesopotâmia para reconstruir o império de Noradine. Seu reino por fim cercou os estados cruzados e agora os cristãos enfrentavam um inimigo unido e liderado por um único homem. A partir de 1169, Saladino se envolveu com operações desconexas contra os estados cruzados, operações que seguiram até 1187, quando ele conquistou uma vitória realmente decisiva em Hattin, que desfez o poder dos estados cruzados e provocou a queda de Jerusalém e Acre. Em 1189, uma nova Cruzada cercou Acre e a cidade foi tomada dois anos depois por Ricardo Coração de Leão. As tentativas de Saladino de expulsar os invasores não foram rechaçadas em Arsuf, em 1191, mas isso não foi decisivo e a campanha terminou com Jerusalém ainda em mãos islâmicas. Seu Império Aiúbida durou até 1250.

A LINHA DO TEMPO DA HISTÓRIA MILITAR

LUÍS IX, DA FRANÇA (N. 1215; REG. 1226 – 1270), SÃO LUÍS

Único rei canonizado da França, Luís era muito religioso e passava muito tempo dedicando-se a orações, jejuns e penitências. Visto como um dos maiores reis medievais da França, ele respondia aos ideais do rei medieval, sendo ao mesmo tempo devoto e justo. Mas era um general ruim. Via a questão militar como sua obrigação de lutar por Jerusalém, que havia sido tomada dos cruzados pelos islâmicos em 1187. Por isso, Luís conduziu duas cruzadas. A Sétima Cruzada, entre 1248 - 1254, seguiu rumo ao Egito e terminou em desastre: Luís e grande parte de seu exército foram capturados pelos mamelucos. A Oitava e última Cruzada, entre 1270 - 1272, envolveu a invasão da Tunísia, e Luís começou a cercar Tunes. Entretanto, ele já se encontrava doente, e acabou se tornando vítima de uma epidemia que se espalhou pelas linhas de cerco. Foi canonizado em 1297.

Sucessão ao trono inglês será posteriormente disputada.

1066: Haroldo II é eleito rei; desafiado por Guilherme da Normandia.

POLÔNIA

992 – 1025: Guerras de Boleslau I, o Cruel.

MAGIARES

895 – 900: Magiares conquistam a planície Húngara.

Primeira metade do século X: Magiares atacam entrando na Europa central, causando grandes derrotas aos francos entre 899 – 910.

906: Morávia é destruída.

907: Batalha de Pressburg.

926, 933: Ataques ao norte da Itália, Alemanha e Suábia.

929: Batalha do Unstrut. Magiares saem derrotados.

954 e 955: Ataques ao norte da França e Itália.

955: Batalha do Rio Lech. Oto, o Grande, derrota os magiares.

977 – 1038: Estêvão se torna rei cristão da Hungria.

939: Sarracenos saqueiam Roma.

941: Rus atacam Constantinopla.

CALIFADO OMÍADA

920: Batalha de Val de Junquera. Emir de Córdova derrota Navarra e León.

962: Sancho I de Leão dá início à Reconquista, ou seja, à retomada cristã da península Ibérica.

981: Batalha de Rueda.

985: Andaluzes saqueiam Barcelona.

1008 – 1028: Guerra Civil Muçulmana.

Por volta de 1031: Declínio dos omíadas.

ALEMANHA

Henrique I (o Passarinheiro), da Alemanha (919 – 936), promove expansão para o leste, atacando os eslavos e fortalecendo algumas regiões contra invasões magiares.

938 – 972: Guerras de Oto, o Grande. Controle imperial imposto à Alemanha e norte da Itália.

951: Oto invade a Itália.

962: Oto é coroado em Roma sacro-imperador romano (Alemão).

983: Grande revolta eslava contra o governo alemão.

995: Alemães conquistam a Pomerânia.

965 – 972: Guerras do príncipe Sriatoslav, de Rus.

1002 – 1037: Conquista alemã do norte da Itália.

Acima: São Luís.

97

> VALDEMAR/EL CID

VALDEMAR II, O VITORIOSO (REG. 1202 – 1241)

Após o envolvimento na política do Sacro-Império Romano, Valdemar II foi um dos cruzados do Norte, lutando para cristianizar as províncias do leste do Báltico. Com os Cavaleiros da Ordem da Espada, lutou na Estônia e conquistou o controle da região na Batalha de Taline. O Império Dinamarquês agora era enorme, mas, em 1281, Valdemar II foi surpreendido e aprisionado por seus inimigos. Como resultado, perdeu grande parte do território que havia conquistado. Em 1227, foi para o campo de batalha para recuperar seu império, mas enfrentou a derrota decisiva na Batalha de Bornhöved, ainda em 1227. Entretanto, durante algum tempo ele transformou a Dinamarca na maior potência da região do Báltico.

À esquerda: Estátua de Rodrigo Diaz, conhecido pela história como El Cid, que conduziu os exércitos de Afonso VI de Castela à vitória sobre os islâmicos na Espanha antes de ser exilado pelo rei. Depois, lutou para o emir de Saragoça.

A LINHA DO TEMPO DA HISTÓRIA MILITAR

BÁLCÃS

986 – 1018: Guerras de Basílio II contra os búlgaros; fim do Estado búlgaro por volta de 1018; bizantinos conquistam os sérvios.

1047 – 1107: Guerra dos Normandos.

1047 – 1071: Conquista normanda do sul da Itália, promovida por Roberto e Rogério Guiscard.

1052: Muçulmanos são expulsos da Sardenha.

Décadas de 1050 a 1070: Conflito entre normandos e franceses.

1054: Batalha de Mortemer. Guilherme da Normandia derrota a coalizão franco-angevina.

1061 – 1091: Conquista normanda da Sicília.

1066 – 1072: Conquista normanda da Inglaterra.

1066: Batalha de Stamford Bridge. Haroldo II da Inglaterra derrota invasor Haroldo Hardrada, rei da Noruega.

1066: Batalha de Hastings. Guilherme da Normandia derrota Haroldo II e toma a coroa da Inglaterra.

1066 – 1071: Guilherme consolida sua conquista da Inglaterra.

1069: Dinamarqueses invadem Yorkshire.

NORMANDOS NO SUL

1071: Bari, última cidade bizantina no sul da Itália, é tomada pelos normandos.

1072: Palermo é tomada pelos normandos.

1079 – 1080: Inglaterra normanda em guerra com a Escócia.

1081: Invasão normanda a Bizâncio com a bênção do papa; Roberto e Boemundo tomam Corfu.

1082: Durres é tomada pelos normandos.

1083: Batalha de Lárissa; avanço de Boemundo em Constantinopla é impedido.

1106: Batalha de Tinchebray; Henrique I derrota o irmão Roberto Curthose e recupera a Normandia.

1107: Boemundo invade Bizâncio pela segunda vez e é derrotado por Aleixo I.

FRANÇA

987 – 996: Hugo Capeto, rei de França (dinastia Capeta até 1328).

1180 – 1223: Filipe II (Augusto) encerra o conflito angevino, conquistando regiões inglesas a norte do Loire.

1214: Batalha de Bouvines. Vitória decisiva de Filipe Augusto sobre as coalizões inimigas.

1209 – 1229: Cruzada Albigense contra os hereges no sul da França.

1223 – 1226: Luís VIII.

1224: Luís toma Poitou e Saintonge da Inglaterra.

1226: Luís toma Avinhão e Languedoc.

Valdemar II, o Vitorioso.

Abaixo: A tumba do rei angevino Henrique II (rei da Inglaterra entre 1154 e 1189), cujo império tomou grande parte do oeste da França, incluindo a Aquitânia, que permaneceu em posse de seu sucessor por 300 anos.

99

▶ GENGIS KHAN/EDUARDO I/FREDERICO I

Acima: Gengis Khan.

Selo de Eduardo I.

GENGIS KHAN (1206 – 1277)

Com o uso da violência, venceu rivais e se tornou governante de todos os povos da estepe mongol. Foi um dos grandes conquistadores da História, cujos exércitos de arqueiros sobre cavalos em alta velocidade por todos os lados venciam os oponentes; suas grandes campanhas de conquista provaram-se impressionantes. Em 1215, capturou Pequim e deu início à subjugação da China. Entre 1210 – 1223, destruiu o Império Corásmio. Seus sucessores deram sequência às grandes conquistas, que eram totalmente destrutivas. Elas não resultaram em um império realmente unido, e a Europa foi poupada da força plena do terror mongol graças a crises sucessivas na Ásia distante. Mesmo assim, o século XIII foi dominado pelo impacto dos mongóis, cujo império, em seu ápice, estendeu-se do Mediterrâneo ao Pacífico e Báltico.

A LINHA DO TEMPO DA HISTÓRIA MILITAR

1226 – 1270: Luís IX (São Luís), o Cruzado (1248 – 1254, 1270).

Frederico Barba-Ruiva (sacro-imperador romano entre 1152 e 1190), um grande campeão em torneios de cavalaria. Morreu afogado ao tentar atravessar o rio Göksu, a caminho da Terceira Cruzada. Barba-Ruiva tornou-se motivo de uma lenda do século XVI, segundo a qual ele não morreu, mas adormeceu em seu castelo em Kyffhäuser, aguardando para retornar e restaurar a glória do império.

AS CRUZADAS

1095 – 1099: Primeira Cruzada.
1097: Batalha de Niceia. Vitória cristã.
1098: Cruzados tomam Antioquia.
1099: Cruzados tomam Jerusalém e derrubam o contra-ataque do Egito na Batalha de Ascalão. Cristãos criam o Reino de Jerusalém.
1147 – 1149: Segunda Cruzada.
1148: Fracasso na tentativa de cercar Damasco.
1187: Saladino derrota os cruzados em Hattin e, em seguida, toma Jerusalém e Acre.
1189 – 1192: Terceira Cruzada.
1191: Cruzados tomam Acre novamente.
1191: Batalha de Arsuf. Ricardo I da Inglaterra derrota Saladino.
1202 – 1204: Quarta Cruzada.
1204: Cruzados tomam e saqueiam Constantinopla. Fundação do Império Latino (até 1261).
1218 – 1221: Quinta Cruzada.
1219: Damieta é tomada.
1228 – 1229: Sexta Cruzada. Frederico II, da Germânia, consegue, por meio de negociação, ser coroado rei de Jerusalém.
1248 – 1254: Sétima Cruzada.
1250: Batalha de Mansurá. Indecisiva.
1250: Batalha de Fariskur. Cruzados são derrotados e São Luís é capturado.
1270 – 1272: Oitava Cruzada (rumo a Tunes). São Luís morre vítima de uma epidemia.

EDUARDO I (REG. 1229 – 1307)

Um dos grandes soldados e reis ingleses, emergiu das guerras civis da Inglaterra do século XIII com sua vitória em Evesham em 1265 para, em termos práticos, tornar-se governante do país, embora ainda fosse apenas herdeiro do trono. Em duas campanhas, conquistou Gales (1277 - 1282), construindo, subsequentemente, castelos enormes e belos para intimidar os galeses. Suas guerras na Escócia alcançaram menos sucesso. Em 1296, invadiu a Escócia, mas logo promoveu alguns levantes, incluindo o de Sir William Wallace. Morreu em campanha na Escócia.

ORIENTE MÉDIO

1129: CAMPANHAS DE ZENGI E NORADINE.
1144: Tomada de Edessa.
1154: Tomada de Damasco.
1141: Seljúcidas de Merv são derrotados pelos mongóis Kara-Kitai.
1140: Almôadas tomam o lugar dos almorávidas no Marrocos.
1152 – 1160: Almôadas tomam Magrebe e Tripolitânia.
1146 – 1148: Segunda Cruzada.
1147: Normandos atacam Bizâncio.
1153: Sultanato seljúcida de Merv é destruído pelas tribos oguzes.
1157: Morte do último sultão seljúcida.
1163 – 1167: Zengi ataca o Egito e o conquista entre 1168 – 1169.
1171: Saladino (1169 – 1193) cria o Sultanato Aiúbida.

ACRE/MONGÓIS/BAIBARS/TAMERLÃO

Acima: As muralhas de Acre, último bastião das Cruzadas Cristãs, que caíram para os islâmicos em 1291. No entanto, a batalha entre o cristianismo e o islamismo prosseguiu nas ilhas e na costa do Mediterrâneo.

BAIBARS I (REG. 1260 – 1277)

Foi o fundador do sultanato mameluco do Egito e da Síria. Após lutar na campanha contra a cruzada de Luís IX, durante os anos de 1249 e 1250, e participar da vitória sobre os mongóis em Ain Jalut, em 1260, usurpou o trono e deu início a uma vigorosa campanha para eliminar os estados cruzados ainda remanescentes na Síria. Em 1268, conquistou Antioquia e em 1271 tomou o imponente castelo cristão de Krak dos Cavaleiros. Uma trégua com os cristãos foi seguida por campanhas contra os armênios em 1266, 1275 e 1277. Durante seu reinado, ele esteve em conflito quase constante com os cruzados e com os mongóis, contra quem enfrentou nove batalhas. Uniu Síria e Egito em um único Estado e buscou promover uma política externa inteligente, mantendo boas relações com os bizantinos. Morreu acidentalmente por envenenamento (o veneno era destinado a outra vítima).

À esquerda: Um cavaleiro mongol.

102

Acima: Tamerlão. Após sua morte, os sucessores rapidamente perderam o controle de tudo, exceto de regiões asiáticas centrais de seu império. Entretanto, na Índia os mongóis devem sua origem aos timúridas. Os governantes mongóis na China, os Yüen, foram expulsos em 1368, e o último estado sucessor da Horda Dourada sobreviveu até 1783.

TAMERLÃO (TIMUR, O COXO, TIMUR-I-LENK) (1336 – 1405)

Último grande conquistador asiático da linhagem mongol, foi um aventureiro militar que surgiu em seu Reino da Transoxiana nos anos 1370, dinamicamente preenchendo o vácuo de poder na região após o declínio do Ilcanato. Por mais de 30 anos, seus exércitos de arqueiros montados espalharam terror e destruição por muitas regiões – no Irã, contra a Horda Dourada (ele manteve Moscou pelo ano de 1985) e contra os mamelucos, saqueando Damasco em 1401 e tomando Bagdá nesse mesmo ano. Durante 1398 – 1399, invadiu a Índia e saqueou Déli; em 1402, venceu os otomanos em Ancara, mantendo Bajezid I como prisioneiro. O vasto império por ele criado era governado de sua tenda, constantemente em movimento. Sua administração era uma combinação desconfortável de seu estilo turco-mongol e o imutável islã. Morreu enquanto se preparava para invadir a China.

A LINHA DO TEMPO DA HISTÓRIA MILITAR

1176: Batalha de Miriocéfalo. Sultanato de Rum derrota os bizantinos.
1184 – 1187: Saladino reconquista o Império da Mesopotâmia a partir de Zengidas.
1185: Normandos atacam Bizâncio.

ÍNDIA

Por volta de 1149 – 1215: Guerras dos Gúridas.
1162 – 1206: Mohammad Ghauri.
1175: Gúridas tomam Multan.
1179: Gúridas tomam Peshawar.
1186: Gúridas tomam Laore.
1187: Gúridas acabam com o Estado de Gázni e governam até 1215.
1192: Batalha de Taraori. Mohammad Ghauri derrota os rajaputes.
1206: Mohammad é assassinado. Ex-escravo Qutbuddin Aibak se revolta e cria nova dinastia. Sultanato de Déli.
1206 – 1290: Dinastia eslava governa.

IMPÉRIO ALEMÃO

1024 – 1125: Imperadores salianos francos na Alemanha.
1033: Reino da Borgonha une-se ao Império Alemão (Alemanha e Itália).
1026 – 1027: Primeira campanha italiana de Conrado II, que é empossado com a coroa de ferro da Lombardia em Milão.
1027: Coroação imperial em Roma.
1037 – 1038: Segunda campanha de Conrado II na Itália, contra Aribert, de Milão.
1041: Campanha de Praga; Boêmia se torna território alemão.
1044: Campanha de Conrado na Hungria.
1044: Divisão da Lorena, resultando em conflito constante entre o imperador Henrique III e o Duque Godofredo, o Barbudo.
1056 – 1106: Henrique IV.
1075: Batalha de Homburg no rio Unstrut. Henrique derrota o levante saxão.
1175: Início da Querela das Investiduras com o papado.
1076 – 1077: Henrique IV é excomungado.
1077 – 1080: Guerra civil no império.
1080: Batalha de Hohenmölsen. O rival Rodolfo da Suábia é derrotado e morto.
1080: Henrique é excomungado novamente.
1083: Henrique conquista Roma em sua primeira campanha na Itália, derrotando os lombardos.
1084: O antipapa de Henrique o coroa. Roberto Guiscardo socorre o papa no Castelo Sant'Angelo e Henrique recua. Normandos saqueiam Roma.

103

ROBERTO DE BRUCE/EDUARDO III

À esquerda: Sluys, a primeira grande batalha da Guerra dos Cem Anos, aconteceu em 24 de junho de 1340, quando a frota inglesa de Eduardo III destruiu a francesa. O resultado evitou invasões da França à Inglaterra. A Guerra dos Cem Anos seria travada quase totalmente em território francês.

Abaixo: Estátua de Roberto de Bruce no local de sua grande vitória na Batalha de Bannockburn.

ROBERTO I (ROBERTO DE BRUCE) (1274 – 1329)

Maior guerreiro da Escócia, Roberto I conquistou a independência de seu país. Essencialmente um membro da linhagem anglo-normanda, tornou-se líder do partido anti-Inglaterra em 1306, após anos prestando serviços a Eduardo I. Assassinou John Comyn, o que lhe permitiu tornar-se rei da Escócia, mas uma longa campanha foi necessária para tornar isso realidade. Em 1306, foi derrotado em Methven e Dalry, tornando-se fugitivo (por isso surgiu a famosa lenda de ele ter se inspirado nos esforços de uma aranha consertando sua teia). Aproveitando-se do reinado enfraquecido de Eduardo II, conquistou uma grande vitória em Bannockburn, mas outros 14 anos de conflito foram necessários para levar a Inglaterra a reconhecer a independência da Escócia. O romance de sua vida continuou após sua morte, quando seu coração foi levado, em peregrinação, para ser enterrado na Terra Santa.

Acima: Eduardo III.

EDUARDO III (1312 – 1377)

A primeira metade do longo reinado de Eduardo III é repleta de impressionante sucesso. Em 1333, em Halidon Hill, vingou-se dos escoceses por Bannockburn. Em 1337, as disputas com o rei da França por posses inglesas levaram ao início da Guerra dos Cem Anos, cuja primeira fase foi vencida por ele. Em Sluys, 1340, ele conquistou uma grande vitória naval, praticamente aniquilando a frota francesa. Em 1347, celebrou a vitória em Crécy, o que levou à tomada de Calais. Enquanto a Peste Negra causava seu terrível impacto pela Europa, somente operações esporádicas aconteceram na França e na Escócia. Entretanto, com a vitória em Poitiers em 1356, o Príncipe Negro capturou o rei da França. Uma campanha subsequente fez-se necessária para as partes alcançarem a paz, nos termos ingleses – e esse foi o zênite do reinado de Eduardo, quando, em 1360, ele conquistou a Aquitânia. O restante de seu reinado não foi marcado por sucessos, já que o rei começava a se tornar senil. Em seus primeiros anos, foi um cavaleiro de impressionante vigor e energia e com uma corte brilhante. Estimulou a criação da Ordem da Jarreteira e, em 1348, recebeu a coroa imperial do Sacro-Império Romano.

A LINHA DO TEMPO DA HISTÓRIA MILITAR

1090 – 1097: Segunda campanha de Henrique IV na Itália. Porém, em 1106, ele é forçado a abdicar.
1106 – 1125: Henrique V, último imperador saliano.
1110 – 1111: Primeira campanha de Henrique V na Itália.
1122: Concordata de Worms encerra a Querela das Investiduras.

PENÍNSULA IBÉRICA
1085: Almorávidas do Marrocos invadem a península Ibérica e tomam Toledo.
1086: Az-Sallaqg.
1095: Tomada de Badajoz.
1087: Tomada de Siracusa.
Por volta de 1115: Almorávidas conquistam toda a Espanha muçulmana.
1150 – 1172: Almorávidas conquistam Ibéria.
1172: Almorávidas tomam Sevilha.

PORTUGAL
1094: Portugal conquista independência.
1139: Portugal se torna um reino e se expande para o sul. Em seguida, inicia-se um conflito com Castela.
1385: Batalha de Aljubarrota. Portugal vence Castela, dando início ao reinado de Dom João I, de Portugal.

CASTILHA
1035 – 1065: Fernando, o Grande.
1037: Ele conquista o Reino de Leão.
1085: Castela conquista Toledo.
1094: El Cid (Rodrigo Díaz) toma Valência.
1212: Batalha de Navas de Tolosa. Afonso VIII, de Castela, derrota os muçulmanos e encerra o poder almôada na Espanha.

ARAGÃO
1118: Aragão conquista Saragoça.
1137: Aragão e Catalunha se unem.
1229 – 1235: Aragão toma as Ilhas Baleares.
1238: Aragão toma Valência.
1118: Aragão conquista Saragoça.
1125: Início do levante almôada no Marrocos.
1134: Batalha de Fraga.
1139: Portugal torna-se um reino.
1147: Afonso Henriques, de Portugal, toma Lisboa.
1148 – 1149: Aragão conquista o Baixo Ebro.

NORTE DA EUROPA
1099: Revolta de Sigtrygg Barba de Seda, rei de Dublin.
1121: Boleslau III, da Polônia, toma a Pomerânia.
Por volta de 1130 a 1240: Guerras civis provocadas pela sucessão norueguesa.

GUERRA DOS CEM ANOS

Henrique V em um de seus raríssimos retratos.

Mais propriamente definida como uma série de guerras, a Guerra dos Cem Anos foi, em essência, um conflito entre os reis da Inglaterra e da França, com o Duque de Borgonha como um terceiro personagem importante. O primeiro período, entre 1337 – 1360, ocorreu por causa do ducado de Guiena. Somente no ano de 1340 foi que Eduardo III reivindicou o trono da França. Os anos entre 1360 e 1413 foram o período de um conflito confuso sem nenhum resultado decisivo. Entre 1413 – 1453, Henrique V voltou a reivindicar o trono francês, mas sua morte prematura jogou tudo outra vez no caldeirão. Depois disso, vários eventos foram decisivos para favorecer os franceses: a intervenção de Joana D'Arc, o retorno de Borgonha para formar uma aliança com os franceses e o enfraquecimento da monarquia inglesa durante o reinado de Henrique VI.

HENRIQUE V (1387 – 1422)

Famoso por ter sido retratado por Shakespeare como o grande vitorioso e herói de Azincourt, a estrela de Henrique brilhou e se apagou rapidamente. A vitória em Azincourt foi inesperada e justificadamente tem seu lugar como uma das grandes batalhas da Idade Média. Menos conhecidas são suas operações subsequentes na França, que levaram ao Tratado de Troyes e seu reconhecimento como próximo rei da França. Em três

Abaixo: Guerreiros do período, exibindo uma variedade de elmos, armaduras e armas. Esses homens formavam as "companhias", que frequentemente lutavam como mercenários, infligindo grande sofrimento sobre uma extensa faixa da França.

A LINHA DO TEMPO DA HISTÓRIA MILITAR

campanhas bem planejadas, Henrique V conquistou a Normandia, mas morreu antes que pudesse alcançar seu objetivo monárquico – apenas dois meses antes de seu sogro, Carlos VI da França. Sua determinação diante de probabilidades impossíveis continua sendo um modelo da coragem inglesa.

Acima: Eduardo III lidera seu exército em Somme.

Acima: Príncipe Eduardo em Poitiers.

1157 – 1182: Valdemar, o Grande, dá início à ascensão da Dinamarca.
1157: Batalha de Viborg.
1184 – 1201: Dinamarca conquista Pomerânia, Schleswig, Holstein, Lubeque e Hamburgo.
1202 – 1241: Guerras de Valdemar II, o Conquistador. Dinamarca toma Noruega, Estônia, Curlândia etc., mas perde tudo na Batalha de Bornhöved, em 1227.
1208 – 1222: Conflitos dinásticos na Suécia.
1226: Bula Dourada Papal de Rimini força Cavaleiros Teutônicos a conquistar a Prússia pagã.
Por volta de 1230: Livônia e Curlândia são subjugadas.
Por volta de 1231 – 1283: Cavaleiros Teutônicos conquistam a Prússia.
1236: Batalha de Sante.
1242: Batalha do Lago Peipus.
1261: Noruegueses conquistam a Groenlândia.
1262 – 1264: Noruegueses conquistam a Islândia.

GRÃ-BRETANHA

1138: Batalha do Estandarte. Ataque escocês ao norte da Inglaterra é repelido.
1139 – 1153: Anarquia. Guerra Civil entre o rei Estêvão e Matilde e o filho Henrique (para se tornar Henrique II).
1141: Batalha de Lincoln. Estêvão é preso temporariamente.
1154 – 1189: Império Angevino de Henrique II.
1158: Henrique II invade a Bretanha.
1167 – 1171: Invasão inglesa à Irlanda.
1173 – 1174: Revolta dos filhos de Henrique II.
1190: Ricardo Coração de Leão toma Chipre dos bizantinos.
1194 – 1199: Guerra entre Ricardo Coração de Leão e Filipe Augusto.
1198: Batalhas de Courcelles e Vernon.
1203 – 1205: Filipe Augusto da França conquista a Normandia e Poitou.
1203 – 1204: Cerco e captura de Château Gaillard.
1204: França conquista a Normandia.
1213: Primeira Campanha Flamenga. João da Inglaterra reúne uma aliança formidável contra Filipe Augusto (incluindo a Alemanha).
1213: Batalha de Damme. Guilherme de Salisbury derrota a frota e frustra o plano de Filipe de invadir a Inglaterra.
1214: Campanha e Batalha de Roch-au-Moine. Filipe derrota João.
27 de julho de 1214: Batalha de Bouvines. Filipe derrota os Aliados.
1263 – 1265: Guerra dos Barões na Inglaterra. Simão de Montfort lidera rebelião contra Henrique III.

CRÉCY

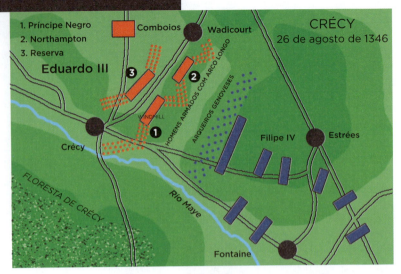

BATALHA DE CRÉCY

CONTEXTO:	Guerra dos Cem Anos.
DATA:	26 de agosto de 1346.
LOCALIZAÇÃO:	15 quilômetros ao norte de Abbeville, norte da França.
COMANDANTES/FORÇAS:	O rei Eduardo III da Inglaterra comandou aproximadamente 9 mil homens; o rei Filipe IV da França comandava cerca de 30 mil.
OBJETIVOS:	Eduardo foi empurrado para o conflito durante uma incursão pelo norte da França; os franceses queriam sua destruição.
BAIXAS:	Aproximadamente 100 homens ingleses; mais de 1.500 nobres e cavaleiros e cerca de 10 mil membros da infantaria francesa.
VITÓRIA:	Inglesa.
CONSEQUÊNCIA:	O exército francês foi destruído e Eduardo se viu livre para marchar e tomar Calais.

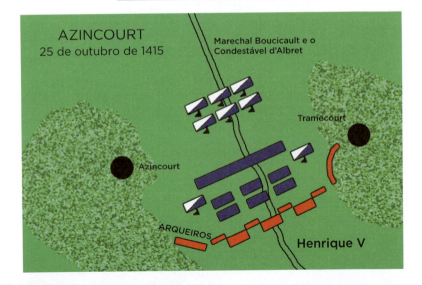

Abaixo: Artilharia em Crécy. Enquanto essa batalha marcou a introdução do arco longo como arma decisiva de guerra e o correspondente declínio dos cavaleiros de armadura, também foi uma das primeiras a contar com o uso de artilharia.

BATALHA DE AZINCOURT

Contexto:	Guerra dos Cem Anos.
Data:	25 de outubro de 1415.
Localização:	Entre Abbeville e Calais, norte da França.
Comandantes/Forças:	O rei Henrique V da Inglaterra comandou aproximadamente 5.700 ingleses; o rei Filipe VI da França comandou cerca de 30 mil franceses.
Objetivos:	Tentativa francesa de interceptar e destruir os invasores ingleses a caminho de Calais.
Baixas:	Cerca de 400 ingleses, incluindo o Duque de York; aproximadamente 8 mil franceses, incluindo o Condestável da França; três duques, 90 nobres e mais de 1.500 cavaleiros.
Vitória:	Inglesa.
Consequências:	A nata do exército francês foi destruída. Henrique continuou rumo a Calais em vez de explorar esse espetacular sucesso para invadir Paris.

A LINHA DO TEMPO DA HISTÓRIA MILITAR

1264: Batalha de Lewes. Simão captura Henrique e seu filho Eduardo (o futuro Eduardo I).

1265: Batalha de Evesham. Eduardo inflige derrota decisiva sobre os barões.

1277 – 1284: Eduardo I conquista o País de Gales.

IMPÉRIO ALEMÃO

1152 – 1190: Frederico I Barba Ruiva.

1154 – 1155: Primeira campanha de Frederico na Itália. Ele promete ao papa que vai atacar os normandos, mas não os ataca.

1158 – 1162: Segunda campanha de Frederico na Itália.

1163 – 1164: Terceira campanha de Frederico na Itália.

Formação da Liga de Verona.

1166 – 1168: Quarta campanha de Frederico na Itália.

1174 – 1178: Quinta campanha de Frederico na Itália.

1160 – 1164: Campanha contra os wendos.

1168: Conquista de Rügen.

1176: Batalha de Legnano. Liga Lombarda derrota Frederico Barba Ruiva.

1180 – 1181: Guerra de Henrique, o Leão.

1184 – 1186: Sexta campanha de Frederico na Itália. Em Milão, Henrique VI é coroado rei da Itália.

1187: Frederico se alia a Filipe II Augusto da França contra guelfos e anjous.

1190 – 1197: Henrique VI.

1191: Primeira campanha italiana de Henrique e coroação em Roma. Cerco de Nápoles.

1194 – 1195: Segunda campanha de Henrique na Itália.

1194: Em Palermo, Henrique é coroado rei da Sicília. Ele planeja criar um império hereditário.

1210 – 1250: Frederico II.

1214: Batalha de Bouvines. Anglo-guelfos são derrotados.

1237: Batalha de Cortenuova. Liga Lombarda é derrotada. Em meados do século XIII, a autoridade central dos imperadores germânicos entra em decadência.

PENÍNSULA IBÉRICA

1217 – 1252: Fernando III conquista o sul. Toma Córdova em 1236 e conclui a Reconquista.

Por volta de 1228 – 1229: Almôadas abandonam Ibéria.

1229 – 1235: Aragão captura as Ilhas Baleares.

1236: Córdova é tomada.

1238: Aragão toma Valência.

1244: Tratado de Almiza reafirma a conquista portuguesa do lado Atlântico da província e a conquista de Aragão do lado do Mediterrâneo.

109

GUERRA DOS CEM ANOS

À esquerda: Joana d'Arc no cerco de Orleães. A "Donzela de Orleães" (aprox. 1412 – 1431) foi uma camponesa que afirmava ter ouvido vozes de santos instruindo-a a libertar a França dos ingleses. Ela inspirou a criação do cerco e, em seguida, viu Carlos VII ser coroado em Reims. Porém, em 1430, foi capturada pelos burgúndios e vendida aos ingleses, que a queimaram após um julgamento por heresia. Joana d'Arc foi canonizada em 1920.

Guerreiros, meados do século XV.

Acima: Castillon, a última batalha da Guerra dos Cem Anos, que selou o destino da Aquitânia.

Acima: Bertrand du Guesclin (aprox. 1379) serviu Carlos V como seu grande defensor em muitas vitórias sobre os ingleses durante a última década da Guerra dos Cem Anos.

A LINHA DO TEMPO DA HISTÓRIA MILITAR

1257: Somente Granada fica nas mãos dos mouros.

IMPÉRIO MONGOL

1206 – 1227: Gengis Khan.
1218: Batalha de Karaku.
1220: Batalha de Samarcanda.
1221: Forças de Gengis Khan chegam à região próxima ao Indo.
1221: Batalha de Candaar.
1231: Mongóis destroem Khwarazim.
1237 – 1242: Mongóis invadem a Europa.
1241: Batalha de Leignitz.
1241: Morte do Khan Ögedei.
1243: Batalha de Kösedag. Mongóis seljúcidas são derrotados.
1256: Assassinos de Alamut são destruídos por mongóis e por Baibars.
1259: Morte de Monghe Khan.
Depois de 1260: Império Mongol não tem direção política unificada; continua existindo como Chagatai, Ilcanato e a Horda Dourada.
1258 – 1365: Ilcanato (fim após 1335).

MONGÓIS NA CHINA

1205 – 1209: Mongóis conquistam Xi Xia como base para a conquista da China.
1211 – 1234: Conquista mongol de Ch'in. Mongóis governam como dinastia Yuan.
1215: Mongóis tomam Pequim.
1227: Destruição de Xi Xia.
1260 – 1279: Conquista mongol da China da dinastia Sung. Ataques mongóis a Birmânia e Java fracassam.
Kublai Khan governa a China como Shih-Tsu.
1274 e 1281: Invasões dos mongóis ao Japão fracassam.
1294: Morte de Kublai Khan resulta em rivalidade na disputa pelo trono.
1368 – 1398: Hung-wu leva os mongóis de volta à estepe.
1368: Hung-wu (e mongóis) expulsos de Pequim. Criam a dinastia Ming.
1345: Grande fome na China: 8 milhões de pessoas morrem. Como resultado, há levantes.

ORIENTE MÉDIO

1250: Soldados escravos mamelucos matam o último sultão aiúbida.
1258: Saque a Bagdá; fim do califado Abássida.
1261: Bizantinos retomam Constantinopla do Império Latino.
1263: Bizantinos tomam Antioquia.
1280 – 1324: Osman, fundador do Estado otomano.

111

▶ MAOMÉ III/ARMAS E ARMADURAS

Maomé II, o Conquistador.

MAOMÉ III, O CONQUISTADOR (1432 – 1481)

Foi o sultão otomano que deu fim ao Império Bizantino, em 1453, com a tomada de Constantinopla. Durante as duas décadas seguintes, fez campanhas nos Bálcãs, conquistando Moreia, Sérvia, Bósnia, Valáquia e, posteriormente, Moldávia. Uma guerra contra Veneza (1463 – 1479) o levou a conquistar Negroponte e o norte da Albânia. Em 1473, repeliu uma invasão de turcomenos em Otluk Beli. Otranto caiu em 1480, mas, no mesmo ano, forças otomanas não conseguiram tomar Rhodes dos Cavaleiros da Ordem de São João. Tomou medidas para repovoar Constantinopla e reorganizou o exército otomano no sentido de aumentar o uso do canhão. Dando início a uma era de ouro, transformou o Império Otomano em uma grande potência tanto da Europa quanto do Oriente Médio.

Abaixo: Uma armadura completa do século XV. A essa altura, as armaduras tinham alcançado o auge da sofisticação e do design, entretanto, com o advento das armas de fogo, logo se tornariam obsoletas.

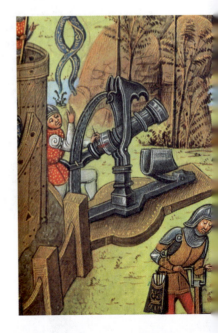

A LINHA DO TEMPO DA HISTÓRIA MILITAR

1260 – 1277: Campanhas de Baibars.

1260: Batalha de Ain Jalut. Mamelucos derrotam mongóis.

1289: Mamelucos tomam Trípoli.

Por volta de 1291: Queda de Acre, último ponto de apoio dos cruzados na Palestina, promovida pelos mamelucos.

Por volta de 1400: Império Mameluco se expande até Síria, Palestina e Hejaz.

SICÍLIA

1266: Batalha de Benevento. Carlos, de Anjou, derrota o regente Manfred.

1266 – 1268: Carlos de Anjou conquista a Sicília.

1268: Batalha de Tagliacozzo. Carlos derrota Conradino, filho do imperador Conrado IV.

1271: Carlos toma Durrës e promove campanhas na Albânia e na Grécia. Também se prepara para uma cruzada contra Constantinopla.

1282 – 1302: Revolta das Vespas Sicilianas contra Carlos de Anjou.

1302: Um tratado divide o Reino da Sicília.

1285 – 1314: Filipe IV, o Belo.

1297 – 1305: Filipe IV conquista Flandres.

1302: Batalha de Courtrai. Flamencos vencem os franceses.

1305: Flandres se rende à França.

1328 – 1498: Casa de Valois governa a França.

ALEMANHA

1273 – 1291: Rodolfo de Habsburgo é eleito imperador do Sacro-Império Romano.

1278: Batalha de Marchfeld. Rodolfo derrota e mata o rival Otacar II da Boêmia.

1282: Rodolfo de Habsburgo conquista o controle da Áustria.

1298: Batalha de Göllheim. Imperador Adolfo, de Nassau, é derrotado e morto por Alberto de Habsburgo, filho de Rodolfo. Ele se torna imperador e governa entre 1298 e 1308.

1314 – 1347: Luís, da Baviera. Ele derrota os Habsburgos em 1322, na Batalha de Mühldorf.

ÍNDIA

1290 – 1320: Sultanato de Déli: dinastia Khalji

1296 – 1316: Guerras de Alauddin Khali, que acaba com a resistência dos rajaputes e expulsa os mongóis do noroeste da Índia.

1311: Alauddin Khali conquista até o extremo sul da Índia.

1320 – 1414: Sultanato de Déli: Dinastia Tughluq.

1325 – 1351: Guerras de Muhammed Ibn Tughluq. Ele conquista o sul da Índia, mas a maior parte do território é perdida após a sua morte.

1336: Formação do Reino de Vijayanagara.

Abaixo: Ilustração contemporânea de uma cidade cercada, com a artilharia bombardeando as muralhas.

Abaixo: Ilustração contemporânea das Crônicas de Froissart mostrando o cerco a um castelo. A imagem exibe algumas das mais importantes armas da época: bestas, arcos e as primeiras peças de artilharia. As bestas eram menos precisas e possuíam menor alcance do que os arcos, mas os homens que as portavam podiam ser treinados mais rapidamente e a arma podia ser engatilhada para atirar a qualquer momento. Nas mãos dos ingleses e galeses, os arcos provaram ser armas capazes de conquistar a vitória em Crécy, Poitiers e Azincourt; entretanto, para usá-los de forma eficaz, eram necessários anos de treino e prática.

113

CARLOS V

Carlos V, o "imperador do mundo", cujos domínios se espalhavam por grandes áreas da Europa e das Américas do Sul e Central.

CARLOS V (1500 – 1558)

Foi o monarca Habsburgo cujo reinado dominou a primeira metade do século XVI. Sua vasta herança – Espanha em 1516, Áustria e Sacro-Império Romano em 1519 – constituiu uma "monarquia" de proporções sem precedentes, tomando Espanha, partes da Itália, Países Baixos, Alemanha e terras Habsburgas no Novo Mundo. Seu reinado foi permeado por três temas principais: a Reforma e as tentativas de derrotar o protestantismo na Alemanha, o expansionismo agressivo dos turcos oto-

Abaixo: Batalha de Pavia.

Batalha de Marignano.

manos na Hungria e no Mediterrâneo e um conflito constante com Francisco I, da França, com os franceses encontrando-se cercados e ameaçados pelo enorme Império Habsburgo. Carlos foi forçado a viajar constantemente pela Europa para enfrentar uma sucessão de crises. Seu exército derrotou os franceses em Pavia, em 1525, assegurando a supremacia espanhola na Itália. Em 1547, em Mühlberg, derrotou os protestantes alemães. Entretanto, a fama de suas guerras incessantes ultrapassou seus créditos, uma vez que as minas de prata da América do Sul ainda não haviam começado sua produção para oferecer as enormes quantidades de metal que enriqueceriam a Espanha durante o reinado de seu filho. As responsabilidades do Estado recaíram pesadamente sobre ele, pois governar um império tão colossal assim no século XVI estava além da capacidade de um único homem. Abdicou em 1556, dividindo o império em componentes espanhóis e austríacos.

A LINHA DO TEMPO DA HISTÓRIA MILITAR

1347: Formação do Reino de Bamani.
1358: Início do conflito Vijayanagara-Bamani (campanhas esporádicas seguem acontecendo).
1370: Vijayanagara conquista Madurai.
1382 – 1396: Khandesh, Malna, Jaunpur e Gujarate rompem com Déli.

ORIENTE MÉDIO

GUERRAS OTOMANAS
1326: Otomanos tomam Bursa.
1361: Otomanos tomam Ancara.
1389 – 1403: Bayezid I Yildirim ("O Trovão").
1394 – 1403: Bloqueio de Constantinopla pelos otomanos.

CHINA
Por volta de 1390 – 1449: Guerras de conquista realizadas pela dinastia Ming.
Operações esporádicas contra os mongóis.
1392: Coreia se torna um Estado vassalo.
1405 – 1433: Zheng Heé enviado em sete grandes expedições navais que chegam até o oceano Índico e a costa leste da África.
1407 – 1422: Ocupação chinesa de Aname.
1448: Grandes rebeliões na China.
1449: Ataque contra os mongóis fracassa. Imperador é feito prisioneiro. Após um agressivo período de expansão, a dinastia Ming volta a adotar uma postura defensiva.
Anos 1450: Piratas se espalham pelo mar da China Meridional; fome, pestes e inundações assolam a China.

CAMPANHAS DE TIMUR (TAMERLÃO)
1380 – 1405: Ataques anuais e destruição.
1381 – 1388: Irã.
1391 – 1395: Contra a Horda Dourada e Crimeia.
1384 – 1389: Tamerlão invade a Índia e saqueia Déli em 1398.
1400 – 1402: Campanha contra os otomanos.
1402: Batalha de Ancara. Tamerlão derrota Bayezid.
Anos 1430: Posição otomana é totalmente restaurada.
Depois de Timurid Shah Rukh, o império acaba dividido.

SUÍÇA
1291: União Eterna Suíça para a proteção contra os Habsburgos.
1315: Batalha de Morgarten. Suíça derrota Leopoldo I da Áustria.
1353: Fundação da Confederação Suíça.
Guerra Suíça das Cidades

115

LEPANTO/BABUR

Acima: Babur, conquistador do norte da Índia.

BABUR (ZAHIR UD-DIN MUHAMMAD) (1483 – 1530)

Foi o fundador do Império Mongol na Índia. Descendente dos grandes conquistadores mongóis (incluindo Gengis Khan e Tamerlão), chegou ao trono do insignificante Reino de Fergana em 1494. Sua ambição era Samarcanda (que havia sido a capital de Tamerlão), mas ele apenas se frustrou. Sua grande empreitada na Índia alcançou sucesso espetacular com o ataque a um sultanato de Déli dilacerado e enfraquecido pelo partidarismo. Suas vitórias principais, em Panipat e Khanua em 1526, garantiram Déli e Agra. Em seguida, Babur expandiu suas conquistas até a fronteira de Bengala. Erudito e jovial, também foi um grande poeta, esportista e debatedor. Suas memórias, *Baburnameh*, são hoje um clássico.

Acima: Galeras em combate na Batalha de Lepanto, com vitória decisiva da Liga Santa sobre os turcos otomanos em 1571.

BATALHAS NAVAIS NO SÉCULO XVI

As embarcações desse período estavam cada vez mais assumindo o formato que seria familiar até meados do século XIX, tornando-se maiores e mais robustas do que as caravelas de Colombo e dos primeiros exploradores que atravessavam o Atlântico e o Índico. O tamanho maior proporcionava a força e a capacidade para armazenar mais armamentos e, em terra, os canhões se tornavam cada vez mais fortes, mais precisos e com maior alcance. No Mediterrâneo, entretanto, a manobrabilidade das galeras – somada ao fato de haver escravos como remadores – conservava sua supremacia como principal navio nas frotas.

A LINHA DO TEMPO DA HISTÓRIA MILITAR

1386: Batalha de Sempach. Habsburgos derrotam os suíços.
1415: Conquista suíça da Argóvia, até então em mãos dos Habsburgos.
1422: Batalha de Arbedo. Suíça sai derrotada.
1440 – 1446: Primeira Antiga Guerra de Zurique.
1444: Batalha de St. Jacob.
1474: Assinatura da Paz Perpétua.

ALEMANHA E NORTE DA EUROPA

1320: Batalha de Rudau. Cavaleiros Teutônicos derrotam os lituanos.
1322: Batalha de Mühldorf. Luís IV vence seu rival na disputa pelo trono imperial.
1327: Polônia perde a Silésia e a Boêmia.
1327 – 1328: Outra campanha alemã na Itália.
1330 – 1355: Império sérvio de Stefan Dushan.
1340 – 1375: Valdemar IV da Dinamarca faz campanha contra Olândia e Gotlândia.
1346: Casimiro II reúne a Polônia Central.
1361: Casimiro III conquista a Galícia.
1361 – 1370: Conflito dinamarquês com a Liga Hanseática.
1373 – 1419: Venceslau, rei da Boêmia, provoca um levante.
1394 – 1402: Venceslau é levado como prisioneiro após sofrer derrotas.
1381: Revolta dos Camponeses.
1377 – 1389: Guerra das Cidades no sul da Alemanha.
1377: Batalha de Ulm. Cidades derrotam Carlos IV.
1377: Batalha de Reutlingen. Cidades derrotam Württemberg.
1381: Formação da Liga das Cidades no sul da Alemanha. Elas se aliam à Confederação Suíça.
1388: Batalha de Döffingen. Liga da Suábia é derrotada pelos príncipes de Suábia e Francônia.
1382: Cavaleiros Teutônicos conquistam províncias bálticas da Polônia.
1397: União de Kalmar aproxima Noruega, Suécia e Dinamarca.
1398: Cavaleiros Teutônicos expulsam os vitalianos da Gotlândia.
1402: Cavaleiros Teutônicos tomam Neumark.
1419 – 1436: Guerras Hussitas.
1415: Martírio e execução de João Huss da Boêmia.
1419: Levante na Boêmia e Primeira Defenestração de Praga. Exército popular hussita frustra cinco ataques imperiais.
1431: Batalha de Taus. Indecisiva.
1434 – 1436: Levante dinamarquês de Englebrecht.

117

GUERREIROS JAPONESES

À esquerda: Um monge guerreiro, um dos formidáveis combatentes que tiveram um papel fundamental nas batalhas dos séculos XI e XII no Japão.

À direita: A armadura samurai era tradicional e complexa, essencialmente lamelar, feita com escamas presas uma à outra.

À esquerda: Toyotomi Hideyoshi (morto em 1598) liderando a segunda invasão japonesa à Coreia.

Abaixo: Espadachins japoneses em ação.

Abaixo: Um samurai do século XIV, parte dos guerreiros de elite do Japão, algo como o equivalente oriental dos cavaleiros da Europa Ocidental.

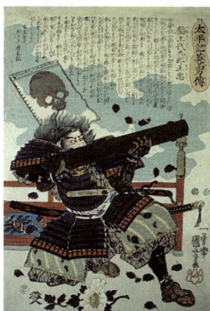

Acima: Um guerreiro japonês atira com uma das primeiras armas de fogo.

A LINHA DO TEMPO DA HISTÓRIA MILITAR

1471: Suecos derrotam dinamarqueses.
1466: Casimiro IV da Polônia/Lituânia toma grande parte da Prússia dos Cavaleiros Teutônicos.

MEDITERRÂNEO
1284: Batalha de Meloria. Gênova derrota Pisa e toma Córsega.
1298: Batalha de Curzola. Genoveses derrotam venezianos.
1309: Cavaleiros de São João criam base em Rodes.
1323 – 1325: Guerra entre Pisa e Gênova, que disputam Sardenha e Córsega.
1340: Batalha de Salano.
1343: Aragão toma Maiorca.
1296 – 1346: Guerra Escocesa de Independência.
1296: Eduardo I invade a Escócia.
1297: Batalha de Stirling Bridge. Wallace derrota a força inglesa.
1298: Batalha de Falkirk. Wallace derrotado por Eduardo.
1303: Eduardo invade a Escócia novamente.
1305: Rebelião de Roberto de Bruce.
1306: Batalha de Methven.
1307: Batalha de Loudon Hill. Bruce derrota Pembroke.
1314: Bruce toma o Castelo de Stirling, a mais bem protegida fortaleza inglesa na Escócia.
1314: Batalha de Bannockburn. Bruce derrota Eduardo II de forma decisiva.
1315 – 1318: Bruce invade a Irlanda.
1318: Bruce toma Berwick. Operações transfronteiriças começam em ambos os lados.
1332: Batalha de Dupplin Muir. Eduardo Balliol usurpa a coroa escocesa sob a suserania de Eduardo III da Inglaterra
1333: Batalha de Halidon Hill. Douglas é derrotado por Balliol.

PENÍNSULA IBÉRICA
1311: Aragão toma o ducado de Atenas.
1323: Aragão toma a Sardenha.
1474 – 1479: Guerra de Sucessão de Castela contra França e Portugal.
1476: Batalha de Toro. Portugal sai derrotado.
1479: União de Aragão e Castela.
1482: Aragão e Castela subjugam Granada.
1494: Espanha toma Medilla.
1509: Espanha toma Orã.

ÍNDIA
1414 – 1451: Sultanato de Déli: dinastia Sayyid.
1451 – 1526: Sultanato de Déli: dinastia Lodi.

ARMADA ESPANHOLA/MAURÍCIO DE NASSAU

Maurício de Nassau.

Batalha de Gravelines, o ápice da expedição da Armada Espanhola contra a Inglaterra em 1588. Pintura de Philippe-Jacques de Loutherbourg.

MAURÍCIO DE ORANGE-NASSAU (1587 – 1625)

Um dos maiores inovadores militares de seu tempo, Maurício obteve uma série de vitórias e assegurou a região que hoje é o Reino dos Países Baixos. Suas campanhas entre 1587 e 1609 são lembradas na Holanda como "o fechamento do jardim". Nesses anos, ele conquistou Sluys (1587), Breda (1590), Zutphen (1591), Nimega (1591) e venceu os espanhóis em Turnhout (1597) e Nieuport (1600). Como estatuder e capitão geral das Províncias Unidas (a partir de 1588), reorganizou e revitalizou o exército holandês, introduzindo o batalhão (550 homens) para enfrentar os terços espanhóis, passou a pagar valores adequados

A LINHA DO TEMPO DA HISTÓRIA MILITAR

1509 – 1530: Campanhas de Krishnadevaraya levam Vijayanagara ao ápice do poder.

1517 – 1526: Facções enfraquecem o sultanato de Déli.

1338 – 1453: Guerra dos Cem Anos.

1337 – 1347: Primeiro Período: Filipe VI contra Eduardo III.

1337: A frota francesa ataca Portsmouth, Southampton e Guernsey, retomando os ataques no ano seguinte. Filipe prepara-se para invadir a Inglaterra.

1338: Eduardo III chega a Flandres.

1340: Batalha de Sluys. Frota francesa é destruída.

1346: Batalha de Crécy. Eduardo destrói o exército francês de Filipe VI.

1346: Batalha da Cruz de Neville. David II da Escócia é derrotado ao atacar a Inglaterra.

1346 – 1347: Calais é tomada por Eduardo III em uma das primeiras ações envolvendo artilharia.

Outubro de 1350: Batalha de Winchelsea/Sandwich. A frota de Eduardo III derrota a frota espanhola.

1350: Morte de Filipe VI de Valois. João II é o sucessor.

Peste Negra assola a Europa. Estima-se que pelo menos 25 milhões de pessoas tenham se tornado vítimas da epidemia entre 1347 e 1351.

1351 – 1356: Segundo Período: João II contra Eduardo III.

1355: Breve levante de Eduardo III em Artois. Levante do Príncipe Negro em Languedoc.

1356: Batalha de Poitiers. Príncipe Negro derrota e captura o rei João, da França

1358: Jacquerie (revolta camponesa na França).

1360: Eduardo III toma os arredores de Paris. Paz de Brétigny.

1364: Batalha de Cocherel. Du Guesclin vence o exército de João de Grailly.

1364: Auray é tomada pelos ingleses.

1357 – 1375: Terceiro Período: Carlos V contra Eduardo III.

1367: Batalha de Nájera. Príncipe Negro e Pedro, o Cruel, de Castela, derrotam du Guesclin e o conde de Trastâmara.

1370: Batalha de Pontvallain. Du Guesclin impede o avanço da *chevauchée* inglesa vinda de Calais.

1372: Du Guesclin e Clisson conquistam a Bretanha.

1372: Batalha de La Rochelle. Frota inglesa é destruída por galés castelhanas (aliadas dos franceses).

Carlos V reconquista Poitou e Saintonge.

1376: Morte do Príncipe Negro.

1377: Morte de Eduardo III.

às tropas e melhorou a disciplina com treinos regulares. Seus métodos científicos de cerco baseavam-se em princípios de matemática e engenharia em um período em que armas de fogo e artilharia amadureciam rapidamente. Os resultados de suas campanhas foram o reconhecimento dos Países Baixos como um Estado independente. Quando a guerra recomeçou, em 1621, após a Trégua dos Doze Anos, ele foi menos bem-sucedido e morreu poucas semanas antes de os espanhóis reconquistarem Breda.

GUSTAVO II ADOLFO

Gustavo Adolfo.

GUSTAVO II ADOLFO (1594 – 1632)

Um dos grandes capitães da História e frequentemente considerado um dos "pais da guerra moderna", criou o primeiro exército verdadeiramente "moderno", que se tornou modelo para todas as demais potências da Europa. Assumindo o trono sueco em 1611, reorganizou as forças armadas do país, adotando um sistema regimental regional (apoiado por mercenários) e usando táticas lineares holandesas para derrotar legiões de terços. Sua formação de infantaria dava maior flexibilidade de manobra, combinando efeito de choque com poder de fogo. Lanças menores (de 2,5 metros) eram mais fáceis de serem manuseadas e preparadas; mosquetes mais leves, com cartuchos pré-carregados, aumentaram a média de tiros. Sua artilharia tornou-se um fator tático vital no campo de batalha: canhões e brigadas leves eram mais móveis e ofereciam apoio mais próximo à infantaria. Após as primeiras campanhas na região do Báltico, com a tomada de Riga e dos portos da Prússia, ele se envolveu na Guerra dos Trinta Anos. A Batalha de Breitenfeld (1631) apontou a emergência da Suécia como uma importante potência militar, mas Gustavo morreu em Lützen no ano seguinte, à frente de sua cavalaria.

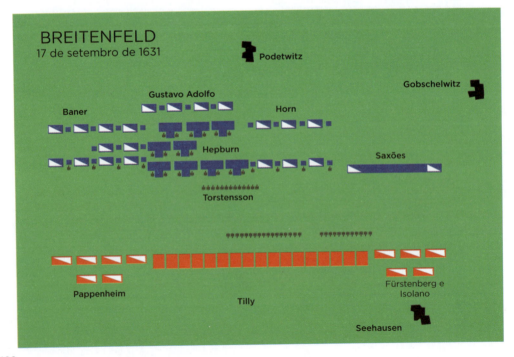

A LINHA DO TEMPO DA HISTÓRIA MILITAR

1377 – 1380: Quarto Período: Carlos V contra Ricardo II.

1378: Vitória naval de Jean de Vienne sobre Lancaster em Cherbourgo. Ingleses tomam Cherburgo e Brest.

1380: Ofensiva inglesa de Calais.

1380: Châteauneuf-de-Randon é cercada e tomada por du Guesclin, que acaba morrendo no processo.

Frota franco-castelhana é destruída pelos ingleses na costa da Irlanda. Morte de Carlos V.

Quinto Período: Carlos VI contra Ricardo II.
1381: Trégua entre França e Inglaterra. Revolta dos camponeses (Wat Tyler) na Inglaterra.

1382 – 1396: Novembro de 1382: Batalha de Roosbeke. Carlos VI, da França, derrota os flamengos.

1387: Batalha de Margate. Frota inglesa derrota a frota franco-castelhana, terminando com a ameaça de invasão francesa à Inglaterra.

1388: Batalha de Otterburn. Força escocesa é derrotada pelas tropas de defesa de Henry Percy.

1394: Revolta na Irlanda reprimida por Ricardo II.

1395 – 1396: Conferência anglo-francesa em Paris.

Trégua por 28 anos.

1399: Ricardo II é destronado em favor de Henrique IV.

1414 – 1422: Sexto Período: Carlos VI contra Henrique V.

1405: Força expedicionária francesa desembarca no País de Gales para ajudar na revolta galesa.

1406: Galeses são derrotados pelos ingleses. Franceses tentam uma ofensiva contra Guiena e Calais, mas são contidos.

1407: Trégua anglo-francesa. Início da guerra civil na França.

1415: Henrique V abandona a trégua de 1396 e parte para Harfleur, que ele cerca e toma.

1415: Batalha de Azincourt. Henrique V derrota os franceses.

1416: Batalha de Harfleur. Frota franco-genovesa é derrotada.

1417: Segunda expedição de Henrique V à França.

1418: Ingleses conquistam a Normandia.

1418: Cerco e tomada de Rouen.

1419: Burgúndios entram em Paris.

1419: Rouen é tomada pelos ingleses.

1420: Tratado de Troyes. Henrique V passa a ser herdeiro do trono da França. Henrique entra em Paris, que permanece sob o controle inglês pelos próximos 15 anos.

1421: Terceira expedição de Henrique V à França.

1421: Batalha de Beaugé. Força franco-escocesa é derrotada pelos ingleses de Clarence.

No topo: Datando do início dos anos 1500, o sistema de rodete utilizava o mesmo princípio do isqueiro, no qual o mineral que produz a chama é mantido num ponto fixo e uma roda produz a fagulha, que acende a carga. A roda gira por meio de um mecanismo similar ao do relógio, que tem de ser atingido por uma chaveta. Acima: Registrada pela primeira vez em 1683, a pederneira era um tipo de arma na qual a carga era incendiada por meio de faíscas. Essas faíscas eram produzidas por um gatilho ativado por mola, que chocava uma lasca de pederneira contra um fuzil posicionado verticalmente.

BATALHA DE BREITENFELD

Contexto: Guerra dos Trinta Anos, período sueco.

Data: 17 de setembro de 1631.

Localização: 10 quilômetros a norte de Leipzig, Alemanha.

Comandantes/Forças: Do lado do exército protestante, o rei Gustavo Adolfo da Suécia e o eleitor da Saxônia comandaram entre 36 e 40 mil suecos e saxões com entre 60 e 70 armas. O exército imperial/católico, com o Conde de Tilly, levou 32 mil homens e 30 armas.

Objetivos: Os protestantes queriam tomar Leipzig.

Baixas: Os protestantes terminaram o conflito com 4 mil mortos ou feridos; os imperialistas, com 7 mil mortos ou feridos e 6 mil homens levados como prisioneiros.

Vitória: Protestante.

Consequência: Os protestantes tomaram Leipzig. Breitenfeld marcou a emergência da Suécia como uma importante potência militar.

LÜTZEN/TURENNE/O GRANDE CONDÉ

Visconde de Turenne.

HENRI DE LA TOUR D'AUVERGNE, VISCONDE DE TURENNE (1611 – 1675)

Considerado o mais bem-sucedido soldado do século XVII, Turenne aprendeu a arte da guerra com seu tio, Maurício de Nassau, e entrou para o serviço francês em 1630. Chegou ao comando dos exércitos franceses durante a Guerra dos Trinta Anos, quando reconquistou Rossilhão, venceu batalhas em Friburgo (1644) e Zusmarshausen (1648), frequentemente dividindo o comando com Condé. Durante ambas as guerras civis francesas, conhecidas como as Frondas, ele se viu em lado oposto ao de Condé. Foi derrotado em Rethel em 1650, mas posteriormente se reconciliou com a corte. Durante a segunda Fronda, conseguiu controlar Condé e subsequentemente derrotá-lo em Dunas, em 1658, após ter conquistado grande parte dos Países Baixos espanhóis. Em 1677, esteve no comando durante as guerras contra os Países Baixos, liderando a campanha triunfante de 1675. Sua gloriosa carreira foi encurtada por uma bala de canhão nesse mesmo dia. Mestre da estratégia e tática, Henry é reconhecido como um dos grandes capitães da História, e seus restos mortais estão próximos aos de Napoleão no Palácio dos Inválidos, em Paris.

LUÍS II, DE BOURGON, O GRANDE CONDÉ, DUQUE D'ENGHIEN (1621 – 1686)

De sangue real francês, Condé foi, ao lado de Turenne, o maior general de seu tempo. Sua primeira vitória se deu em Rocroi em 1643, quando ele tinha apenas 21 anos de idade. Foi a maior vitória francesa em um século e marcou o fim da supremacia do terço espanhol e a ascensão do poder militar francês. Em seguida, veio uma série de vitórias com Turenne, incluindo Friburgo, Philippsburg, Mogúncia e Nördlingen em 1645. Sua campanha em Flandres, em 1646, foi um enorme sucesso, assim como a vitória em Lens, em 1648, após uma breve campanha na Espanha e derrota em Lérida no ano anterior. Luís esteve do lado de Mazarin durante a primeira Fronda parlamentar de 1648 - 1649, mas ficou contra o cardeal e foi preso em 1650, dano início à Fronda dos Príncipes – uma grande crise da regência de Ana, da Áustria, e Mazarin. Libertado em 1651, deu início a uma rebelião aberta até sua posição tornar-se insustentável e ele deixar a França para lutar pela Espanha. Durante essa época, foi derrotado na Batalha de Dunas, em 1658. Reconciliou-se com Luís XIV no ano seguinte, e então invadiu o Franco-Condado em 1668 e os Países Baixos com Turenne, em 1672. Dois anos depois, em Seneffe, conteve o avanço do Príncipe de Orange. Sua personalidade era marcada pela arrogância misturada a um temperamento não refreado, e essa combinação deve ter se exacerbado na velhice por conta da gota. Aposentou-se em 1675, ano em que seu colega Turenne foi morto.

O Grande Condé.

BATALHA DE LÜTZEN

Contexto:	Guerra dos Trinta Anos, período sueco.
Data:	16 de novembro de 1632.
Localização:	25 quilômetros a sudoeste de Leipzig.
Comandantes/Forças:	Gustavo Adolfo comandou entre 16 e 19 mil homens do Exército Protestante; Albrecht von Wallenstein comandou entre 15 e 20 mil membros de infantaria e entre 8 e 10 mil membros da cavalaria do Exército Imperial.
Objetivos:	O exército imperial buscava cortar as linhas de comunicação do exército sueco no Báltico e forçar o eleitor da Saxônia a deixar a aliança com a Suécia.
Baixas:	Aproximadamente 5 mil protestantes foram mortos ou feridos; Gustavo Adolfo foi mortalmente ferido; 6 mil imperialistas foram mortos ou feridos.
Vitória:	Sueca.
Consequências:	O objetivo do exército imperial foi frustrado, mas a morte de Gustavo Augusto privou os protestantes do maior general da época.

OLIVER CROMWELL/FAIRFAX

OLIVER CROMWELL (1599 – 1658)

Indiscutivelmente o maior inglês do século XVII, Cromwell foi essencialmente um político e estadista cuja habilidade militar desenvolvida pelas circunstâncias o revelou um soldado genial. Membro do Parlamento antes e durante a Guerra Civil Inglesa, Cromwell criou seu próprio regimento de "ironsides" e serviu como segundo-comandante do exército da Associação do Leste. Impaciente com a mediocridade da continuidade da guerra, promulgada pelos líderes parlamentares, liderou a criação do Exército Novo, do qual logo se tornou segundo-comandante. Em Naseby, um ataque de sua cavalaria provocou a vitória. Como comandante independente, provou suas habilidades em Preston, Dunbar (1650) e Worcester (1651). Sua campanha na Irlanda (1649 – 1950) lhe rendeu notoriedade na história da região por conta dos massacres seguidos pela captura de Drogheda e Wexford, mas recentemente pesquisadores começaram a absolvê-lo. Essencialmente um moderado, Cromwell foi levado a tomar medidas extremas pela duplicidade e intransigência do rei e assumiu o controle para levar Carlos a julgamento e à execução. Tentativas subsequentes de ajustar o governo do país se provaram fastidiosas e infrutíferas, e ele logo se frustrou. Seu papel de Lorde Protetor (1653 até a morte) beirava o posto de monarca. Figura central da história britânica, Cromwell foi um dos grandes generais do século XVII.

SIR THOMAS FAIRFAX (1612–1671)

Foi capitão-general do Exército Novo do Parlamento durante a Guerra Civil Inglesa. "Black Tom" era um corajoso cavaleiro e habilidoso general. Seu aprendizado de guerra se deu entre 1629 e 1631 nos Países Baixos; em 1640, lutou em Newburn, durante a Guerra dos Biscos. Nos primeiros anos da Guerra Civil Inglesa, ele comandou a cavalaria sob o controle de seu pai em Yorkshire, tomando Leeds e Wakefield em 1643, mas sendo derrotado em Adwalton Moor. Participou da vitória em Winceby e, em 1644, cercou York. Na Batalha de Marston Moor, comandou a ala direita do exército dos Cabeças Redondas. Em 1645, o Parlamento o nomeou capitão-general do Exército Novo e, nessa posição, ele obteve vitórias em Naseby e Langport; venceu os monarquistas ocidentais e, em 1646, entrou na capital monarquista de Oxford. Em 1648, destruiu os monarquistas de Maidstone e Colchester durante a Segunda Guerra Civil. Basicamente um moderado sem as motivações políticas de muitos de seus colegas, ele se distanciava cada vez mais da liderança vitoriosa no Parlamento até enfim se aposentar, em 1651. Embora tenha sido eclipsado por Cromwell por causa da Guerra Civil Inglesa, foi a parceria militar dos dois que se provou um fator de sucesso na vitória contra os Cabeças Redondas.

Acima: Detalhe de uma batalha de meados do século XVII que mostra a artilharia disparando contra os terços, que avançam. Quando os grupos colidiam, a infantaria apelava para o "paredão de lanças" e o combate mano a mano. A cavalaria, usada nos flancos, em geral combatia a cavalaria do oponente, e o vitorioso atacava a infantaria pelos flancos ou por trás.

Abaixo: Um mosqueteiro de meados do século XVII armado com um mosquete de antecarga, que era apoiado em pé para atirar. Essas armas eram lentas e demandavam um penoso processo de recarregamento, portanto, os mosqueteiros eram protegidos pela cavalaria e se posicionavam em formações densas (os chamados terços).

A LINHA DO TEMPO DA HISTÓRIA MILITAR

1422: Trégua. Morte de Henrique V e de Carlos VI em Paris.

1423 – 1453: Sétimo Período: Carlos VII contra Henrique VI.

1423: Batalha de Cravant. Bedford derrota o exército franco-escocês.

1424: Batalha de Verneuil. Bedford derrota o exército franco-escocês.

1427: Batalha de Montargis. Dunois derrota Bedford e Warwick.

1428: Salisbury sitia Orleans, defendida por Dunois.

1429: Rouvray (Herrings). Falstolf derrota ataque francês a um comboio de suprimentos destinado aos sitiantes ingleses de Orleans.

1429: Cerco de Orleans, criado por Joana D'Arc, leva a um forte contra-ataque dos franceses, que rapidamente ganharam força. Coroação de Carlos VII como delfim em Reims.

1429: Fortaleza inglesa de Jargeau é tomada pelos franceses.

1429: Batalha de Patay. Franceses surpreendem e derrotam o exército inglês de Shrewsbury (Talbot).

1430: Joana D'Arc é capturada tentando entrar em Paris e é feita prisioneira.

1431: Joana D'Arc é queimada em Rouen. Henrique VI, com dez anos de idade, é coroado rei de França em Paris.

1436: Ingleses deixam Paris. Franceses sitiam Calais.

1441: Franceses tomam Pontoise.

1444 – 1448: Tréguas sucessivas de Tours.

1448: Retomada das hostilidades entre França e Inglaterra. Ofensiva francesa na Normandia.

1449: Tropas inglesas expulsas de Rouen.

1450: Batalha de Formigny. Vitória francesa decisiva sobre os ingleses, levando à entrega de Caen e Cherbourgo aos franceses.

1450 – 1451: Franceses expulsam os ingleses da França, deixando-os apenas em Calais. A população da Aquitânia se revolta contra os novos governantes franceses e Shrewsbury lança mão de uma força expedicionária inglesa para apoiá-la.

1453: Batalha de Castillon. Shrewsbury é derrotada. Castillon, Bordeaux e Aquitânia voltam a ser governadas pelos franceses. Fim da Guerra dos Cem Anos. Os ingleses ficam apenas com Calais, que é mantida até 1558.

BÁLCÃS

Anos 1360 a 1390: Conquista otomana da Trácia, Bósnia, Sérvia, Grécia e Bulgária.

1389: Polje de Kosovo. Turcos derrotam os sérvios de forma decisiva.

1394 – 1403: Bloqueio de Constantinopla pelos otomanos.

1396: Batalha de Nicópolis. Cruzada cristã é derrotada pelos otomanos.

▶ GUERRAS CIVIS INGLESAS

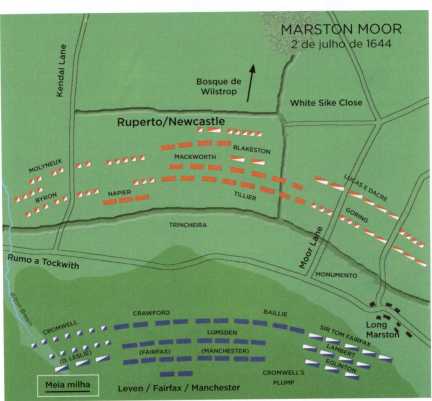

128

A LINHA DO TEMPO DA HISTÓRIA MILITAR

1409 – 1426: Expansão veneziana na Dalmácia e Lombardia.

1451 – 1481: Sultão otomano Maomé, o Conquistador, anexa Sérvia, Bósnia, Grécia, Crimeia etc.

1453: Cerco e queda de Constantinopla. Fim do Império Bizantino. Constantinopla passa a ser chamada de Istambul.

GRÃ-BRETANHA: GUERRA DAS ROSAS

22 de maio de 1455: Batalha de St. Albans. York, Salisbury e Warwick derrotam o Exército Real. Somerset e Northumberland são mortos.

23 de setembro de 1459: Batalha de Blore Heath. Salisbury vence por York em Ludlow.

10 de julho de 1460: Batalha de Northampton. Yorkistas fazem Lancaster fugir. Henrique é capturado.

30 de dezembro de 1460: Batalha de Wakefield. Margarida derrota York e Salisbury, que são mortos.

2 de fevereiro de 1461: Batalha de Mortimer Cross. Eduardo, o novo Duque de York, derrota Lancaster e também é proclamado rei.

17 de fevereiro de 1461: Batalha de St. Albans. Margarida e Somerset derrotam Warwick.

29 de março de 1461: Batalha de Towton. Lancaster é derrotado e sofre muitas baixas. Eduardo controla a Inglaterra.

1464: Batalhas de Hedgley Moor (25 de abril) e Hexham (15 de maio). Montagu (irmão de Warwick) derrota Lancaster.

1465: Henrique é capturado.

1468: Harlech, último reduto de Lancaster, é tomado pelos yorkistas.

Clarence, irmão de Warwick e Eduardo, muda de lado.

26 de julho de 1469: Batalha de Edgecote Moor. Warwick derrota Pembroke.

12 de março de 1470: Batalha de Lose Coat Field (Stamford). Rebeldes preparam emboscadas para Eduardo, mas ele os derrota.

Setembro de 1470: Henrique VI volta ao trono.

14 de abril de 1471: Batalha de Barnet. Warwick é derrotado e morto.

4 de maio de 1471: Batalha de Tewkesbury. Eduardo derrota Lancaster e governa como Eduardo IV.

1483: Eduardo IV morre. Ricardo de Gloucester usurpa o trono como Ricardo III.

7 de agosto de 1485: Henrique Tudor de Lancaster chega ao País de Gales.

22 de agosto de 1485: Batalha de Bosworth. Ricardo é morto. Henrique VII se torna rei.

16 de junho de 1487: Batalha de Stoke. O impostor "Eduardo IV" (Lambert Simnel) é derrotado.

À esquerda: Príncipe Ruperto na Batalha de Marston Moor. Seu cachorro Boye (centro) foi morto durante o conflito.

BATALHA DE MARSTON MOOR

Contexto: Guerra Civil Inglesa.

Data: 2 de julho de 1644.

Localização: 10 quilômetros a oeste de York, Inglaterra.

Comandantes/Forças: Do lado monarquista, o Príncipe Ruperto do Reno e o Marquês de Newcastle comandaram aproximadamente 11 mil soldados de infantaria e 3 mil membros da cavalaria. Do lado parlamentarista, Fairfax, Manchester e Leven comandaram as forças de Yorkshire, a Associação do Leste e a Escócia, compostas de 12.200 soldados de infantaria, 1.000 dragões e 8 mil membros da cavalaria.

Objetivo: O Príncipe Ruperto, após cercar York, queria uma batalha decisiva.

Baixas: Desconhecidas, mas acredita-se que aproximadamente 3 mil monarquistas e 2 mil aliados.

Vitória: Parlamentaristas/Escoceses.

Consequências: O norte foi efetivamente perdido para o rei e houve a rendição de York em 16 de julho. O Príncipe Ruperto desperdiçou seu brilhante sucesso e, em vez de render York, participou de uma batalha desnecessária, sendo provável que o exército aliado perderia força por conta da duração do cerco.

NASEBY/PRÍNCIPE RUPERTO

PRÍNCIPE RUPERTO DO RENO, DUQUE DA BAVIERA (1619 – 1682)

Cavaleiro impetuoso por excelência, o Príncipe Ruperto era o terceiro filho de Frederico V, eleitor palatino. Uniu-se a seu tio na eclosão da Guerra Civil Inglesa, liderou a cavalaria monarquista em Edgehill e na Primeira Batalha de Newbury, tomou Bristol em 1643 e realizou uma campanha espetacularmente bem-sucedida no norte, no ano seguinte. Após render York, entretanto, demonstrou o lado impetuoso de sua natureza e, sem chances de vitória, iniciou uma batalha em Marston Moor. Essa derrota resultou na perda do norte para o rei. Como comandante-chefe do exército monarquista, viu dissidentes entre seus colegas comandantes, o que atrapalhou uma coordenação efetiva. Tomou Leicester em 1645, mas foi derrotado em Naseby e subsequentemente rendeu Bristol, para a fúria do rei. Entre 1649 e 1652, liderou

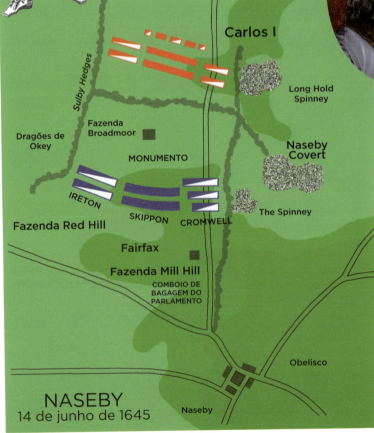

Acima: O Príncipe Ruperto tinha 24 anos no início da Guerra Civil.

NASEBY
14 de junho de 1645

um pequeno esquadrão de corsários monarquistas em uma *guerre de course* contra o novo regime, mas foi incansavelmente perseguido e desgastado por Blake. Após a Restauração, serviu como almirante com Albemarle e o Duque de York na Segunda e Terceira Guerras Anglo-Holandesas, lutando em Southwold Bay (1665), Batalha dos Quatro Dias (1667) e North Foreland (1667).

BATALHA DE NASEBY

Contexto:	Guerra Civil Inglesa.
Data:	14 de junho de 1645.
Localização:	15 quilômetros a sudoeste de Market Harborough, Midlands inglesas.
Comandantes/Forças:	O rei Carlos I comandou 4 mil membros da infantaria e 5 mil da cavalaria. Sir Thomas Fairfax comandou o Exército Novo, com 7 mil membros da infantaria e 6 mil da cavalaria.
Objetivos:	O Parlamento buscava uma vitória decisiva e um fim rápido para a guerra.
Baixas:	6 mil monarquistas foram mortos, feridos ou levados como prisioneiros; do lado dos parlamentaristas, houve mil mortos ou feridos.
Vitória:	Parlamento.
Consequências:	A causa dos monarquistas foi perdida nas Midlands com essa derrota do mais importante exército do rei. Foi a batalha decisiva da Guerra Civil Inglesa.

Os "ironsides" vitoriosos de Cromwell cumprimentam seu general após a Batalha de Naseby.

A LINHA DO TEMPO DA HISTÓRIA MILITAR

21 de julho de 1403: Batalha de Shrewsbury. Henrique VII derrota a rebelião de Henry Percy (Hotspur).

BORGONHA E SUÍÇA

1467 – 1477: Carlos, Duque de Borgonha, alia-se com a Inglaterra e Aragão contra Luís XI da França, seu grande inimigo, e com Sigmund da Áustria, contra a Suíça.

1474: Cerco de Neuss.

1476: Batalha de Murten.

1476: Batalha de Granson.

1477: Batalha de Nancy. Carlos, o Temerário, é morto. Sua filha se casa com Maximiliano I da Áustria, que sai vitorioso.

1479: Batalha de Guinegate. Tratado de Senlis divide o legado.

1477 – 1499: Guerra da Suábia. Suíça formaliza a independência e a separação do império.

1513: Confederação Suíça dos Treze Cantões.

1477 – 1499: Guerra dos Suabos, na Suíça.

1477: Habsburgos herdam Borgonha.

1471 – 1480: Ataques turcos a Estíria.

1477: Ataques húngaros à Áustria.

1485: Captura de Viena, ocupação da Baixa Áustria, Caríntia e Estíria por Matias Corvino, rei da Hungria, que morre em 1490; Habsburgos recuperam territórios, incluindo Viena.

RÚSSIA

1478: Ivã III anexa Novgorod.

1480: Ivã III proclama a independência da Moscóvia.

ITÁLIA

1494 – 1559: Guerras entre Valois e Habsburgos pela Itália.

1499 – 1523: Guerras italianas envolvem mercenários suíços.

1494: Carlos VIII, da França, dá início às guerras por Nápoles, requerendo o território por meio da Casa de Anjou.

1494: Carlos conquista Nápoles.

1495: Espanhóis e Habsburgos o forçam a recuar.

1500: Luís XII da França toma Milão.

1504: Tratado de Blois cede Nápoles à Espanha.

Por volta de 1505: Habsburgos expulsam os franceses do sul da Itália e tomam Nápoles.

1511: Santa Liga busca libertar a Itália.

1515: Batalha de Marignano. Francisco I da França derrota a Suíça.

1519 – 1556: Império Habsburgo de Carlos V.

1519 – 1556: Carlos V.

1516: Herda Império Espanhol.

1519: Áustria e Sacro-Império Romano.

GUERRAS ANGLO-HOLANDESAS

À esquerda: Navios de guerra do século XVII em batalha. A tecnologia naval sofreu poucas alterações até o século XIX, quando a energia a vapor, rifles e armaduras revolucionaram as guerras travadas no mar. As táticas durante as Guerras Anglo-Holandesas consistiam em manobrar e atacar os oponentes em fileiras de navios, e esse sistema básico perdurou até o fim do século XVIII, quando os almirantes britânicos começaram a adotar métodos mais agressivos e menos formais.

ROBERT BLAKE (1599 – 1657)

Um dos maiores almirantes da Inglaterra, Blake lutou pelo Parlamento na defesa de Bristol, Lyme Regis e Taunton durante a Guerra Civil Inglesa. Em 1644, tornou-se o general do Parlamento no mar e, nesse papel, levou a frota real do Príncipe Ruperto à destruição (1650). O resultado foi a recuperação das Ilhas Scilly e de Jersey. Lutou durante a Primeira Guerra Anglo-Holandesa, derrotando Tromp em Dover (1652) e em Kentish Knock (1652), perdendo em Dungeness, mas vencendo em Portland, em 1653. Em 1655, fez uma campanha contra piratas da Berbéria; em 1656 – 1657, isolou a Espanha no inverno; em 1657, realizou um ataque espetacular a Santa Cruz, nas Canárias. Foi fundamental na criação da nova marinha britânica e da obra *Fighting Instructions*, de 1653, crucial para o desenvolvimento organizacional e tático das frotas em batalhas. Depois disso, a Marinha Inglesa viria a se transformar em uma das grandes forças militares mundiais.

Blake.

Ruyter.

MICHIEL DE RUYTER (1607 – 1676)

Maior almirante holandês, Michiel de Ruyter obteve vitórias contra a Inglaterra fundamentais para manter o prestígio e poder holandeses. Após servir Tromp na Primeira Guerra Anglo-Holandesa, combateu os dinamarqueses na Primeira Guerra do Norte e venceu os suecos em Nyborg, em 1659. Depois, participou de campanhas na costa da Guiné e nas Índias Ocidentais, antes de liderar uma enorme ação naval na Segunda Guerra Anglo-Holandesa, incluindo a Batalha dos Quatro Dias, em 1666. No ano seguinte, sua audaciosa invasão de Medway, na qual destruiu grande parte da frota inimiga e tomou a capitânia inglesa, foi espetacular. Suas maiores batalhas ocorreram durante a Terceira Guerra Anglo-Holandesa (1672 - 1674) e incluíram vitórias em Solebay (1672), Oostende (1623) e Kijkduin (1673). Em seguida, relocado para o Mediterrâneo, foi mortalmente ferido na Sicília.

A LINHA DO TEMPO DA HISTÓRIA MILITAR

1521 – 1526: Guerra contra Francisco I da França.
1525: Batalha de Pavia. Habsburgos expulsam os franceses de Milão.
1525: Revolta dos camponeses na Alemanha.
1526 – 1529: Segunda guerra contra Francisco I.
1527: Exército imperial saqueia Roma.
1535: Habsburgos tomam Milão.
1536 – 1538: Terceira guerra entre Carlos V e Francisco I.
1542 – 1544: Quarta guerra entre Carlos V e Francisco I.
1546 – 1547: Guerra de Esmalcalda. Conflito no centro e sul da Alemanha.
1547: Batalha de Mühlberg. Habsburgos derrotam protestantes alemães.
1552 – 1556: Carlos V em guerra com a França novamente. Ele abdica em 1556, dividindo seu império em partes espanhola e austríaca.
1559: Tratado de Cateau-Cambrésis. Franceses são expulsos da Itália.

IMPÉRIO OTOMANO NO ORIENTE MÉDIO

1516 – 1517: Otomanos conquistam Síria, Palestina e Egito mameluco.
1520 – 1566: Solimão I faz o Império Otomano alcançar sua maior extensão.
1529: Turcos tomam Argel.
1551: Turcos tomam Trípoli.
1565: Turcos cercam Malta.
1571: Turcos tomam Chipre.
1574: Turcos tomam Túnis.

MEDITERRÂNEO

1475 – 1546: Barba Ruiva ataca as costas da Itália e Espanha para Francisco I da França.
1529: Turcos atacam Argel.
1535: Campanhas habsburgas no Norte da África contra Barba Ruiva e tomada de Túnis.
1541: Expedição dos Habsburgos em Argel fracassa.
1551: Turcos tomam Trípoli.
1565: Cerco turco a Malta fracassa.
1571: Batalha de Lepanto. Dom João, da Áustria, leva a frota da Santa Liga a vencer os turcos.
1571: Turcos tomam o Chipre.
1577: Trégua entre otomanos e habsburgos. Ameaça turca diminui. Habsburgos estão ocupados no norte; otomanos em conflito com a Pérsia.

OTOMANOS NA EUROPA

1526: Batalha de Mohács. Turcos tomam a maior parte da Hungria.

MARLBOROUGH

John Churchill, Duque de Marlborough e antepassado de Winston Churchill, que escreveu sua biografia.

JOHN CHURCHILL, DUQUE DE MARLBOROUGH (1650 – 1722)

Um dos maiores generais britânicos, Marlborough conquistou uma série de vitórias épicas na Guerra da Sucessão Espanhola, que viraram o jogo contra o expansionismo de Luís XIV da França. Em 1685, serviu em Sedgemoor durante a Rebelião Monmouth, mas desertou Jaime II em 1688 para receber Guilherme de Orange como rei da Inglaterra. Serviu na Irlanda e Flandres antes de, nessa última localidade, se tornar capitão-general dos exércitos aliados, à frente da coalisão criada por Guilherme para combater o ataque da França aos Países Baixos. Em 10 campanhas sucessivas, provou suas habilidades de organizador estratégico, tático e lógico, além de soldado-diplomata. Suas maiores vitórias foram Blenheim (1704), Ramillies (1706), Oudenaarde (1708) e Malplaquet (1709). Adorado por suas tropas e recompensado com um ducado e com o Palácio de Blenheim, em Oxfordshire, ele se aposentou em 1711, vítima dos ventos políticos, que agora mudavam de direção.

A LINHA DO TEMPO DA HISTÓRIA MILITAR

1529: Primeiro cerco turco a Viena. Turcos tomam a Hungria.

ÍNDIA

1504 – 1530: Guerras de Babur.

1526: Batalha de Khanua. Babur derrota Rajapute. Confederação conquistará o norte da Índia.

1526: Batalha de Panipat. Babur derrota o Sultão Ibrahim Lodi, de Déli, e estabelece o Império Mongol, que se torna a potência dominante na Índia.

1535 – 1540: Campanhas de Humaium.

1538: Estado Bamani se divide em cinco estados menores.

1539: Batalha de Benares. Babur é derrotado pelo usurpador Sher-Shah.

1540: Batalha de Kanauj. Novamente derrotado pelo usurpador Sher-Shah. Após passar um período no exílio, Humaium recupera o trono em 1555 e expande o império.

1556 – 1605: Akbar, o maior dos imperadores mongóis.

1556 – 1601: Campanhas de Akbar.

1556: Segunda Batalha de Panipat.

1564: Cinco reinos de decão se combinam para destruir Vijayanagara.

1610 – 1629: Mongóis em guerra com Amadanagar.

1623: Batalha de Balochpur.

JAPÃO

1467 – 1615: "Período dos Estados Combatentes", durante o qual os senhores da guerra disputam a supremacia.

1467 – 1477: Guerra de Onin.

1561: Batalha de Kawanakajima.

1570 – 1581: Cerco de Ishiyama Hongan-ji.

1591: Cerco de Kunoe.

1592/3, 1597/8: Invasões japonesas à Coreia.

1600: Batalha de Sekigahara. Tokugawa derrota seus rivais de forma decisiva, levando à criação do Xogunato Tokugawa.

1637 – 1638: Rebelião de Shimbara, o último levante contra o Xogunato Tokugawa. Paz no Japão. Em 1639, o Japão se isola do mundo exterior até meados do século XIX.

GRÃ-BRETANHA

1513 – 1514: Guerra Anglo-Escocesa.

1513: Batalha de Flodden Field. Conde de Surrey derrota Jaime IV da Escócia.

1545: Batalha de Ancrum Moor. Escoceses derrotam os ingleses.

BLENHEIM/MALPLAQUET

BATALHA DE BLENHEIM

Contexto: Guerra da Sucessão Espanhola.

Data: 13 de agosto de 1704.

Localização: Blindheim, 15 quilômetros a oeste de Donauwörth, sul da Alemanha.

Comandantes/Forças: O Duque de Marlborough e o Príncipe Eugênio de Saboia comandaram 52 mil homens com 60 armas. O Conde Camille de Tallard comandou o exército francês, composto de 56 mil homens e 90 armas.

Objetivos: Os Aliados buscavam quebrar o impasse no teatro de operações no Danúbio e afastar de Viena a ameaça francesa.

Baixas: Os Aliados tiveram 12 mil feridos ou mortos; entre os franceses, 20 mil foram mortos ou feridos e 14 mil levados como prisioneiros.

Vitória: Aliados.

Consequências: Viena foi salva. Após a batalha veio uma marcha brilhante dos Aliados, que enganaram os franceses. Agora os Aliados tinham a iniciativa.

BATALHA DE MALPLAQUET

Contexto: Guerra da Sucessão Espanhola.

Data: 11 de setembro de 1709.

Localização: 15 quilômetros a sul de Mons.

Comandantes/Forças: O Duque de Marlborough e o Príncipe Eugênio de Saboia comandaram o exército Aliado de 110 mil homens e 100 armas. O Duque Claude de Villars e Louis de Boufflers comandaram o exército francês, de 80 mil homens e 60 armas.

Objetivos: Os Aliados queriam tomar Mons, destruir o último exército francês e avançar sobre Paris, dando fim à guerra.

Baixas: Os Aliados tiveram 6.500 mortos e 14 mil feridos; os franceses tiveram 4.500 mortos e 8 mil feridos.

Vitória: Aliados.

Consequências: Os franceses foram forçados a deixar o campo, mas a vitória dos Aliados foi pírrica. Malplaquet, a batalha mais sangrenta do século, impediu qualquer outro avanço Aliado naquele ano e virou a opinião pública britânica contra a guerra. Também acelerou a queda política de Marlborough.

Marlborough dá ordens durante a Batalha de Malplaquet, sua quarta e última grande batalha. Ele almejava destruir o último exército francês no campo, mas os marechais Villars e Bouler tomaram uma posição formidável, que incluía fortificações. A batalha foi sangrenta e, embora tecnicamente a vitória tenha sido de Marlborough, os franceses recuaram em boas condições. As baixas (talvez até 20 mil aliados contra 12 mil franceses) afetaram a opinião pública na Inglaterra e alimentaram as crescentes demandas por paz. Esta ilustração é um detalhe de uma das grandes tapeçarias do Palácio de Blenheim.

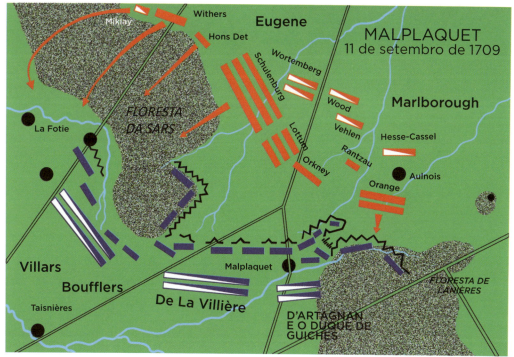

▶ FORTIFICAÇÃO

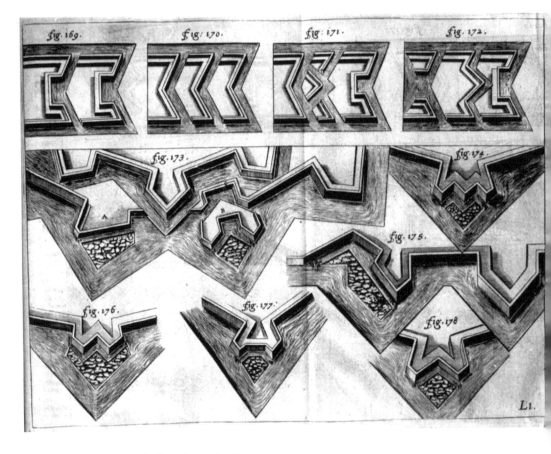

Designs de obras exteriores de meados do século XVII mostrando várias formas de bastião. Embora o baluarte fosse planejado para ser o forte da construção, permitindo a aplicação de fogo para vencer os agressores entre os bastiões, ele próprio ficava vulnerável para ser isolado e tomado. Esses esquemas mostram várias formas de isolar uma obra externa para que, mesmo que capturado, o baluarte apresentasse outra camada de defesa logo atrás dele.

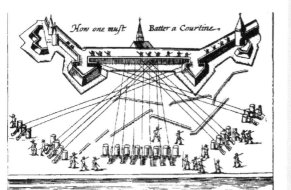

Artilharia em cerco, conforme retratada em um manual de 1639 que demonstrava o valor do baluarte. A cortina (entre os baluartes) é protegida por fogo cruzado. Imagem inferior: se os agressores conseguissem tomar o baluarte, seu "pescoço" estreito podia facilmente ser selado com outra camada de defesa.

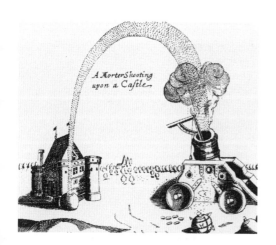

Um morteiro em um manual do século XVII. Os morteiros eram armas curtas, de alta elevação, que lançavam bombas em trajetória elevada por cima das defesas. Menos precisos do que os canhões, eram tão destrutivos quanto e podiam atingir partes da defesa que armas normais não conseguiam. Pequenos morteiros de infantaria, leves e portáteis, continuam sendo usados pelos exércitos atuais.

A LINHA DO TEMPO DA HISTÓRIA MILITAR

1547: Batalha de Pinkie. Somerset derrota Arran, regente da Escócia.

1594 – 1603: Guerra dos Nove Anos na Irlanda.

1598 – 1603: Rebelião de Tyrone na Irlanda.

1601: Força expedicionária espanhola invade a Irlanda.

1601: Batalha de Kinsale. Britânicos derrotam Tyrone.

1531: Batalha de Kappel. Católicos suíços derrotam protestantes de Zurique. Zuínglio é morto.

RÚSSIA E NORTE DA EUROPA

1552: Moscóvia conquista o canato de Cazã.

1569: União de Lublin. Expansão moscovita.

1604 – 1606: o falso Demétrio invade a Rússia para depor Boris Godounov, o assassino de Dmitri, o último da dinastia Rurik, em 1598.

1605: Chegada de Demétrio a Moscou.

1610: Boiardos tomam Moscou de volta e assassinam Demétrio.

Um segundo falso Demétrio é um fantoche dos poloneses.

1610 – 1613: Tempo de Dificuldades. A anarquia toma conta da Rússia.

1611: Polônia toma Smolensk; Suécia invade a Rússia.

1609 – 1613: Guerra Russo-Polonesa.

1610: Batalha de Klondnot.

1611: Batalha de Constantinopla.

1612: Batalha de Vringellen.

1613: Batalha de Wisby.

1613: Miguel Romanov é eleito czar e restabelece a ordem.

1617 – 1618: Paz russa com Polônia e Suécia.

1615: Batalha de Plescow.

1621: Batalha de Riga.

1621 – 1622: Batalha de Kotzim.

1634: Polônia invade a Rússia.

1637: Cossacos do Don tomam Azov temporariamente para a Rússia.

1672 – 1725: Pedro I, o Grande, da Rússia (único governante a partir de 1689).

1695: Expedição contra Azov fracassa.

1696: Expedição consegue tomar Azov.

1698 – 1699: Revolta dos Streltsy. Como resultado, há execuções em massa.

1703: Pedro, o Grande, funda São Petersburgo.

CONFLITO ANGLO-ESPANHOL

1587 – 1596: Ingleses atacam Cádis.

1588: Armada Espanhola é derrotada no canal da Mancha e expulsa dos Países Baixos.

CHINA

1516: Base portuguesa em Cantão é criada.

CARLOS XII/POLTAVA

CARLOS XII (1682 – 1728)

Como Napoleão, Carlos XII encontrou sua nêmesis na Rússia. Um tático brilhante, guiou os suecos à vitória em uma série de confrontos na primeira década do século XVIII. Quando a Grande Guerra do Norte teve início, em 1700, uma coalisão formada por Dinamarca, Saxônia e Rússia atacou propriedades no Báltico sueco e no norte da Alemanha. Aos 19 anos, Carlos ganhou sua reputação em Narva, em 1700, afastando os russos das províncias do Báltico na Suécia. Seus generais já tinham forçado a Dinamarca a deixar a guerra; em uma sucessão de campanhas em Narva, em 1706, Carlos havia liquidado todos os seus oponentes. Entretanto, a hostilidade continuava e, em 1707, ele invadiu a Rússia, vencendo uma batalha em Holowczyn, mas pouco a pouco sendo levado mais para o interior do país. Por fim, em Poltava, em 1709, suas frotas, desgastadas pela longa campanha longe de casa, foram confrontadas pelo exército muito superior de Pedro, o Grande, e destruídas. Carlos passou impressionantes cinco anos na Turquia antes de voltar à Suécia como um desconhecido, passando por uma Alemanha hostil. Imediatamente começou a defender o Império Sueco sitiado, mas era tarde demais. Em 1718, morreu com um ferimento na cabeça no cerco de Fredriksten; com ele, foi-se o *status* da Suécia de grande potência. Um tático brilhante, ele aprimorou os tiros de pelotão e, em Nava, mostrou sua principal arma. No entanto, Carlos não era logístico. Também era teimoso, implacável, impulsivo e lhe faltava julgamento estratégico.

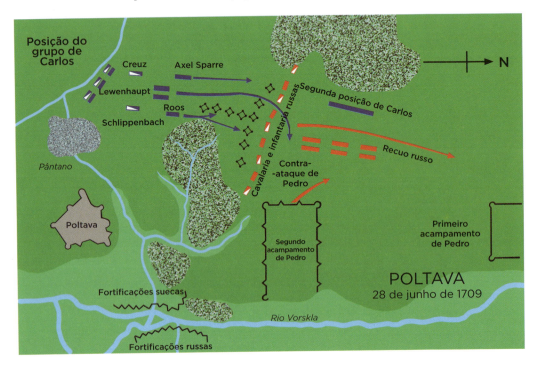

A LINHA DO TEMPO DA HISTÓRIA MILITAR

BATALHA DE POLTAVA

Contexto: Grande Guerra do Norte.
Data: 28 de junho de 1709.
Localização: Ucrânia, 140 quilômetros a sudoeste de Carcóvia.
Comandantes/Forças: Pedro, o Grande, da Rússia, comandou 42 mil soldados regulares e 35 mil irregulares; Carlos XII da Suécia comandou 16 mil homens.
Objetivos: Ao fim das linhas de comunicação, Carlos estava cercando Poltava, mas se viu forçado a mudar de alvo e atacar o exército de Pedro, que se aproximava.
Baixas: Os russos tiveram 1.300 homens feridos ou mortos; os suecos, 7 mil mortos e 2.600 capturados.
Vitória: Russa.
Consequências: O restante do exército sueco se rendeu alguns dias depois. A batalha marcou o fim da Suécia como grande potência e a emergência, no cenário europeu, da Rússia como uma força militar.

1563: Piratas japoneses são eliminados.
1627: Invasão Ch'ing à Coreia fracassa.
1628 – 1644: Rebelião de camponeses na China.
1636 – 1637: Conquista Ch'ing da Coreia.
1644 – 1659: Conquista Ch'ing da China.
1644: Manchus tomam Pequim.
1644: Citzu-Ch'eng encerra a dinastia Ming e é imediatamente derrubado pela dinastia Ch'ing. Fundação da dinastia Manchu.

1594 – 1597: Guerras de camponeses na Áustria e Hungria.
1605: Hungria invade a Áustria.

GUERRA HOLANDESA DE INDEPENDÊNCIA
(Guerra dos Oitenta Anos)

Durante a Guerra da Holanda e a Guerra dos Trinta Anos, o norte da Itália é fundamental para a Espanha, sendo um ponto de encontro da "Estrada Espanhola" (posse dos Habsburgos) via Valtellina, Alsácia, Renânia e Países Baixos e o canal da Mancha, dominado por holandeses e ingleses.

1587 – 1625: Campanhas de Maurício de Nassau.
1587 – 1609: Maurício garante a existência dos Países Baixos ("o fechamento do jardim").
1600: Batalha de Nieuport.
1601 – 1604: Maurício cerca e toma Oostende.
1604: Maurício toma Sluys.
1604: Espanhóis tomam Oostende.
1607: Batalha de Gibraltar. Holandeses derrotam os espanhóis no mar.
Abril de 1609: Trégua dos Doze Anos.
1621 – 1648: Guerra Holandesa de Independência é retomada e se mistura à Guerra dos Trinta Anos.
1625: Tomada de Breda.
1625 – 1647: Campanhas de Frederico Henrique.
1626: Batalha de Lutter.
1626: Batalha de Dessau.
1636: Frederico Henrique toma Breda.
1639: Batalha das Dunas. Tromp vence a Segunda Armada Espanhola.

FRANÇA

1624 – 1642: Richelieu é o Primeiro-Ministro da França.
1626 – 1630: Guerra Anglo-Francesa.
1627 – 1629: Rebelião dos huguenotes.
1628: Cerco e tomada de La Rochelle.
Buckingham ataca a ilha de Ré.
1629 – 1631: Guerra da Sucessão de Mântua. França contra Espanha
1635 – 1659: França e Espanha em guerra. O conflito deixa a Espanha militarmente esgotada.

141

▶ SAXÔNIA/FONTENOY

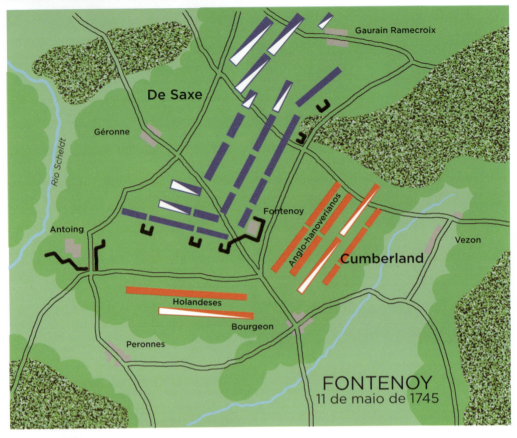

O Conde da Saxônia.

MAURÍCIO DA SAXÔNIA
(1696 – 1750)

Importante tanto por seus escritos quanto por seus feitos, Maurício da Saxônia lutou pelos franceses na Guerra de Sucessão Austríaca, tomando Tournai em 1745 após derrota dos Aliados (holandeses, britânicos e austríacos) em Fontenoy. Isso levou à conquista de grande parte dos Países Baixos espanhóis. Em 1746, tomou Bruxelas e, dois anos depois, Maastricht. Sua obra *Mes Rêveries* (1732) foi um dos tratados militares mais importantes e visionários do século XVIII. Maurício insistia na responsabilidade do oficial nas instruções e treinos constantes. A infantaria leve deveria ser usada em grande número. Ele também propôs uma formação que foi a precursora do corpo de exército napoleônico.

BATALHA DE FONTENOY

Contexto:	Guerra da Sucessão Austríaca.
Data:	11 de maio de 1745.
Localização:	10 quilômetros a leste de Tournai, na Bélgica.
Comandantes/Forças:	O Duque de Cumberland comandou o exército britânico de 53 mil homens e 80 armas. Maurício da Saxônia comandou o exército francês, com 52 mil homens e 70 armas.
Objetivos:	Cumberland planejava acabar com o cerco francês a Tournai, vista como a porta de entrada para o oeste de Flandres.
Baixas:	7.500 britânicos e 7.200 franceses.
Vitória:	Francesa.
Consequências:	Os franceses tomaram Tournai e a maior parte dos Países Baixos austríacos.

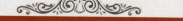

A LINHA DO TEMPO DA HISTÓRIA MILITAR

AS FRONDAS – GUERRAS CIVIS FRANCESAS.

Janeiro a março de 1649: Primeira Fronda Parlamentar.

Condé sitia Paris.

1650 – 1652: Fronda dos Príncipes.

1652: Batalha de Nemours.

1652: Batalha de Etampes.

1658: Batalha das Dunas. Turenne toma Dunquerque (até a Inglaterra).

1659: Tratado dos Pirinéus.

1618 – 1648: Guerra dos Trinta Anos

Desencadeada por volta de maio de 1618: Defenestração de Praga

1618 – 1629: Primeiro Período: Perda do palatinado e colapso do protestantismo alemão.

1620: Batalha da Montanha Branca. Rebelião boêmia chega ao fim e tem início a conquista do palatinado.

1624 – 1642: Richelieu é o Primeiro-Ministro da França.

1626: Batalha de Lutter força a retirada da Dinamarca.

1629: Paz de Lübeck.

1630 – 1635: Segundo Período: Restauração do protestantismo pela Suécia.

1631: Batalha de Breitenfeld recupera as fortunas protestantes e é o ponto de virada da guerra.

1631: Saque de Magdeburgo.

1632: Batalha de Lützen. Vitória, mas a morte de Gustavo Adolfo leva indiretamente ao assassinato de Wallenstein, ocorrido em fevereiro de 1634.

1634: Batalha de Nördlingen desfaz o trabalho da Suécia. A guerra se torna muito exaustiva para França/Suécia e Baviera/imperialistas. Doenças e fome em toda a Alemanha. Fim das fases religiosas da guerra.

1635: Tratado de Praga.

1635 – 1648: Terceiro Período: Intervenção da França.

1635: Franceses se aliam com os holandeses contra a Espanha; início da Guerra de Independência Holandesa com a Guerra dos Trinta Anos.

1642 – 1661: Mazarin é o Primeiro-Ministro da França.

1643: Batalha de Rocroi. Condé acaba com o que restava do prestígio militar espanhol.

1648: Batalha de Zusmarshausen. Turenne e Wrangel derrotam os imperialistas e os bávaros.

1648: Batalha de Lens. Condé derrota os espanhóis.

1648: Tratado de Vestfália encerra a Guerra dos Trinta Anos e Münster encerra a guerra espanhol-holandesa.

POLÔNIA

1609 – 1613: Guerra da Polônia contra a Rússia.

FREDERICO, O GRANDE/ROSSBACH

Rei Frederico, o Grande, da Prússia.

FREDERICO, O GRANDE (1712 – 1786)

Um dos grandes capitães da História, Frederico foi o homem que transformou a Prússia em uma importante potência militar. Sobrevivente de uma infância com um pai violento, Frederico herdou um Estado muito organizado militarmente – uma máquina que ele "aperfeiçoou" e levou à guerra. Em 1740, tomou a Silésia, e suas batalhas para defendê-la proclamaram a nova posição agressiva da Prússia perante a Alemanha. Durante a Guerra dos Sete Anos, suas maiores batalhas foram em Rossbach e Leuthen, ambas em 1757; em 1759, Frederico foi atacado por forças convergentes de Áustria, Rússia e Suécia. O fato de a Prússia ter sobrevivido é testemunho de uma luta dura, de marcha rápida, e da própria genialidade indomável de Frederico. Sua influência na conduta do confronto foi de enorme significância. Seus princípios de guerra dividiam-se em quatro: forte disciplina, o que impedia o soldado de se tornar

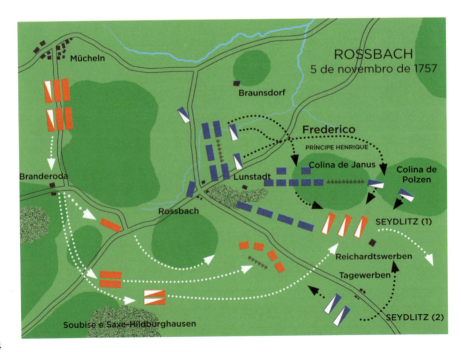

autômato; grande atenção à logística do preparado; foco na ofensiva; e o que seria chamado de "praticabilidade" – o que englobava o uso de ordem oblíqua e almejava a superioridade local no campo de batalha. Frederico também era um intelectual, modelo de "déspota esclarecido" da Era da Razão, patrono de Voltaire e um grande músico.

BATALHA DE ROSSBACH

CONTEXTO: Guerra dos Sete Anos.

DATA: 5 de novembro de 1757.

LOCALIZAÇÃO: 40 quilômetros a sudoeste de Leipzig, Alemanha.

COMANDANTES/FORÇAS: Frederico, o Grande, comandou entre 21 e 22 mil prussianos. Os príncipes Carlos de Soubise e José de Saxe-Hildburghausen comandaram um exército franco-austríaco de 41 mil homens.

OBJETIVOS: O exército Aliado era um dos grandes golpes lançados contra a Prússia sitiada.

VITÓRIA: Prussiana.

CONSEQUÊNCIAS: A brilhante vitória permitiu que Frederico encontrasse os outros exércitos que estavam invadindo a Prússia. Também renovou o apoio de sua aliada, a Inglaterra.

Acima: Um episódio da Batalha de Mollwitz, em 1741, assegurou a província da Silésia à Prússia. Essa foi a primeira batalha de Frederico que, assim como seus oponentes, cometeu equívocos. A batalha foi vencida por Schwerin, seu general.

A LINHA DO TEMPO DA HISTÓRIA MILITAR

1611: Poloneses tomam Smolensk.

1617 – 1629: Guerras constantes da Polônia contra a Turquia.

1625: Guerra polonesa contra a Suécia.

1629: Trégua dos Seis Anos.

1634: Poloneses invadem a Rússia, o que leva ao Tratado de Viasma/Polyankova. Ladislau IV deixa de lado sua reivindicação pelo trono russo.

1648 – 1668: Desastroso reinado de João Casimiro.

Ataques dos cossacos do Dnieper; campanhas de Bogdan Chmielnuski.

1648: Batalha de Zolte Wody. Cossacos derrotam poloneses e tomam Lviv.

1651: Batalha de Beresteszko. Poloneses saem derrotados. Trégua.

Por volta de 1654: Bogdan e russos invadem a Polônia.

1655 – 1657: Suécia invade a Polônia. Guerra civil na Polônia.

1667: Revolta cossaca na Polônia.

1672 – 1676: Guerra Turco-Polonesa.

1673: João Sobieski vence a Batalha de Khoczoim na Bessarábia.

1674 – 1696: João Sobieski, rei da Polônia.

ORIENTE MÉDIO

1623: Abbarttu, o Grande, da Pérsia, toma Bagdá.

1638: Murad IV da Turquia recaptura Bagdá.

ÍNDIA

1632: Hooghey é tomada dos portugueses.

1649 – 1653: Mongóis em guerra com a Pérsia.

1664 – 1710: Perseguição mongol aos não muçulmanos.

1675: Revolta de Rajapute.

GUERRA CIVIL INGLESA

1642 – 1646: Primeira Guerra Civil.

22 de agosto de 1642: Rei Carlos I coloca um estandarte em Nottingham. Início da guerra.

23 de setembro de 1642: Batalha de Powick Bridge. Ruperto derrota os parlamentaristas.

23 de outubro de 1642: Batalha de Edgehill. Rei derrota o conde de Essex.

29 de outubro de 1643: O rei transforma Oxford na capital.

13 de novembro de 1643: Batalha de Turnham Green. Monarquistas são expulsos de Londres.

19 de janeiro de 1643: Batalha de Braddock Down. Hopton expulsa os parlamentaristas da Cornualha.

19 de março de 1643: Batalha de Hopton Heath.

Northampton, monarquista, derrota Gell e Brereton.

▶ CLIVE/PASSEY

Estátua em homenagem a Clive, em Westminster.

ROBERT CLIVE (1725 – 1774)

Fundador do Império Britânico na Índia, Clive teve um início humilde, como funcionário na Companhia Britânica das Índias Orientais. Em 1747, tornou-se estandarte e deu início a uma improvável carreira político-militar. Com audácia e muita sorte, envolveu-se em várias expedições militares contra os indianos e franceses durante a Segunda Guerra Carnática (1751 – 1753). Sua defesa de Arcot, que rendeu à Grã-Bretanha o controle da região carnática, fez sua reputação. Sua campanha em Bengala, em 1757, começou como uma resposta à tomada de Calcutá pelo nababo Siraj-ud-Daula e a história da atrocidade do "Buraco Negro". Clive liderou a reconquista da cidade e derrotou o nababo em Plassey, em uma batalha vencida pela força de vontade e ousadia, contra todas as chances. O resultado foi a dominação britânica de Bengala. O estabelecimento do Império Britânico na Índia levaria muitos anos, mas sua grande vitória criou as bases para isso. O papel subsequente de Clive na expansão e organização da Índia britânica foi fundamental.

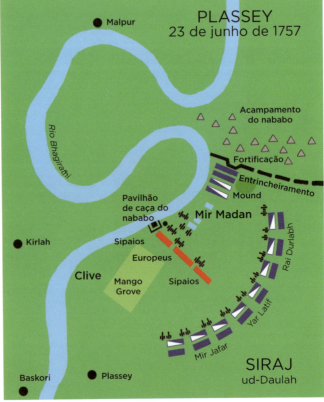

A LINHA DO TEMPO DA HISTÓRIA MILITAR

Abaixo: Clive sobre o pavilhão de caça do nababo, a única construção do campo de batalha, em Plassey, observando a posição do inimigo.

BATALHA DE PLASSEY

CONTEXTO:	Guerra dos Sete Anos.
DATA:	23 de junho de 1757.
LOCALIZAÇÃO:	Às margens do rio Baggiruttee, centro de Bengala.
COMANDANTES/FORÇAS:	O Coronel Robert Clive liderou cerca de 3 mil homens britânicos e indianos, com 8 canhões e 1 ou 2 obus. O nababo Nawab Siraj ud-Daulah liderou entre 35 e 40 mil membros de infantaria bengalesa, 18 mil pachtuns montados, 50 canhões e elefantes de guerra.
OBJETIVOS:	Almejando acabar com a influência britânica em Bengala, o nababo tentou destruir as fronteiras anglo-indianas.
BAIXAS:	Foram poucas; aproximadamente 22 anglo-indianos mortos e 50 feridos, e cerca de 500 bengaleses mortos.
VITÓRIA:	Britânica.
CONSEQUÊNCIAS:	A vitória de Clive colocou Bengala de vez em mãos britânicas e ajudou a estabelecer o Império Britânico na Índia.

13 de abril de 1643: Batalha de Ripple Field. Príncipe Maurício derrota Waller.

23 de abril de 1643: Batalha de Launceston. Hopton derrota o exército parlamentarista de Chudleigh.

25 de abril de 1643: Batalha de Sourton Down. Chudleigh derrota Hopton.

13 de maio de 1643: Batalha de Grantham. Cromwell derrota Cavendish.

16 de maio de 1643: Batalha de Stratton. Hopton derrota Stamford e protege o sudoeste para o rei.

21 de maio de 1643: Sir Thomas Fairfax toma Wakefield.

18 de junho de 1643: Batalha de Chalgrove Field. Ruperto derrota os parlamentaristas.

29 de junho de 1643: Batalha de Adwalton Moor. Fairfaxes derrotados pelos monarquistas de Newcastle.

5 de julho de 1643: Batalha de Lansdown. Hopton derrota Waller.

13 de julho de 1643: Batalha de Roundway Down. Hopton e Príncipe Maurício derrotam o exército de Waller.

26 de julho de 1643: Ruperto conquista Bristol.

27 de julho de 1643: Batalha de Gainsborough. Cromwell derrota Cavendish.

20 de setembro de 1643: Primeira Batalha de Newbury. O rei não consegue evitar o retorno de Essex para Londres.

25 de setembro de 1643: Solemn League and Covenant é assinado entre o Parlamento e os escoceses.

11 de outubro: Batalha de Winceby. Associação do Leste derrota os monarquistas e avança para o sul.

25 de janeiro de 1644: Batalha de Nantwich. Fairfax derrota Byron.

21 de março de 1644: Ruperto alivia Newark, então sitiada.

29 de março de 1644: Batalha de Cheriton/Alresford. Waller derrota Forth e Hopton.

25 de maio a 11 de junho de 1644: Ruperto toma Stockport, Bolton e Liverpool e marcha para aliviar York, então sitiada.

29 de junho de 1644: Batalha de Cropredy Bridge. Rei derrota Waller.

2 de julho de 1644: Batalha de Marston Moor. Escoceses (Leven), Manchester e Fairfax derrotam Ruperto e Newcastle. Ponto de virada: o norte é efetivamente perdido para o rei (16 de julho, queda de York).

31 de agosto de 1644: Batalha de Castelo Dore. Rei destrói o exército de Essex.

1º de setembro de 1644: Batalha de Tippermuir. Montrose derrota os covenanters de Elgin.

CLIVE/PASSEY

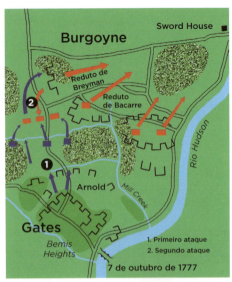

Acima: George Washington (1732 – 1799), que criou o Exército Continental e conduziu os americanos à independência. Como comandante de campo ele não era notório, mas trabalhou bem com seus voluntários franceses e alemães. Tornou-se o primeiro presidente dos Estados Unidos da América.

148

A LINHA DO TEMPO DA HISTÓRIA MILITAR

BATALHA DE SARATOGA

Contexto: Guerra da Independência dos EUA.

Data: 7 de outubro de 1777.

Localização: Estado de Nova York.

Comandantes/Forças: O General Horatio Gates comandou 11 mil americanos; o General John Burgoyne comandou 6 mil britânicos.

Objetivos: Burgoyne tentou se libertar dos bem equipados exércitos americanos.

Baixas: Britânicas, cerca de mil; americanas, aproximadamente 150.

Vitória: Americana.

Consequências: Foi o ponto de virada da guerra. As operações britânicas no norte cessaram e a independência americana começou a ser internacionalmente reconhecida.

CERCO DE YORKTOWN

Contexto: Guerra da Independência dos EUA.

Data: 28 de setembro a 19 de outubro de 1781.

Localização: Leste da Virgínia, 25 quilômetros a sudeste de Williamsburg, com vista para o rio York.

Comandantes/Forças: General George Washington com 16 mil americanos, incluindo milícias e as tropas francesas do General Jean-Baptiste, conde de Rochambeau. General Charles, conde de Cornwallis, comandando 7.500 britânicos, alemães e americanos leais.

Objetivos: Decidido a encontrar e explorar os pontos fracos dos britânicos, Washington tinha marchado pela Virgínia. Cornwallis pretendia fortificar uma posição portuária onde ele poderia receber suprimentos pelo mar. No entanto, a Marinha Real Britânica perdeu temporariamente o controle do mar para os franceses.

Baixas: Foram poucas.

Vitória: Americana.

Consequências: A perda de Yorktown foi o tiro de misericórdia contra o poder britânico sobre os Estados Unidos. Nenhuma outra operação militar aconteceu e, com o aumento dos custos, os britânicos perderam o interesse de prosseguir com a guerra.

---

13 de setembro de 1644: Batalha de Aberdeen. Montrose derrota os covenanters de Elgin.

27 de outubro de 1644: Batalha de Newbury II. Rei expulsa Manchester e Waller.

2 de fevereiro de 1645: Batalha de Inverlochy. Montrose derrota Campbells.

Abril de 1645: Formação do Exército Novo do Parlamento, comandado por Sir Thomas. Fairfax e Cromwell no comando da cavalaria.

9 de maio de 1645: Batalha de Auldearn. Montrose derrota os covenanters.

14 de junho de 1645: Batalha de Naseby. Fairfax e Cromwell derrotam o rei de forma decisiva, destruindo seu último exército de campo significativo.

2 de julho de 1645: Batalha de Alford. Montrose derrota os covenanters de Baillie.

10 de julho de 1645: Batalha de Langport. Fairfax derrota Goring.

1º de agosto de 1645: Batalha de Colby Moor. Laugharne derrota os monarquistas de Pembrokeshire.

10 de setembro de 1645: Ruperto rende Bristol.

13 de setembro de 1645: Batalha de Philiphaugh. Derrota de Montrose.

24 de setembro de 1645: Batalha de Rowton Heath. Monarquistas derrotados em Chester.

12 de março de 1646: Astley rende último exército monarquista em Stow-on-the-Wold.

8 de agosto de 1647: Batalha de Dunganhill. Parlamentaristas derrotam os irlandeses.

1648: Segunda Guerra Civil.

1648: Batalha de Preston. Cromwell derrota os monarquistas e os escoceses.

28 de agosto de 1648: Rendição de Colchester a Fairfax.

30 de janeiro de 1649: Rei Carlos I é decapitado.

1649: Campanha Irlandesa

2 de agosto de 1649: Batalha de Rathmines. Monarquistas de Ormonde são expulsos de Dublin.

Setembro a dezembro de 1649: Drogheda e Wexford são sitiadas e tomadas pelo exército de Cromwell.

1650 – 1651: Terceira Guerra Civil.

27 de abril de 1650: Batalha de Carbisdale. Monarquistas de Montrose são derrotados.

3 de setembro de 1650: Batalha de Dunbar. Cromwell derrota os covenanters escoceses.

3 de setembro de 1651: Batalha de Worcester. Cromwell derrota o exército anglo-escocês de Carlos II.

Campanhas da Commonwealth Inglesa.

Anos 1650: Inglaterra envia uma frota ao Mediterrâneo para enfrentar os piratas berberes.

Maio de 1655: Inglaterra toma a Jamaica.

1662 – 1683: Inglaterra toma Tânger.

RODNEY

Rodney.

Abaixo: A Batalha do Luar, no Cabo de São Vicente, em 16 de janeiro de 1780, mostra o Santo Domingo explodindo, com o navio-almirante Sandwich de Rodney em primeiro plano.

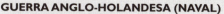

A LINHA DO TEMPO DA HISTÓRIA MILITAR

GEORGE BRYDGES RODNEY, PRIMEIRO BARÃO RODNEY (1719 – 1792)

Foi um dos grandes almirantes da Marinha Real do século XVIII. Rodney esteve presente na vitória do capitão Hawke em Ouessant, em 1747, e lutou com distinção durante a Guerra dos Sete Anos. Durante a Guerra Revolucionária Americana, venceu a Batalha do Cabo de São Vicente, enfrentou uma batalha não decisiva na Martinica e tomou a ilha de Santo Eustáquio. As maiores vitórias de Rodney, em Saintes, 1782, vieram em um momento crucial para o destino britânico. Ela não mudaria o resultado da Guerra Revolucionária Americana, mas evitou a ameaça francesa às posses britânicas nas Índias Ocidentais e devolveu à Grã-Bretanha o controle dos mares.

GUERRA ANGLO-HOLANDESA (NAVAL)

1652 – 1654: Primeira Guerra Anglo-Holandesa.
1652: Batalha de Kentish Knock. Blake derrota de With.
1652: Batalha de Dungeness. Tromp derrota Blake.
1653: Batalha de Portland, Beachy Head. Indecisiva.
1653: Batalha de Gabbard, North Foreland, Nieuport. Monck e Deane derrotam Tromp e de Ruyter.
1653: Batalha de Texel. Monck derrota Tromp, que acaba morto.
1665 – 1667: Segunda Guerra Anglo-Holandesa.
1665: Batalha de Sole Bay, Lowestoft. Duque de York derrota Opdam.
1666: Batalha de Quatro Dias/Estreito de Dover. De Ruyter e Tromp Jr. derrotam Albemarle e Ruperto.
1666: Batalha de North Foreland II. Albemarle derrota de Ruyter.
1672 – 1674: Terceira Guerra Anglo-Holandesa.
1672: Batalha de Southwold. De Ruyter derrota York e d'Estrées.
1673: Batalha de Schooneveld Bank. De Ruyter derrota Ruperto e d'Estrées.
1673: Batalha de Texel II, Camperdown. De Ruyter derrota Ruperto e d'Estrées.

CHINA

1674 – 1681: Rebelião dos Três Feudatários.
1683: Conquista chinesa de Formosa.
1696: Conquista chinesa da Mongólia.
1705: Invasão chinesa ao Tibete.
1720: Conquista chinesa do Tibete.
1740 – 1743: Guerra entre China e Indonésia.
1758 – 1759: Conquista chinesa de Kashgar.
Guerras de Luís XIV (rei da França: 1643 – 1715; regência: 1643 – 1651).
1659 – 1679: Primeiro Período.
1668: Condé conquista o Franco-Condado.
1672: França invade a Holanda, os holandeses tomam o interior, forçando a retirada no ano seguinte.
1674: Grande Aliança de Haia contra Luís XIV.
1674: Batalhas de Sinzheim e Ladenburg. Turenne derrota os imperialistas e devasta o palatinado.
1675: Batalhas de Mülhausen, Colmar, Türkheim. Turenne derrota novamente os imperialistas e força a evacuação da Alsácia.
1675: Batalha de Sasbach. Turenne é morto.
1675: Batalha de Fehrbellin. Brandemburgo vence a Suécia.
1678: Tratado de Nijmegen.
1667 – 1668: Guerra de Devolução contra a Espanha.

NAPOLEÃO

NAPOLEÃO I (NAPOLEÃO BONAPARTE) (1769 – 1821)

O maior general dos tempos modernos, Napoleão emprestou seu nome a toda uma era. Quando a Revolução Francesa estourou, ele era um tenente de artilharia no exército do país. Deixou sua marca em 1793, dirigindo as tropas no cerco de Toulon. Três anos depois, já como general, deu início a uma série de campanhas espetaculares: 1796 – 1797 na Itália; 1798 – 1799 no Egito; 1800 outra vez na Itália, após uma desafiadora marcha pelos Alpes; 1805 na Alemanha (na campanha de Ulm); 1807 na Alemanha (na Batalha de Jena); e a campanha de Eylau-Friedland, contra a Rússia. Em 1799, um golpe de Estado (18 de brumário) levou-o ao poder na França como primeiro-cônsul; cinco anos depois, coroou a si mesmo imperador. O ano de 1807 talvez tenha sido o apogeu de sua carreira. A Guerra Peninsular, que teve início em 1808, tornou-se um desgaste constante dos recursos franceses, e as coroas europeias, sempre encorajadas e com frequência financiadas por seus intransigentes inimigos britânicos, nunca foram reconciliadas durante sua dominação da Europa. Em 1809, a guerra contra a Áustria chegou a uma vitória conclusiva em Wagram. Em 1812, ele começou a guerra para garantir que o czar apoiaria seu sistema continental antibritânico. O resultado foi uma invasão épica da Rússia e uma retirada catastrófica. A partir desse momento, Napoleão manteve-se essencialmente sempre na defensiva contra um círculo cada vez maior de oponentes. Em 1813, a Batalha de Leipzig o levou a perder o controle da Alemanha. Em 1814, apesar de uma campanha brilhante contra todas as chances de vitória, Napoleão foi derrotado e forçado a abdicar. Um ano depois, retornou dramaticamente do exílio em Elba para enfrentar sua derrota final em Waterloo. Memórias escritas durante os anos de exílio em Santa Helena ajudaram a criar sua lenda. Ademais, ele era um soldado e estadista genial, cujo impacto na arte da guerra reverbera até hoje. Estrategicamente, Napoleão enfatizava a necessidade de infligir um golpe aniquilador no exército principal do oponente, mas, em vez de ser um grande inovador, mostrou como as guerras deviam ser enfrentadas – com velocidade e decisão. Suas campanhas e batalhas estavam em consonância com a intensidade de uma grande mente impondo sua vontade em uma sequência de acontecimentos voláteis e drásticos. Ambição excessiva e incapacidade de reconhecer os limites do possível foram sua ruína. Napoleão foi assassinado no cativeiro na ilha de Santa Helena, no Atlântico Sul, pelos implacáveis Bourbons.

A LINHA DO TEMPO DA HISTÓRIA MILITAR

1679 – 1697: Segundo Período:
anexações francesas (*réunions*) levam à Aliança de Haia, em 1681, de holandeses, suecos, espanhóis e o império.
1681: França invade Luxemburgo.
1684: Frota francesa bombardeia Gênova.
1689 – 1697: Guerra da Liga de Augsburgo (Guerra dos Nove Anos). Espanha, império, Suécia e Baviera aliam-se contra a França por conta da sucessão espanhola.
1688: Segunda invasão francesa do palatinado.
1688 – 1689: Segunda devastação do palatinado une a Europa contra Luís XIV.
1688: Revolução Gloriosa Inglesa: o protestante Guilherme III substitui o católico Jaime II.
Maio de 1689: Aliança de Viena. Império e Províncias Unidas recebem apoio de Inglaterra, Espanha e Saboia contra a França.
Batalhas navais da baía de Bantry e Beachy Head: Franceses derrotam Inglaterra e Holanda.
Luís XIV planeja a invasão da Inglaterra, com uma base em Cherburgo.
1692: Batalha de La Hogue. Tourville é derrotado por Russell.
1689: França invade os Países Baixos.
1692: Batalha de Steinkirk. Guilherme III sai derrotado.
1693: Batalha de Neerwinden (Landen). Guilherme III sai derrotado.
Campanha francesa na Itália:
1690: Batalha de Staffarde.
1693: Batalha de Marsaglia. Jean Bart lidera a *guerre de course* no canal.
1696 – 1697: Tratados de Turim e Ryswick.
1697 – 1715: Terceiro Período.
1700: Morte de Carlos II, da Espanha; entrega do império espanhol a Filipe, de Anjou.
1700: Brandemburgo se torna o Reino da Prússia.
1702 – 1713: Guerra da Sucessão Espanhola. Franceses invadem a Holanda.
1701: Grande Aliança de Haia contra os franceses.
1702: Batalha de Friedlingen.
1703: Batalha de Höchstadt.
1704: Batalha de Blenheim, grande vitória de Marlborough. Aliados conquistam a Baviera.
1704: Gibraltar é tomado pela Inglaterra.
1706: Batalha de Ramillies. Conquista da Bélgica para os Aliados.
1706: Batalha de Turim. Filipe V tem de abandonar Barcelona. França perde Bélgica, Milão e Espanha em um único verão.
1707: Batalha de Almanza.
1708: Batalha de Oudenarde. Aliados invadem a França.
1708 – 1714: Sardenha é uma base britânica.

153

NELSON

HORATIO NELSON, BARÃO NELSON, DO NILO (1758 – 1805)

Indiscutivelmente o maior almirante da História, Nelson tornou-se um herói popular ainda em vida, e as circunstâncias de sua morte na hora da vitória em Trafalgar o transformaram em uma lenda. Entrou para a Marinha Real em 1770 e lutou na Guerra Revolucionária Americana nas Índias Ocidentais. Em 1797, teve papel crucial na Batalha do Cabo de São Vicente. Suas grandes vitórias começaram em 1798, no Nilo (baía de Abuquir), onde destruiu a frota de Bonaparte que invadia o Egito. Em Copenhague (1801), desobedeceu a ordem de seu superior e conquistou uma vitória que colocou fim definitivo na Liga da Neutralidade Armada, antibritânica. Em Trafalgar (1805), destruiu as frotas da França e da Espanha somadas, trazendo como resultado de longo prazo a supremacia naval britânica por um século. Durante a carreira, foi gravemente ferido duas vezes: foi atingido no olho direito durante as operações na Córsega e perdeu o braço direito em Tenerife (1797). Enfatizando sobretudo a iniciativa individual, ele deixou uma influência profunda na Marinha Real Britânica.

Nelson.

Abaixo: Batalha de Trafalgar.

Enquanto os navios de linha patrulhavam e enfrentavam grandes batalhas no mar, muitos conflitos secundários ocorriam "mano a mano" nos oceanos ao redor do mundo, envolvendo fragatas e navios menores para proteger os mercadores ingleses de ataques franceses.

A LINHA DO TEMPO DA HISTÓRIA MILITAR

1708 – 1783: Minorca é uma base britânica.
1709: Batalha de Malplaquet. Vitória pírrica para Marlborough, que impede que os Aliados invadam a França.
1710: Batalha de Lérida. Filipe é derrotado.
1710: Batalhas de Brihuega, Villviciosa. Aliados são derrotados, devolução da Espanha aos Bourbons.
1711: Expedição francesa toma o Rio de Janeiro.
1712: Batalha de Denain. Villars conquista a única grande vitória da França e os Aliados perdem a coragem.
1715: Tratado de Utrecht.

AMÉRICAS
1711 – 1712: Guerra dos Tuscarora.
1702 – 1713: Guerra da Rainha Ana (Guerra da Sucessão Espanhola na Europa)
1715 – 1728: Guerra Yamassee.
1718 – 1720: Guerra Franco-Espanhola (Guerra da Quádrupla Aliança).
1721 – 5: Revolução Paraguaia.
Guerra de 1740 – 1748: Guerras do rei Jorge (Guerra de Sucessão Austríaca na Europa).

TURQUIA
Depois de Solimão, o Magnífico, o Império Otomano sofre nas mãos de uma série de governantes fracos.
1606: Fim da guerra de fronteira com os Habsburgos.
1621: Conflito turco-polonês em disputa pelo Dniestre.
1623: Abas, o Grande, da Pérsia, toma Bagdá.
1638: Murad IV (1623 – 1640) recaptura Bagdá.
1645 – 1669: Guerra turca por Creta (Guerra de Cândia).
Por volta de 1648: Império Otomano é invadido por cossacos e venezianos.
1663: Turcos invadem a Hungria, Morávia e Silésia com um grande exército; a Santa Liga é formada para se opor a eles.
1664: Batalha de São Gotardo. Exército imperial derrota os turcos.
1664: Trégua.
1669: Turcos tomam Creta e invadem a Polônia. **1672:** Tratado de Buczacz.
Ucrânia polonesa é cedida à Turquia.
1683 – 1699: Guerra Austro-Turca.
1683: Turcos invadem Viena.
1683: Batalha de Petronell. Kara Mustafa derrota Carlos, de Lorena. Cerco de 60 dias em Viena.
Batalha de Viena. João Sobieski derrota os turcos. Polônia se une à Santa Liga, que já inclui Áustria, Veneza, Malta e Rússia.
1686: Tomam Buda.

GUERRAS NAPOLEÔNICAS/AUSTERLITZ

As Guerras Napoleônicas foram, em parte, continuação do conflito que havia se iniciado com a Revolução Francesa e, em parte, resultado da ambição do general francês de criar um império e dominar a Europa. Uma série de coalisões se opôs a ele, inspiradas pela hostilidade implacável da Grã-Bretanha. Em um momento ou em outro, quase todas as nações europeias estiveram unidas contra os franceses, e a guerra continuou por territórios além-mar. Acredita-se que o ápice da carreira de Napoleão, após uma série de triunfos no campo de batalha, tenha vindo em 1807. Depois disso, a longa Guerra Peninsular (a "Úlcera Espanhola") foi um desgaste constante dos recursos franceses enquanto a Grã-Bretanha dominava os mares depois de Trafalgar. A campanha de Moscou de 1812 foi um "passo grande demais", que levou à queda inexorável de Napoleão.

Abaixo: Vista panorâmica da Batalha de Austerlitz. Diante dos olhos do imperador, as tropas francesas emergem dos vales brumosos de Pratzen Heights, dividindo o exército aliado em dois.

156

Abaixo: Napoleão comandando sua vitória em Wagram, 1809.

BATALHA DE AUSTERLITZ

Contexto: Guerra da Terceira Coalizão contra Napoleão.

Data: 2 de dezembro de 1805.

Localização: Sudeste da República Tcheca, 16 quilômetros a leste de Brno.

Comandantes/Forças: O imperador Napoleão comandou 50 mil membros da infantaria, 15 mil da cavalaria e 282 armas. O czar Alexandre, da Rússia, comandou um exército austro-russo de 70 mil membros da infantaria, 16.500 da cavalaria e 252 armas.

Objetivo: Ambos os lados buscavam uma batalha decisiva.

Baixas: Os franceses tiveram cerca de 10 mil homens mortos ou feridos; os Aliados, 16 mil, além de 20 mil levados como prisioneiros e 186 armas perdidas.

Vitória: Francesa.

Consequências: Considerada por muitos como a melhor batalha de Napoleão, Austerlitz (também conhecida como Batalha dos Três Imperadores) eliminou a Áustria da lista de oponentes de Napoleão, encerrou a Terceira Coalizão e levou à criação da Confederação do Reno.

A LINHA DO TEMPO DA HISTÓRIA MILITAR

1686: Veneza toma Moreia, Atenas e Dalmácia.

1687: Batalha de Mohács. Turcos derrotados e expulsos de forma definitiva da Hungria, que se torna um reino Habsburgo.

Por volta de 1689: Turcos voltam a tomar Nis e Belgrado.

1691: Batalha de Salankemen. Turcos saem derrotados.

1697: Batalha de Zenta. Turcos são derrotados na guerra contra Polônia, Império Austríaco, Veneza e Hungria. Terminam expulsos da Sérvia e da Bósnia.

1699: Tratado de Karlowitz.

1703: Revolta dos janízaros.

1714 – 1718: Guerra da Turquia contra Áustria e Veneza.

ORIENTE MÉDIO

1717: Revolta afegã.

1722 – 1723: Guerra Russo-Persa.

1726 – 1727; 1730 – 1736: Guerras turco--persas.

1737 – 1738: Invasão persa ao Afeganistão.

1743 – 1747: Guerra Turco-Persa.

1768 – 1774: Primeira guerra turca com Catarina, da Rússia.

1769 – 1773: Revolta egípcia.

1774: Guerra Rohilla.

1775: Invasão espanhola à Argélia fracassa.

1779 – 1794: Guerra civil na Pérsia.

1795 – 1797: Invasão persa da Geórgia.

1798: Invasão persa ao Afeganistão

ÍNDIA

1738 – 1739: Invasão persa à Índia.

1744 – 1748: Primeira Guerra Carnática.

1746: Batalha de Madras.

1748: Batalha de Pondicherry.

1749 – 1754: Segunda Guerra Carnática.

1751: Batalha de Arcot.

SUDESTE ASIÁTICO

1704 – 1705: Primeira Guerra de Sucessão Javanesa.

1714 – 1716: Guerra civil e invasão vietnamita ao Camboja.

1717: Invasão siamesa do Camboja.

1719 – 1723: Segunda Guerra de Sucessão Javanesa.

1739 – 1749: Guerra entre Camboja e Vietnã.

1740 – 1752: Revolta dos mons na Birmânia.

1749 – 1757: Terceira Guerra de Sucessão Javanesa.

WELLINGTON/WATERLOO

Wellington.

ARTHUR WELLESLEY, DUQUE DE WELLINGTON (1769 – 1852)

Vencedor da Guerra Peninsular, Wellington, o "Duque de Ferro", foi mais do que o "Sapoy General", como Napoleão o chamava. Fez seu nome na Índia, com vitórias na Guerra Anglo-Marata e nas batalhas de Assaye e Argaum. Em 1807, fez parte da expedição a Copenhague e derrotou Junot em Vimieiro. Quando voltou a Portugal, em 1809, enfrentou uma guerra de cinco anos para afastar os franceses da península. No mesmo ano, derrotou Jourdan em Talavera. Em 1810, mesmo com menos soldados do que Masséna, derrotou os franceses em Busaco antes de retornar às suas fortificadas Linhas de Torres Vedras, a norte de Lisboa. Isso frustrou os franceses, que acabaram forçados a recuar. Em uma série de vitórias – Fuentes de Oñoro (1811), Salamanca (1812) e Vitória (1813) –, levou os franceses aos Pirineus, infligindo uma derrota final em Toulouse, em 1814. Apesar dessas enormes conquistas, é mais lembrado pela vitória em Waterloo (1815), que encerrou os Cem Dias de Napoleão. Depois da guerra, tornou-se famoso por toda a Europa. Menos lembrado, entretanto, é seu papel como primeiro-ministro da Grã-Bretanha entre 1828 e 1830. Seu legado de oposição à modernização do exército teria contribuído para as deficiências do Exército Inglês

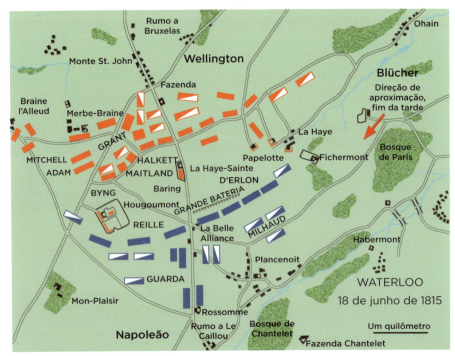

durante a Guerra da Crimeia. Durante as Guerras Napoleônicas, contudo, ele se provou o maior general britânico desde Marlborough. Sua paciência, seu olhar afiado para o terreno e a habilidade de usar as tropas britânicas para destruir as colunas francesas foram todas características essenciais para seu sucesso como general.

Acima: A cavalaria pesada britânica ataca os couraceiros franceses em Waterloo.

BATALHA DE WATERLOO

CONTEXTO:	Cem Dias de Napoleão.
DATA:	18 de junho de 1815.
LOCALIZAÇÃO:	25 quilômetros ao sul de Bruxelas.
COMANDANTES/FORÇAS:	O imperador Napoleão I comandou o exército francês do norte (cerca de 72 mil homens e 236 armas). O Duque de Wellington comandou o Exército Aliado (anglo-neerlandês), com aproximadamente 82 mil membros de infantaria, 14.500 de cavalaria e 204 armas, reforçado posteriormente pelo Exército da Prússia (50 mil homens), comandado pelo Marechal Blücher.
OBJETIVOS:	Napoleão buscava derrotar o exército de Wellington, abrir caminho para Bruxelas e destruir a coalizão que se posicionava contra ele.
BAIXAS:	42 mil franceses foram mortos, feridos ou desapareceram; 15 mil membros do Exército Aliado foram mortos, feridos ou desapareceram; 7 mil baixas no Exército da Prússia.
VITÓRIA:	Aliados.
CONSEQUÊNCIAS:	A derrota decisiva de Napoleão I, que abdicou quatro dias depois.

A LINHA DO TEMPO DA HISTÓRIA MILITAR

1755 – 1760: Ofensiva do Vietnã contra Camboja.
1760: Invasão birmanesa a Sião.
1764 – 1767: Invasão birmanesa a Sião.
1765 – 1769: Guerra entre China e Birmânia.
1769 – 1773: Guerra Siamesa-Vietnamita
1773 – 1801: Guerra civil no Vietnã.
1775 – 1776: Guerra Birmano-Siamesa.
1778: Invasão siamesa ao Laos.
1780 – 1782: Invasão siamesa do Vietnã.
1784 – 1785: Birmânia conquista Arracão.
1785 – 1792: Guerra Birmano-Siamesa.
1655 – 1660: Guerra do Norte.
1656: Tratado Secreto de Marienburg. Brandemburgo e Suécia concordam com a partilha da Polônia.
1655 – 1657: A invasão de Carlos X da Suécia à Polônia fracassa.
1657 – 1658: Invasão sueca da Dinamarca leva a um tratado.
1658 – 1659: Segunda invasão sueca da Dinamarca. Carlos sitia Copenhague, mas por fim se rende a holandeses, poloneses, austríacos e dinamarqueses. Ele acaba morto.
1660: Tratados de Oliva e Copenhague.
Suécia se envolve nas guerras contra Luís XIV; conflito russo-polonês continua até 1667.
1675: Batalha de Fehrbellin. Eleitor de Brandemburgo derrota Suécia, o que marca o início do declínio militar do país. Dinamarca, Brandemburgo e Áustria estão em guerra com a Suécia.

AS GUERRAS DE CARLOS XII

1700 – 1721: A Grande Guerra do Norte.
1700: Carlos força a paz sobre os dinamarqueses.
1700: Batalha de Narva. Carlos derrota Rússia e ocupa a Curlândia e Riga.
1702: Carlos invade a Polônia e chega a Varsóvia.
1702: Batalha de Kliszów. Carlos derrota Augusto da Polônia. Por volta de 1705, os suecos conquistam a Polônia. Enquanto isso, Pedro, o Grande, da Rússia, conquista Livônia e Estônia.
1706: Batalha de Fraustadt. Suécia vence poloneses, russos e alemães.
1706: Carlos invade a Saxônia.
1707: Suécia assina tratado com Augusto da Polônia e com os Habsburgos.
Abril de 1707: Marlborough visita Carlos em Altranstadt.
1707 – 1709: Carlos invade a Rússia.
1708: Batalha de Holowczyn.
1709: Batalha de Poltava. Pedro, o Grande, derrota Carlos de forma decisiva, e esse último passa cinco anos enfraquecido na Turquia.

SOLFERINO/ISLY/GARIBALDI

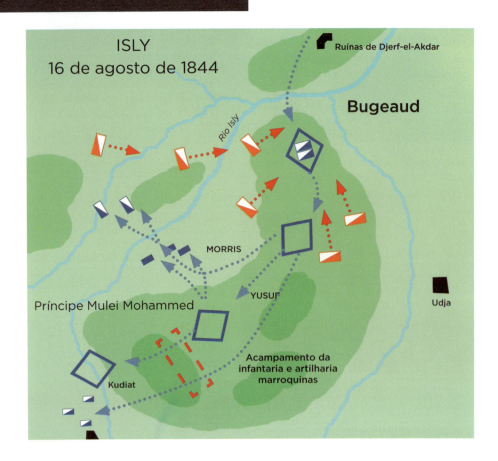

Napoleão III na Batalha de Solferino.

Giuseppe Garibaldi (1807 – 1882), líder da guerrilha pela unificação da Itália. Tornou-se um herói popular.

BATALHA DE ISLY

CONTEXTO: Conquista francesa da Argélia.

DATA: 14 de agosto de 1844.

LOCALIZAÇÃO: Leste do Marrocos.

COMANDANTES/FORÇAS: O Marechal Bugeaud, comandando 8 mil membros da infantaria e cavalaria francesas. O príncipe argelino Muley-Mohammed com até 40 mil argelinos e marroquinos.

OBJETIVOS: Franceses buscavam conquistar o interior da Argélia. O líder argelino teve de atravessar a fronteira e chegar ao Marrocos, onde o sultão Abd al-Rahman se uniu a ele.

BAIXAS: As francesas são desconhecidas; cerca de 1.500 argelinos e marroquinos.

VITÓRIA: Francesa.

CONSEQUÊNCIAS: França conquistou o controle completo da Argélia; Abd el-Kader se rendeu três anos depois.

A LINHA DO TEMPO DA HISTÓRIA MILITAR

1710: Turquia se une à guerra contra a Rússia.
1711: Paz do Prut.
1712: Dinamarqueses invadem Bremen.
1712: Batalha de Gadebusch. Os suecos saem vitoriosos, mas, posteriormente, são forçados a se render a forças superiores em Tönning.
Rússia invade a Finlândia. Suécia deixa de ser uma potência na Alemanha.
1709 – 1713: Carlos permanece em Bender.
1713: Carlos é sitiado por Kalibalik e feito prisioneiro.
1713: Tratado de Adrianópolis dá fim à guerra entre Rússia e Turquia.
1714: Carlos retorna clandestinamente à Suécia.
1715: Cerco de Stralsund. Carlos enfrenta os exércitos da Rússia, Prússia, Polônia, Saxônia, Hanover e Dinamarca.
1719: Carlos invade a Noruega e é morto no cerco de Fredriksten.
1721: Tratado de Nystadt encerra a Grande Guerra do Norte.

GRÃ-BRETANHA

1679: Levante dos Covenanters Escoceses
1679: Batalha de Dumclog. Covenanters escoceses são derrotados.
1679: Batalha de Bothwell Bridge. Levante dos covenanters é suprimido.
1685: Rebelião Monmouth.
1685: Batalha de Sedgemoor. Falso Monmouth é derrotado e capturado.
1688 – 1691: Guerra da Revolução Inglesa
1689: Londonderry é sitiada por Jaime II, mas não chega a ser tomada.
1689: Batalha de Killiecrankie. Highlanders preparam uma emboscada para a força do governo.
1689: Batalha de Dunkeld.
1690: Batalha de Boyne. Guilherme III derrota Jaime II de forma decisiva.
1691: Batalha de Aughrim. Rebeldes irlandeses são dispersos.
1692: Batalha de Glencoe. Ataque traiçoeiro do governo contra os Macdonalds massacra 38.
1715: Levantes Jacobitas.
1715: Batalha de Sheriffmuir. Indecisiva.
1715: Batalha de Preston. Rebeldes são derrotados.
1745-6: Levante Jacobita.
1745: Prestonpans. Carlos Eduardo Stuart derrota força do governo, depois vai para a Inglaterra.
1746: Batalha de Falkirk. Murray lidera os jacobitas em sua última vitória.

161

GUERRA MEXICANO-AMERICANA/ BOLÍVAR

Acima: A Guerra Mexicano-Americana – ação durante a tomada de Monterey pelas tropas americanas do General Zachary Taylor, em 1846, que facilitou o avanço das forças americanas no México.

SIMÓN BOLÍVAR (1783 – 1830), "O LIBERTADOR"

Bolívar foi o herói revolucionário das guerra de independência latino-americanas. De uma família crioula abastada da Venezuela, foi muito influenciado pela ideia napoleônica do destino e pelo *ethos* da Revolução Francesa. Participou na malfadada primeira tentativa de Miranda, depois se tornou líder do movimento. Nos primeiros anos, não obteve sucesso, mas, em 1816, deu início a uma campanha de dois anos que conquistou a independência da Venezuela. Então, entrou na Colômbia e no Equador para organizar a nova nação da Grã-Colômbia. Em seguida, vieram dois anos de luta no Peru e na Bolívia, e a rendição dos espanhóis a seu chefe do Estado-maior, Sucre, em 1824. O trabalho pelo qual Bolívar ficou conhecido agora estava concluído. Depois disso, vieram desacordos alimentados pelo republicanismo autoritário do próprio herói revolucionário, que funcionaram como uma espécie de presságio das guerras civis que atormentariam a América do Sul.

A LINHA DO TEMPO DA HISTÓRIA MILITAR

Abaixo: General Winfield Scott (1786 – 1866), vencedor de Contreras e Churubusco, batalhas nas quais seu uso superior da artilharia e seus ataques pelos flancos mantiveram as baixas americanas em um décimo em comparação às baixas mexicanas. Herói americano, apesar das discordâncias e disputas políticas, ele permaneceu leal à causa Federal durante a Guerra Civil, mesmo sendo da Virgínia, e criou o "Plano Anaconda" para dividir e bloquear o sul.

1746: Batalha de Culloden. Falso "Bonnie Prince Charlie" é derrotado de forma decisiva pelo Duque de Cumberland.

RÚSSIA

1695 – 1696: Conquista russa de Azov.

1698 – 1699: Revolta dos Streltsy na Rússia (ver Grande Guerra do Norte antes).

1710 – 1711: Guerra Russo-Turca.

1703 – 1711: Revolta húngara.

1716 – 1718: Guerra Austro-Turca.

1717: Batalha de Belgrado. Príncipe Eugênio, de Saboia, do exército austríaco derrota os turcos.

1727 – 1729: Guerra espanhola com a Grã--Bretanha e a França.

1735 – 1737: Guerra entre Espanha e Portugal.

1736 – 1739: Guerra Russo-Turca.

1737 – 1739: Guerra Austro-Turca.

1739 – 1743: Guerra da Orelha de Jenkins entre ingleses e espanhóis.

1733 – 1739: Guerra de Sucessão da Polônia. O conflito acontece na Polônia, no Reno, no norte da Itália, Sicília e em Nápoles. O governo do Reino de Nápoles é transferido dos Habsburgos para os Bourbons.

1740 – 1748: Guerra de Sucessão da Áustria.

1741: Batalha de Mollwitz. Prússia derrota os austríacos.

1743: Batalha de Dettingen. Rei Jorge II, da Grã--Bretanha, derrota os franceses; é a última batalha comandada por um monarca britânico.

1745: Batalha de Hohenfriedberg. Frederico, o Grande, da Prússia, derrota os austro-saxões.

1745: Batalha de Fontenoy. Exército francês de De Saxe derrota o exército aliado de Cumberland.

1745: Batalha de Sohr. Frederico, o Grande, da Prússia, derrota os austríacos.

1747: Batalha de Laffeldt. Conde Maurício De Saxe, da França, derrota os Aliados.

1741 – 1743: Guerra Russo-Sueca.

1756 – 1763: Guerra dos Sete Anos.

1756: Batalha de Lobositz. Frederico, o Grande, da Prússia, derrota os austríacos.

1757: Batalha de Praga. Frederico, o Grande, da Prússia, derrota os austríacos.

1757: Batalha de Kolin. O Marechal Leopold von Daun da Áustria derrota a Prússia de Frederico, o Grande.

1757: Batalha de Rossbach. Frederico, o Grande, da Prússia, derrota os franco-austríacos.

1757: Batalha de Leuthen. Frederico, o Grande, da Prússia, derrota os austríacos.

1758: Batalha de Zorndorf. Frederico, o Grande, da Prússia, derrota os russos.

Abaixo: A Batalha de Churubusco, travada no mesmo dia da Batalha de Contreras, em 20 de agosto de 1847, foi parte dos conflitos enfrentados pelos americanos durante a aproximação da Cidade do México.

163

GUERRA DA CRIMEIA

A LINHA DO TEMPO DA HISTÓRIA MILITAR

1758: Batalha de Hochkirch. Marechal Leopold von Daun, da Áustria, derrota Frederico, o Grande.

1759: Batalha de Minden. Duque Fernando de Brunswick leva os aliados a derrotar os franceses.

1759: Batalha de Kunersdorf. O Tenente-general Gideon von Laudon, da Áustria, e o Conde Peter Soltikov, da Rússia, derrotam os prussianos.

1760: Batalha de Warburg. Anglo-prussianos sob o comando do Duque Fernando, de Brunswick, derrotam os franceses.

1760: Batalha de Liegnitz. Frederico, o Grande, escapa do cerco austro-russo.

1760: Batalha de Torgau. Frederico, o Grande, da Prússia, derrota os austríacos.

Guerra dos Sete Anos na Índia

1756: Buraco Negro de Calcutá.

1757: Clive captura Calcutá e vence a Batalha de Plassey, impondo controle britânico sobre Bengala.

AMÉRICAS

1754 – 1763: Guerra entre franceses e índios na América do Norte (correspondente à Guerra dos Sete Anos na Europa).

9 de agosto de 1757: Forte William Henry.

3 a 20 de junho de 1758: Louisburg.

8 de julho de 1758: Forte Ticonderoga.

24 de novembro de 1758: Forte Duquesne.

13 de setembro de 1759: Wolfe toma Quebec.

1763: Rebelião de Pontiac.

1768 – 1772: Guerra Civil Polonesa leva à invasão russa e primeira divisão da Polônia.

1768 – 1774: Guerra Russo-Turca.

1776 – 1777: Guerra entre Espanha e Portugal.

1777 – 1779: Guerra da Sucessão da Baviera.

1787 – 1791: Guerra Austro-Turca.

1788 – 1790: Guerra sueca contra Rússia e Dinamarca.

1792 – 1795: Invasão russo-prussiana e segunda divisão da Polônia.

ÍNDIA

1766 – 1769: Primeira Guerra Mysore.

1771: Guerra Mysore-Marata.

1779 – 1782: Primeira Guerra Marata.

1780 – 1783: Segunda Guerra Mysore.

1789 – 1792: Terceira Guerra Mysore.

1790: Batalha de Calicute.

1791: Batalha de Bangalore.

1792: Batalha de Seringapatam.

1795 – 1796: Expedição britânica ao Ceilão.

1799: Quarta Guerra Mysore.

O ataque da Brigada Pesada durante a Batalha de Balaclava, em 25 de outubro de 1854. Essa foi uma ação muito bem-sucedida, um claro contraste com a mais famosa investida da Brigada Ligeira: a cavalaria de Scarlett conduziu cerca de 2 mil russos à luta, ao custo de 78 baixas britânicas.

Segundo avanço das Guardas na Batalha de Inkerman, quando elas retomaram a bateria de duas armas. Terceira batalha mais significativa da Guerra da Crimeia, Inkerman foi travada sob forte neblina, e os Aliados detiveram os esforços ousados dos russos de invadir o cerco de Sebastopol.

GUERRA CIVIL AMERICANA

Maior guerra entre o Período Napoleônico e a Primeira Guerra Mundial, a Guerra Civil Americana, ou Guerra de Secessão, provocou aproximadamente 600 mil mortes. Os lados opostos eram desiguais: o norte (União), mais urbano e industrializado, contava com uma população de 23 milhões; o sul (Confederação), em grande parte agrário e dominado por plantações, tinha apenas 9 milhões. A guerra teve duas frentes. No leste, entre as duas capitais, o Exército da Virgínia do Norte, sob a liderança inspiradora de Robert E. Lee, provou-se superior aos generais da União. No oeste, a tomada de Vicksburg permitiu à União dividir o sul, levando à Marcha ao Mar, que atravessou o coração da exausta Confederação.

THOMAS "STONEWALL" JACKSON (1824 – 1863)

A alcunha de Stonewall ("Muralha de Pedra"), o mais capacitado dos generais de Lee, vem de sua sólida defesa na Primeira Batalha de Bull Run (1861), o primeiro confronto da Guerra Civil Americana. Sua parceria com Robert E. Lee no Exército da Virgínia do Norte foi im-

Jackson "Stonewall".

A Batalha de Cross Keys, em 8 de junho de 1862, vista a partir da posição da União. Essa foi a penúltima ação na brilhante campanha de Jackson no vale do Shenandoah.

Abaixo: Seção norte do campo de batalha de Antietam, com vista para a fazenda Roulette. As tropas da União avançam, vindo da direita.

batível, e Stonewall desempenhou papéis fundamentais na Segunda Batalha de Bull Run (1862), Antietam (1862), Fredericksburg (1862) e Chancellorsville (1863). O ponto alto de sua carreira, a campanha do vale do Shenandoah, ocorrida no verão de 1862, continua sendo um modelo da arte da guerra. Jackson foi morto acidentalmente por seus próprios soldados durante a Batalha de Chancellorsville.

ROBERT E. LEE (1807 – 1870)

Comandante supremo do Exército Confederado durante a Guerra Civil Americana, Lee foi possivelmente o maior soldado desde Napoleão. Serviu na Guerra Mexicano-Americana e reprimiu a insurreição de John Brown em Harpers Ferry, em 1859. Designado comandante-chefe do exército da Virgínia no início da guerra civil, ele exerceu o comando no campo em março de 1862, organizando o famoso Exército da Virgínia do Norte e obtendo uma série de vitórias, incluindo as Batalhas dos Sete Dias (1862), Segunda Batalha de Bull Run (1862), Fredericksburg (1862) e Chancellorsville (1863). Suas invasões ao Norte foram fracassadas em Antietam (1862) e Gettysburg (1863), e suas campanhas posteriores, em defesa de Petersburg e Richmond, foram enfrentadas contra todas as chances de vitória. Lee era adorado por seus homens e continua sendo um símbolo do Sul.

Robert E. Lee.

A LINHA DO TEMPO DA HISTÓRIA MILITAR

6 de abril a 3 de maio de 1799: O general britânico Wellesley toma Seringapatam, encerrando o terceiro conflito com Tipu Sahib.
1803 – 1805: Segunda Guerra Marata.
23 de setembro de 1803: Assaye. Wellesley surpreendentemente derrota os maratas em uma luta sangrenta.
1817 – 1818: Terceira guerra entre britânicos e maratas.

AMÉRICAS

1769 – 1799: Guerra Yankee-Pennamite entre colonos do vale do Wyoming.
1775 – 1786: Guerra da Independência Americana.
1775: Batalha de Lexington. Britânicos sobrevivem aos ataques de milícias americanas.
1775: Batalha de Bunker Hill. Gage e Howe, da Grã-Bretanha, derrotam os americanos.
1775: Batalha de Quebec. Carleton, da Grã-Bretanha, derrota os americanos.
1776: Batalha de Long Island. Howe derrota os americanos.
1776: Batalha de White Plains. Howe derrota os americanos.
1776: Batalha de Trenton. George Washington derrota os britânicos.
1777: Batalha de Princeton. Washington derrota os britânicos.
1777: Batalha de Brandywine. Howe derrota os americanos.
1777: Batalha de Germantown. Howe derrota os americanos.
1777: Batalhas de Saratoga, Freeman Farm e Bemis Heights. Derrota britânica. Foi o ponto de virada da guerra.
1778: Batalha de Monmouth. Clinton, da Grã-Bretanha, evita que os americanos alcancem seus objetivos.
1781: Batalha de Guildford Court House. Cornwallis, da Grã-Bretanha, derrota os americanos.
1779 – 1783: Cerco de Gibraltar. Eliott, da Grã-Bretanha, derrota os franceses e espanhóis.
1779: Batalha de Savannah. Prevost, da Grã-Bretanha, derrota os americanos.
1780: Batalha de Charleston. Clinton derrota os americanos.
1780: Rodney derrota os espanhóis na Batalha Naval de São Vicente.
1780: Batalha de Waxaws. Tarleton lidera britânicos e monarquistas e derrota os americanos.
1780: Batalha de Camden. Cornwallis derrota os americanos.

167

GUERRA CIVIL AMERICANA

Acima: Três dos comandantes do Exército do Potomac, da União. Da esquerda para a direita: Ambrose Everett Burnside, derrotado em Fredericksburg; Joseph Hooker, derrotado em Chancellorsville; George Gordon Meade, vitorioso em Gettysburg; e William Tecumseh Sherman, amigo e tenente de Grant e cuja Marcha ao Mar, nos meses de novembro e dezembro de 1864, foi o "movimento de pinça" no sul da última estratégia da União, complementando o avanço de Grant rumo a Richmond, a capital Confederada.

A luta violenta mano a mano caracterizou o "Bloody Angle" no densamente arborizado campo de batalha de Spotsylvania, em 1864, o segundo encontro entre Lee e Grant após a Batalha de Wilderness.

Acima: Infantaria Confederada em ação. Tropas de Cobb e Kershaw atrás da muralha de pedra de Fredericksburg, 1862.

Em 16 de abril de 1863, a flotilha de Porter chega a Vicksburg, onde consegue atravessar com sucesso as baterias Confederadas. A tomada de Vicksburg pelo Norte dividiu a Confederação em duas.

Tropas Federais de Hooker atacam as encostas acidentadas da montanha Lookout durante a Batalha de Chattanooga, em 1863, a última grande vitória de Grant antes de ser designado general-comandante do Exército da União.

A LINHA DO TEMPO DA HISTÓRIA MILITAR

1789: Batalha de King's Mountain. Coronéis John Sevier, Isaac Shelby e Richard Campbell derrotam os monarquistas britânicos.

1781: Batalha de Cowpens. Morgan, da América, derrota os britânicos.

1781: Batalha de Yorktown. Washington e Jean-Baptiste de Rochambeau, da França, derrotam os britânicos. A rendição inglesa foi o tiro de misericórdia ao domínio britânico.

1781: Batalha de Eutaw Springs. O Tenente-coronel Alexander Stewart derrota os americanos.

1792 – 1799: Guerras Revolucionárias e Napoleônicas Francesas.

1792 – 1798: Guerra da Primeira Coalizão.

20 de setembro de 1792: Batalha de Valmy, indecisiva, mas os prussianos recuam e a República Francesa sobrevive.

1792: Batalha de Jemappes. Primeira vitória de uma ofensiva francesa na guerra.

27 de agosto a 19 de dezembro de 1793: Toulon é sitiada pelos franceses e a tropa é tomada pelos monarquistas com apoio naval. Esse movimento é significativo para o comando da artilharia francesa realizado por Bonaparte.

26 de junho de 1794: Fleurus. Os franceses de Jourdan derrotam os austríacos, levando à tomada da Holanda.

1796 – 1797: Primeira campanha italiana de Bonaparte.

10 de maio de 1796: Lodi. Bonaparte derrota e ultrapassa os austríacos, o que o leva a tomar Mântua.

15 a 17 de novembro de 1796: Arcola. Bonaparte derrota os austríacos.

14 de janeiro de 1797: Rivoli. Bonaparte derrota última tentativa dos austríacos de aliviar Mântua, que se encontra sitiada.

12 de junho de 1798: Batalha de Vinegar Hill. Rebelião na Irlanda chega ao fim.

1798 – 1801: Expedição francesa ao Egito.

21 de julho de 1798: Batalha das Pirâmides. Bonaparte derrota os governantes mamelucos do Egito.

Março a maio de 1799: Bonaparte tenta cercar Acre, mas fracassa.

25 de julho de 1799: Batalha do Nilo. Nelson destrói a frota de Bonaparte.

21 de março de 1801: Alexandria. Tropa francesa no Egito é derrotada por uma força expedicionária britânica comandada por Abercromby.

1798 – 1800: Guerra da Segunda Coalizão.

14 de junho de 1800: Marengo. Vitória apertada de Bonaparte contra os austríacos após a épica marcha pelos Alpes, rumo à Itália.

3 de dezembro de 1800: Hohenlinden. Vitória francesa sobre a Áustria na Alemanha.

1805 – 1806: Guerra da Terceira Coalizão

► TECNOLOGIA DA GUERRA CIVIL AMERICANA

AS TRANSFORMAÇÕES NA TECNOLOGIA DE GUERRA

A Guerra Civil Americana representa um momento-chave na história militar, a partir do qual a tecnologia passou a impactar muito significativamente as táticas. Melhorias nas armas portáteis e na artilharia significavam que os manuais-padrão de infantaria cada vez mais se mostravam inadequados para as condições emergentes do campo de batalha da Guerra de Secessão. A manobra formal, ombro a ombro, expunha as tropas ao fogo rápido, preciso e de longa distância disparado por uma arma portável, e foram os ataques com baionetas contra as linhas de infantaria que produziram as terríveis mortes características da ação ofensiva durante os primeiros anos da disputa. Ao fim de 1863, ficava cada vez mais evidente que os tempos de guerra aberta agora abriam caminho para uma nova forma de conflito, na qual os defensores lutavam exclusivamente atrás de trincheiras e fortificações; atacá-los era um problema cuja solução estaria por vir. Ao fim do século XIX, as armas de fogo sofreriam uma revolução, tornando suicidas as formações de batalha de ordem unida. No entanto, as maiores potências do mundo demorariam a perceber isso, conforme as mortes na Guerra dos Bôeres e na Guerra Russo-Japonesa demonstrariam.

Mosquete raiado Enfield 1853.

ARMAS DE FOGO

A arma básica da infantaria, para ambos os lados, era o mosquete. Com o avanço da guerra, os soldados trocaram suas armas de cano liso por outras mais modernas. Armas com carregamento pela culatra, de tiro único ou de tiros múltiplos (de repetição) já existiam quando a guerra teve início. Em dezembro de 1864, o Chefe do Departamento de Material Bélico dos Estados Unidos reconheceu a superioridade das armas com carregamento pela culatra tanto para a infantaria quanto para a cavalaria. Elas permitiam que um soldado carregasse a arma enquanto estivesse deitado de bruços, o que significava uma vantagem enorme durante o conflito à queima-roupa. Os três tipos principais de armas de repetição carregadas pela culatra eram os revólveres Colt de 5 ou 6 tiros, o incrível fuzil Henry de 16 tiros e, o mais comum deles, o Spencer de 7 tiros (que vinha tanto em modelo rifle quanto carabina), esse último usado pela cavalaria.

Revólver Navy Colt.

Carabina de repetição Spencer.

O morteiro da União batizado de Dictator.

ARTILHARIA

De ambos os lados, poucas armas eram rifles modernos com 2 quilômetros de alcance. Quando a guerra começou, existiam apenas 7 baterias de artilharia de 4 bocas em todo o exército americano, e todas as armas eram mosquetes com alcance máximo de cerca de 1 quilômetro. Consequentemente, as primeiras baterias usavam uma mistura desorientada de armas, com unidades individuais de pelo menos três tipos diferentes. Com o passar do tempo, a superioridade industrial do Norte exerceu sua influência. Ambos os exércitos descartaram os canhões de 6 libras. Três outros tipos de armas passaram a predominar: o canhão de 12 libras de Napoleão, o rifle de 3 polegadas e o canhão Parrot de 10 libras. O Sul dependia da manufatura interna, da entrega de armas através do bloqueio e, mais importante, da captura do campo de batalha. Entre os tipos de artilharia de cerco estavam obuses de 8 e 10 polegadas, de cano liso, carregados pela boca, com alcance de aproximadamente 1,8 quilômetro. Também havia morteiros de 8 e 10 polegadas. A falta de mobilidade das armas de cerco limitava muito sua utilidade.

Canhão raiado Griffen de 3 polegadas, a arma mais amplamente utilizada na guerra.

A LINHA DO TEMPO DA HISTÓRIA MILITAR

1804: Napoleão coroa a si mesmo imperador dos franceses.
1805: Rendição de Ulm. Cercado, Mack rende um exército austríaco a Napoleão.
1805: Batalha de Trafalgar. Nelson derrota as frotas de França e Espanha combinadas. Grã-Bretanha atinge o domínio dos mares.
1805: Batalha de Austerlitz. Napoleão derrota o exército austro-russo.
1806 – 1807: Guerra da Quarta Coalizão.
1806: Batalhas de Jena e Auerstadt. Napoleão derrota a Prússia.
1807: Batalhas de Eylau e Friedland. Napoleão derrota a Rússia.
1807: Tratado de Tilsit confirma o domínio de Napoleão sobre o noroeste da Europa.
1809: Guerra da Quinta Coalizão.
1809: Batalhas de Aspern-Essling e Wagram. Napoleão derrota o Arquiduque Carlos da Áustria após o revés inicial.
1812 – 1814: Guerra da Sexta Coalizão.
1812: Napoleão invade a Rússia e impõe medidas do Sistema Continental contra a Grã-Bretanha. Batalha de Borodino. Napoleão derrota os russos e ocupa Moscou. O czar não se mostra disposto a chegar a um acordo de paz. Napoleão é forçado a fazer uma retirada desastrosa, agravada pelo inverno. A maior parte de seu exército é dizimada.
1813: Batalha de Leipzig (Batalha das Nações). Napoleão é derrotado pelos exércitos da Áustria, Rússia, Prússia e Suécia.
1814: Campanha da França. A brilhante campanha defensiva de Napoleão não consegue evitar que os Aliados se reúnam em Paris. Napoleão abdica e é enviado a Elba.
1807 – 1814: Guerra Peninsular.
19 de julho de 1808: Baylen. Surpreendente rendição de 28 mil franceses aos espanhóis, que acabam com o "mito" da invencibilidade francesa.
21 de agosto de 1808: Vimiero. Força expedicionária britânica sob o comando de Wellesley derrota Junot. Na convenção escandalosa de Cintra, realizada por superiores de Wellesley, a vitória é desperdiçada. No ano seguinte, Napoleão lidera pessoalmente o exército francês na península.
16 de janeiro de 1809: Corunha. A ação de Moore permite a evacuação das forças expedicionárias britânicas pelo mar.
27 a 28 de julho de 1809: Talavera. Wellesley derrota do exército francês de Victor.
27 de setembro de 1809: Busaco. Wellesley (agora Wellington) rechaça Masséna.
Inverno de 1809 – 1810: Wellington constrói as linhas defensivas de Torres Vedras a norte de Lisboa.

TECNOLOGIA DA GUERRA CIVIL AMERICANA

CIÊNCIA DA GUERRA

As contribuições da Guerra de Secessão para a indústria bélica incluem o surgimento de novos itens e a difusão de outros que foram empregados em larga escala pela primeira vez – rifles, estradas de ferro, navios a vapor, certos tipos de armadura, balões de observação, submarinos, guerra de minas, torpedos, obstáculos feitos com arame farpado, fotografia em grande escala e a trincheira transversal, uma invenção de engenharia dos Confederados. Ademais, a comunicação por telégrafo foi usada tanto estratégica quanto taticamente.

As criações mais importantes da guerra estão ligadas ao trabalho no campo. Em 1864, na presença do inimigo, a infantaria imediatamente começava a preparar o terreno assim que os soldados ocupassem uma posição. Os homens reuniam trilhos de cerca, pedras, madeira e outros materiais. Atrás dessa linha, usavam quaisquer ferramentas disponíveis, mesmo que fosse a própria baioneta, para escavar uma rasa trincheira. Uma hora de trabalho produzia uma defesa à prova de balas para uma fileira de soldados ajoelhados. Em um dia, os homens completavam uma boa linha de trincheiras e proteções para armas. Em dois dias, acrescentavam uma base para a infantaria com a artilharia posicionada. No terceiro dia, a posição incluía abatis, baterias entrincheiradas e fortificações para proteger reservas. Oficiais experientes reconheciam que um defensor atrás das fortificações equivalia a três agressores em campo aberto.

O futuro deveria ter ficado claro já em 3 de junho de 1864. Naquele dia, em Cold Harbor, os soldados de Grant atacaram as fortificações dos Confederados. Cerca de 7 mil soldados da União caíram, a maior parte dentro de 8 minutos. As baixas totais dos defensores naquele dia foram pouco menos de 1.500. Esse assalto malfadado foi um prenúncio dos ataques inúteis da Primeira Guerra Mundial. Infelizmente, entretanto, nenhum oficial europeu estava atento aos acontecimentos.

Forte Mahone, em Petersburg, que se assemelha à paisagem da Frente Ocidental da Primeira Guerra Mundial.

ULYSSES S. GRANT (1822 – 1885)

Foi o maior general do Norte durante a Guerra Civil Americana. Grant lutou na Guerra Mexicano-Americana e serviu no teatro de operações no oeste, tomando Fort Donelson em 1862. Venceu em Shiloh (1862) e após uma longa campanha capturou Vicksburg, em 1863. Em março de 1864, recebeu o comando dos exércitos da União e idealizou a estratégia que levou o Norte à vitória. Os ataques decisivos foram feitos no oeste enquanto Grant pressionava Lee em Petersburg e Richmond até que as condições de combate se tornassem quase estáticas – um aperitivo da Primeira Guerra Mundial. Ele recebeu a rendição do general da Confederação em Appomattox Court House, em 9 de abril de 1865. Grant foi o 18º Presidente dos Estados Unidos, cargo que exerceu por dois mandatos, entre 1869 e 1877.

A LINHA DO TEMPO DA HISTÓRIA MILITAR

3 a 5 de maio de 1811: Fuentes de Oñoro. Wellington repele Masséna.

16 de maio de 1811: Albuera.

7 a 19 janeiro de 1812: Cidade Rodrigo é cercada e tomada por Wellington.

16 de março a 6 de abril de 1812: Badajoz é cercada e tomada por Wellington.

22 de julho de 1812: Salamanca. Wellington derrota Marmont, liberando o acesso à estrada para Madri.

21 de junho de 1813: Vitória. Wellington derrota o rei D. José (Bonaparte) e o Marechal Jourdan, encerrando o controle francês da Espanha.

10 de abril de 1814: Toulouse. Depois de atravessar os Pirineus, Wellington derrota Soult, encerrando a Guerra Peninsular. Napoleão abdica no dia seguinte.

1815: Os Cem Dias.

1815: Napoleão retorna à França. Batalhas de Quatre Bras e Ligny contra a Grã-Bretanha e a Prússia não são decisivas. Batalha de Waterloo. Wellington e Blücher derrotam de forma definitiva Napoleão, que abdica novamente e é enviado a Santa Helena.

1812 – 1814: Guerra Anglo-Americana (Guerra de 1812).

As grandes fragatas da jovem Marinha dos Estados Unidos vencem uma série de conflitos, incluindo Constitution v. Guerriere, United States v. Macedonian, Hornet v. Peacock e Constitution v. Java, mas o HMS Shannon captura o USS Chesapeake.

11 de novembro de 1813: Crysler's Farm. Segunda invasão norte-americana ao Canadá é repelida.

5 de julho de 1814: Chippewa. Vitória dos Estados Unidos na fronteira canadense.

25 de julho de 1814: Lundy's Lane. Invasão americana a Ontário é repelida.

24 de agosto de 1814: Bladensburg. Estados Unidos não conseguem evitar que os britânicos cheguem a Washington.

8 de janeiro de 1815: Nova Orleans. Jackson afasta os britânicos após um acordo de paz entre Grã-Bretanha e Estados Unidos.

EUROPA

1808: Guerra Russo-Finlandesa.

1804 – 1813: Insurreição sérvia.

1815 – 1817: Insurreição sérvia.

1806 – 12: Guerra Russo-Turca.

1820: Revolução Napolitana.

1821: Revolução da Sardenha.

1821 – 1823: Guerra Russo-Persa.

1821 – 1828: Guerra da Independência Grega.

1821: Batalha de Navarino.

GUERRA CIVIL AMERICANA

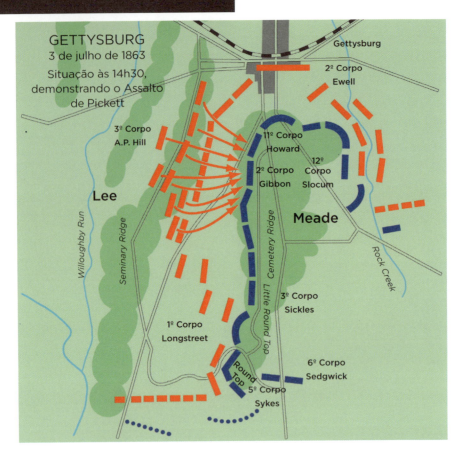

Batalha de Gettysburg, conforme representada em uma ilustração da época.

Bateria de artilharia da União em Gettysburg, a batalha que terminou com a segunda invasão de Lee ao Norte.

BATALHA DE GETTYSBURG

Contexto:	Guerra Civil Americana.
Data:	1 a 3 de julho de 1863.
Localização:	Sul da Pensilvânia.

Comandantes/Forças: George Meade comandou o exército de Potomac, da União, com aproximadamente 96 mil homens. Robert E. Lee comandou o Exército do Norte da Virgínia, Confederado, com cerca de 75 mil homens.

Objetivos: Ao levar a guerra para o norte, Lee buscava provocar uma derrota decisiva do exército de Potomac, que vinha tentando interceptá-lo.

Baixas: A União teve cerca de 3 mil mortos, 15 mil feridos e 5 mil desaparecidos. Os Confederados tiveram por volta de 4 mil mortos, 19 mil feridos e 5 mil desaparecidos.

Vitória: União.

Consequências: Lee sofreu baixas insustentáveis. O clímax da batalha, um ataque de Pickett, foi chamado de "maré alta da Confederação"; dali em diante, o Sul ficaria totalmente na defensiva, tornando esse, em conjunto com a queda de Vicksburg no dia seguinte, um ponto de virada da guerra.

A LINHA DO TEMPO DA HISTÓRIA MILITAR

1823: Intervenção francesa na Espanha.
1825 – 1828: Guerra Russo-Persa.
1828 – 1829: Guerra Russo-Persa.
1830: Revolução Francesa de "Julho".
1830 – 1832: Insurreição polonesa.
1831: Guerra Russo-Turca.
1833 – 1839: Primeira Guerra Carlista na Espanha.
1848: Revoluções e tumultos em toda a Europa, incluindo Revolução Francesa e revoltas austro-húngaras.
1848 – 1849: Guerra de Independência Húngara.
Guerras de Independência Italiana:
4 de junho de 1859: Batalha de Magenta. Exército franco-piemontês de MacMahon derrota os austríacos.
24 de junho de 1859: Batalha de Solferino. Napoleão III e Victor Emmanuel II (franco-piemontês) derrotam os austríacos, mas a um alto custo. A carnificina leva Napoleão a decidir pela paz e inspira a fundação da Cruz Vermelha.

ORIENTE MÉDIO

1801 – 1805: Guerra entre Estados Unidos e Trípoli.
1804 – 1813: Guerra Russo-Persa.
1806 – 1812: Guerra Russo-Turca.
1807: Fracasso da invasão britânica ao Egito.
1807: Batalha de Rosetta.
1811 – 1818: Guerra dos egípcios com wahhabis.
1815 – 1816: Guerra dos Estados Unidos e Holanda com Argel.
1816: Invasão persa ao Afeganistão.
1820 – 1823: Guerra Russo-Persa.
1825 – 1828: Guerra Russo-Persa.
1828 – 1829: Guerra Russo-Turca.
Conquista Francesa da Argélia.
14 de agosto de 1844: Batalha de Isly. Usando uma formação de "cabeça de javali", os franceses de Bugeaud derrotam os argelinos de forma definitiva.
1831: Guerra Russo-Turca.
1832 – 1833: Primeira Guerra Turco-Egípcia.
1836 – 1838: Invasão persa do Afeganistão.
1839 – 1842: Guerra Anglo-Afegã.
14 de novembro de 1841 a 16 de abril de 1842: Batalha de Jellalabad.
1839: Batalha de Ghanzi.
1839 – 1847: Conquista russa de Khiva.
1839 – 1842: Segunda Guerra Turco-Egípcia.
1855: Invasão persa ao Afeganistão.
1856: Guerra Anglo-Persa.
1859 – 1860: Guerra Hispano-Marroquina.

VON MOLTKE/GUERRA FRANCO-PRUSSIANA

HELMUTH VON MOLTKE (1800 – 1891)

Foi o arquiteto das vitórias da Prússia contra Dinamarca (1864), Áustria (1866) e França (1870/1). Depois de servir na missão militar da Prússia na Turquia entre 1832 e 1839, tornou-se chefe do Estado-maior prussiano em 1858. Foi o primeiro soldado a reconhecer a importância das ferrovias na distribuição de tropas e munições e reorganizou o exército da Prússia e seu Estado-maior, tornando-o um modelo para todos os demais exércitos ocidentais. Sua grandeza não está em seu papel como comandante de campo, mas na posição de criador da máquina militar que uniu a Alemanha e lutou na Primeira Guerra Mundial.

Após a queda de Paris, em 1º de março de 1871, o Exército Alemão marcha – a cena é um sinistro prenúncio de 1940.

A LINHA DO TEMPO DA HISTÓRIA MILITAR

O ataque do 1º Regimento de Dragões da Guarda Prussiana em Mars-la-Tour/Vionville, em 16 de agosto de 1870.

SUDESTE ASIÁTICO

1810 – 1811: Expedição britânica à Indonésia.

1812: Invasão siamesa ao Camboja.

1819: Birmânia conquista Assam.

1823 – 1826: Primeira Guerra Anglo-Birmanesa.

1825 – 1830: Guerra de Java.

1826 – 1827: Guerra entre siameses e Laos.

1831 – 1834: Invasão siamesa ao Camboja.

1841 – 1845: Guerra Siamesa-Vietnamita.

1852 – 1853: Segunda Guerra Anglo-Birmanesa.

ÍNDIA

1843: Conquista britânica de Sinde.

17 de fevereiro de 1843: Batalha de Meeanee. Napier, da Grã-Bretanha, derrota os emires de Sinde.

1845 – 1846: Primeira Guerra Anglo-Sikh.

18 de dezembro de 1845: Batalha de Mudki. Gough, da Grã-Bretanha, derrota os sikhs.

21 a 22 de dezembro de 1845: Batalha de Ferozeshah. Na batalha mais amargamente disputada que os britânicos enfrentaram na Índia, Gough derrota os sikhs.

28 de janeiro de 1846: Batalha de Aliwal. Smith destrói o exército sikh.

10 de fevereiro de 1846: Batalha de Sobraon. Gough derrota os sikhs.

1848 – 1849: Segunda Guerra Anglo-Sikh.

13 de janeiro de 1849: Batalha de Chilianwallah. Sikhs contêm o avanço britânico.

21 de fevereiro de 1849: Batalha de Gujerat. Gough derrota os sikhs/afegãos e a Grã-Bretanha anexa Punjabe.

ÁFRICA

1806: Britânicos tomam a Cidade do Cabo.

1806 – 1807: Ashantis conquistam a Costa do Ouro.

1807: Britânicos ocupam Alexandria.

1807: Britânicos tomam Saint Louis (Senegal) dos franceses.

1818 – 1819: Guerra Civil Zulu.

1820 – 1839: Egito vence o Sudão.

1824 – 1831: Primeira Guerra Anglo-Ashanti.

1830 – 1848: Conquista francesa da Argélia.

1832 – 1833: Guerra Turco-Egípcia.

1838: Batalha do Rio Sangrento entre bôeres e zulus.

1839 – 1841: Guerra Turco-Egípcia.

1856: Guerra Civil Zulu.

1858 – 1868: Guerras do Cabo.

1859 – 1860: Guerra entre Espanha e Marrocos.

1862 – 1864: Guerra Transvaal-Orange.

177

WOLSELEY/SHAKA

Sir Garnet Wolseley.

SIR GARNET WOLSELEY, POSTERIORMENTE LORDE (1833 – 1913)

O maior general britânico durante as guerras coloniais do século XIX. Lutou na Segunda Guerra Anglo-Birmanesa, na Crimeia e na Revolta Indiana, onde ficou cego de um olho. Em 1870, liderou a expedição do rio Vermelho no Canadá; em 1873, a campanha de Ashanti; em 1875, a campanha em Natal. Também assumiu o comando nas últimas fases da Guerra Anglo-Zulu, de 1879. Em 1882, liderou a conquista do Egito, vencendo a Batalha de Tel-el-Kebir e, dois anos depois, liderou o fracassado resgate de Gordon em Cartum. Suas reformas do Exército Britânico foram significativas no sentido de prepará-lo para as operações de larga escala da Segunda Guerra dos Bôeres e da Primeira Guerra Mundial.

Liderados pela Brigada Highland, os britânicos venceram os nacionalistas egípcios em Tel-el-Kebir, em 1882, o que conferiu à Grã-Bretanha o controle do Egito.

Abaixo: Tropas britânicas atacam as linhas egípcias em Tel-el-Kebir.

A LINHA DO TEMPO DA HISTÓRIA MILITAR

SHAKA KASENZAGAKHONA (APROX. 1787 – 1828)

Foi o fundador do Império Zulu do século XIX. Em 1816, usurpou a chefia dos zulus e embarcou em guerras de conquistas com um exército que ele definia como a máquina de guerra mais eficaz da África. Os regimentos eram reunidos de acordo com a idade (*amabutho*) e compostos de recrutas com menos de 40 anos de idade. Exercícios, disciplina e mobilidade eram as marcas do sistema militar de Shaka, assim como as táticas de surpresa. Um estratagema favorito envolvia cercar pela formação de ataque *impondo zankomo* ("chifres da besta"). Suas conquistas, realizadas ao longo de mais de uma década, incluem Natal e o Reino Zulu. Entre suas principais batalhas estiveram KwaGqoki (1816), na qual Shaka sobreviveu ao ataque da força superior dos ndwande; Mhlatuze, quando infligiu a derrota final aos ndwande, eliminando o último grande rival da supremacia zulu no sul da África; e em Dolowane, em 1826, quando ele acabou com o Reino Ndwande. Shaka foi assassinado por seus meios-irmãos em 1828. Seu legado foi uma nação militarmente forte e orgulhosa, que deixaria sua marca na História com as épicas batalhas de 1879.

AMÉRICAS

1806 – 1807: Expedições britânicas não oficiais a Buenos Aires e Montevidéu fracassam.

1810 – 1814: Rebelião chilena.

1811: Guerra indígena nos Estados Unidos.

1811 – 1825: Guerras Latino-Americanas da Independência.

1818: Primeira Guerra Seminole nos Estados Unidos.

1818: Invasão americana à Flórida.

1823: Nos Estados Unidos, a Doutrina Monroe proíbe o envolvimento europeu em assuntos políticos americanos.

1835 – 1836: Guerra de Independência do Texas.

1836: Cerco de Álamo e Batalha de San Jacinto.

1825 – 1828: Guerra da Cisplatina (Brasil e Uruguai).

Rebelião de Mackenzie no Canadá.

1827 – 1829: Guerra do Peru.

1829: Envolvimento espanhol no México.

1832: Guerra de Black Hawk nos Estados Unidos.

1835 – 1843: Segunda Guerra Semiole nos Estados Unidos.

1836 – 1839: Guerra entre Peru e Bolívia.

1838 – 1839: Expedição francesa ao México.

1841: Invasão peruana à Bolívia.

1843 – 1852: Guerra entre Argentina e Uruguai.

1846 – 1848: Guerra Mexicano-Americana.

10 a 24 de setembro de 1846: Batalha de Monterey. Taylor derrota os mexicanos e toma a cidade.

22 a 23 de fevereiro de 1847: Batalha de Buena Vista. Taylor derrota os mexicanos.

8 de setembro de 1847: Batalha de Molino del Rey. Scott derrota os mexicanos.

13 de setembro de 1847: Batalha de Chapultepec. Scott toma a fortaleza e avança pela Cidade do México, derrotando Santa Anna em Contreras/Churubusco.

1849 – 1851: Lopez invade Cuba.

1850 – 1898: Série de guerras indígenas nos Estados Unidos.

1856: Guerra civil no Kansas.

1857 – 1860: Guerra Civil Mexicana.

1860 – 1861: Guerra Civil Colombiana.

1861 – 1862: Expedição espanhola ao México.

1861 – 1867: Expedição francesa ao México.

5 de maio de 1862: Batalha de La Puebla. Franceses são derrotados, mas posteriormente tomam a Cidade do México e nomeiam Maximiliano I como imperador.

1867: Maximiliano é derrotado e executado por Juárez, que restaura a República.

▶ OMDURMAN/KITCHENER

Fuzileiros dervixes atiram na canhoneira britânica Fateh, comandada pelo Tenente David Beatty, que posteriormente seria líder dos cruzadores de batalha britânicos na Batalha da Jutlândia. Dez dessas embarcações foram criadas para a "guerra no rio", no Nilo, todas blindadas e armadas com uma mistura de artilharia de tiro rápido, incluindo metralhadoras Maxim, Nordenfelt, 6 libras e 12 libras.

Acima: O General Sir Herbert Kitchener liderou as forças anglo-egípcias que retomaram o Sudão em 1898 e posteriormente foi comandante-chefe das forças britânicas na África do Sul e Índia. Com a conclusão da campanha em Omdurman, Kitchener prosseguiu pelo Nilo para confrontar a expedição francesa de Marchand no rio, em Fashoda. Esse encontro tenso resultou em um acordo anglo-francês acerca das esferas de influência na África.

Panorama da Batalha de Omdurman, conforme representado nas páginas do *Illustrated London News* da época. As canhoneiras apoiavam a infantaria em terra, repelindo o ataque em massa do exército mahdista.

A LINHA DO TEMPO DA HISTÓRIA MILITAR

CHINA, JAPÃO, COREIA

1839 – 1842: Primeira Guerra do Ópio entre britânicos e chineses.

1850 – 1864: China. Rebelião Taiping. Acredita-se que essa guerra civil, um dos conflitos mais sangrentos da História, teve como resultado a morte de 20 a 30 milhões de pessoas.

1856 – 1860: Segunda Guerra do Ópio entre Grã-Bretanha e China.

21 de agosto de 1860: Batalha de Taku Forts. Forças anglo-francesas, incluindo indígenas, sob o comando de Grant e Cousin-Montauban avançam sobre fortes e na direção de Pequim.

1863 – 1864: Bombardeios europeus de Kagoshima e Shimonoseki.

1863 – 1868: Guerra civil no Japão.

1853 – 1855: Guerra da Crimeia.

20 de setembro de 1854: Batalha de Alma. Os Aliados (britânicos, franceses e turcos) vencem os russos e avançam para cercar Sebastopol.

1854 – 1855: Cerco de Sebastopol.

25 de outubro de 1854: Batalha de Balaclava. Raglan, da Grã-Bretanha, vence os russos. Fracasso da Carga da Brigada Ligeira no vale da Morte.

5 de novembro de 1854: Batalha de Inkerman. Tropas britânicas e francesas de Raglan expulsam os russos.

28 de setembro de 1854 a 8 de setembro de 1855: Queda de Sebastopol. Raglan, da Grã-Bretanha, e Canrobert, da França, enfim forçam os russos a abandonar a fortaleza.

AUSTRALÁSIA

1804, 1806, 1808: Motins na Austrália.

1843 – 1848: Nova Zelândia. Primeira Guerra Maori.

1860 – 1879: Nova Zelândia. Segunda Guerra Maori.

1861 – 1865: Guerra Civil Americana.

12 a 14 abril de 1861. Fort Sumter: Bombardeio e tomada do forte pelos Confederados de Beauregard torna a guerra entre norte e sul inevitáveis.

21 de julho de 1861: Primeira Batalha de Bull Run. Foi o primeiro grande conflito da guerra e a primeira vez em que o transporte ferroviário foi usado para a locomoção de tropas. Os Confederados de Johnston e Beauregard não conseguem explorar a vitória. A teimosia do General confederado Jackson lhe rende o apelido de "Stonewall".

6 a 16 de fevereiro de 1862: Batalha de Fort Donelson. Grant conquista a primeira vitória significativa da União.

6 e 7 de abril de 1862: Batalha de Shiloh (Pittsburg Landing). Grant West enfim derrota os Confederados, levando a União a conquistar a iniciativa estratégica no oeste.

181

GUERRA HISPANO-AMERICANA

O navio de guerra americano Maine entra no porto de Havana, em Cuba, onde explodiu na noite de 15 de fevereiro de 1898. Esse foi um fator que precipitou a guerra, mas a origem da explosão que acabou com o navio permanece um mistério.

A Infantaria Voluntária Oregon dispara uma saraivada.

Abaixo: Batalha da Baía de Manila.

A LINHA DO TEMPO DA HISTÓRIA MILITAR

O Coronel Theodore Roosevelt (que posteriormente viria a ser o 26º presidente dos Estados Unidos) e seus Rough Riders sobre a colina tomada na Batalha de San Juan.

31 de maio a 1º de junho de 1862: Batalha de Seven Pines (Fair Oaks).

9 de junho de 1862: Batalha de Port Republic. Jackson derrota a União e se une ao exército de Lee.

25 de junho a 1º de julho de 1862: Batalhas dos Sete Dias. Lee força os Confederados a recuarem.

9 de agosto de 1862: Batalha de Cedar Mountain. Inconclusiva, mas permite que os Confederados avancem ao norte.

28 a 30 de agosto de 1862: Segunda Batalha de Bull Run. Lee derrota o exército da União.

13 a 15 de setembro de 1862: Batalha de Harper's Ferry. Jackson derrota a tropa da União.

17 de setembro de 1862: Batalha de Antietam (Sharpsburg). Foi um conflito política e estrategicamente crucial para a União. Embora Lee, da Confederação, conquiste uma vitória tática, suas perdas o forçam a abandonar a invasão do norte.

3 e 4 de outubro de 1862: Batalha de Corinth. Rosecrans, da União, expulsa os Confederados.

8 de outubro de 1862: Batalha de Perryville.

13 de dezembro de 1862: Batalha de Fredericksburg. Lee derrota a União.

31 de dezembro de 1862 a 2 de janeiro de 1863: Batalha de Stones River (Murfreesboro).

1º a 5 de maio de 1863: Batalha de Chancellorsville. Lee derrota União e prepara a segunda invasão do Norte.

19 de maio a 4 de julho de 1863: Batalha de Vicksburg. Em um movimento crucial, Grant toma a fortaleza e divide a Confederação em duas.

9 de junho de 1863: Batalha de Brandy Station. Lee derrota a União, mas não de forma decisiva.

1º a 3 de julho de 1863: Batalha de Gettysburg. Meade, da União, derrota a invasão de Lee, infligindo baixas insustentáveis.

18 a 20 de setembro de 1863: Batalha de Chickamauga. Bragg conquista vitória tática sobre a União.

24 a 25 de novembro de 1863: Batalha de Chattanooga. União rompe o cerco dos Confederados.

5 e 6 de maio de 1864: Batalha de Wilderness. Grant, da União, evita os Confederados e avança rumo a Richmond.

8 a 18 de maio de 1864: Batalha de Spotsylvania Court House. Grant derrota os Confederados.

31 de maio a 3 de junho de 1864: Batalha de Cold Harbour. Lee repele ataque da União.

15 a 18 de junho de 1864: Batalha de Petersburg. Confederados impedem a tomada da cidade.

▶ **GUERRA HISPANO-AMERICANA**

Acima: Tropas bôeres armadas com os mais modernos rifles Mauser, com os quais venciam constantemente os britânicos.

Robert Baden-Powell (1857 — 1941), famoso defensor de Mafeking e posteriormente fundador do escotismo e do bandeirantismo.

O Marechal de Campo Frederick Roberts (1832 – 1914), condecorado com a Cruz Vitória, foi nomeado para comandar as forças britânicas na África do Sul, libertando Kimberley e avançando para Pretória. "Bobs", como era conhecido, era uma figura muito querida. Lutou na Rebelião Indiana e se destacou na Segunda Guerra Anglo-Afegã.

As ofensivas bôeres no início da guerra resultaram nos cercos de Ladysmith, Kimberley e Mafeking; os britânicos enfrentaram uma série de batalhas subsequentes para dar assistência a esses locais.

A LINHA DO TEMPO DA HISTÓRIA MILITAR

"Atacar!" Uma ilustração romântica da cavalaria britânica produzida por Caton Woodville.

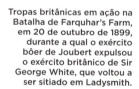

Tropas britânicas em ação na Batalha de Farquhar's Farm, em 20 de outubro de 1899, durante a qual o exército bôer de Joubert expulsou o exército britânico de Sir George White, que voltou a ser sitiado em Ladysmith.

20 de julho a 31 de agosto de 1864: Batalha de Atlanta. Sherman toma a cidade.

9 a 21 de dezembro de 1864: Batalha de Savannah. Sherman, da União, toma a cidade.

15 a 16 de dezembro de 1864: Batalha de Nashville. Thomas derrota de forma decisiva os Confederados.

1º de abril de 1865: Batalha de Five Forks. Sob o comando de Sheridan, a Cavalaria de Grant (da União) derrota os Confederados e força Lee a recuar.

9 de abril de 1865: Batalha de Appomattox Court House. Grant prepara uma emboscada para os Confederados. Lee se rende, encerrando a guerra.

GUERRAS INDÍGENAS NOS ESTADOS UNIDOS

21 de dezembro de 1866: Massacre de Fetterman. Sioux, liderados por Nuvem Vermelha e Cavalo Louco, matam um homem em um vagão de trem em Powder River.

25 e 26 de junho de 1876: Batalha de Little Big Horn. Touro Sentado e Cavalo Louco derrotam a Sétima Cavalaria dos Estados Unidos e matam o Coronel Custer.

EUROPA

1863 – 1864: Insurreição polonesa.

1864: Guerra de Schleswig-Holstein. É a primeira fase da campanha de Bismarck para unificar a Alemanha, movimento que resulta, em 1870, na formação do Império Alemão.

1866: Guerra Austro-Prussiana (ou das Sete Semanas).

24 de junho de 1866: Segunda Batalha de Custoza. Arquiduque Alberto derrota italianos.

3 de julho de 1866: Batalha de Königgrätz (ou de Sadowa): Prússia derrota os austríacos e conquista a dominância na Europa Central.

1866: Guerra Austro-Italiana.

1870 – 1871: Guerra Franco-Prussiana.

6 de agosto de 1870: Batalha de Worth. Príncipe Frederico Guilherme (da Prússia) derrota os franceses.

16 de agosto de 1870: Batalha de Mars-la-Tour.

18 de agosto de 1870: Batalha de Gravelotte--St. Privat. Von Moltke, da Prússia, enfim força os franceses a recuar.

1º de setembro de 1870: Batalha de Sedan. Von Moltke, da Prússia, toma a cidade. Napoleão III, de França, é capturado e a Terceira República toma o espaço do Segundo Império Francês.

20 de setembro de 1870 a 28 de janeiro de 1871: Cerco de Paris.

Von Moltke usa a fome para forçar a cidade a se render e dá fim à Guerra Franco-Prussiana.

GUERRA RUSSO-JAPONESA

A artilharia russa em ação na Batalha de Liaoyang, em 1904. Considerada a maior batalha da guerra, Liaoyang foi travada duramente até os russos recuarem.

Abaixo: Port Arthur foi cercada pelos japoneses de maio de 1904 até sua rendição, em 2 de janeiro de 1905. A essa altura, a artilharaia japonesa havia afundado um bom número de navios de guerra russos ancorados.

A Guerra Russo-Japonesa, primeiro grande conflito do século XX, mostrou uma nova face dos materiais de guerra industrializados e marcou a emergência do Japão como uma das grandes potências mundiais – a Batalha do Rio Yalu foi o primeiro grande conflito no qual um exército asiático derrotou um exército europeu usando táticas e armamentos ocidentais. As grandes batalhas – Rio Yalu, Liaoyang, Rio Shaho e Mukden – foram enfrentadas com longos fronts (75 quilômetros em Mukden) e se tornaram conflitos de atrito e exaustão (um prenúncio do que aconteceria

O Almirante Haihachino Togo, vencedor das Batalhas do Mar Amarelo e de Tsushima, a bordo de seu navio-almirante, o Mikasa.

na Primeira Guerra Mundial). No mar, os torpedos e minas causaram seu primeiro impacto e os japoneses conseguiram bloquear os navios russos em Port Arthur e Vladivostok, acabando com a estratégia oriental na Batalha do Mar Amarelo. A extraordinária viagem por mar da Frota do Báltico russa terminou em Tsushima, maior batalha naval desde Trafalgar.

A LINHA DO TEMPO DA HISTÓRIA MILITAR

1870 – 1875: Segunda Guerra Carlista na Espanha.

ORIENTE MÉDIO
1878 – 1880: Segunda Guerra Anglo-Afegã.
27 de julho de 1880: Batalha de Maiwand. Ayub Khan destrói a brigada britânica. Sobreviventes recuam para Candaar.
1º de setembro de 1880: Batalha de Candaar. Roberts alivia a tropa britânica sitiada e derrota Ayub Khan, tirando-o do trono e o substituindo por Abdur Rahman Khan.

SUDESTE ASIÁTICO
1858 – 1861: Conquista francesa da Indochina.
1882 – 1883: Guerra entre França e Vietnã.
1873 – 1877: Guerra entre siameses e Laos.
1873 – 1895: Expansão francesa contínua na Indochina.
1885: Terceira Guerra Anglo-Birmanesa.

ÍNDIA
1857 – 1858: Levante contra o governo inglês na Índia.
8 de junho a 20 de setembro de 1857: Batalha de Déli. As tropas britânico-indianas de Wilson recuperam o domínio da cidade.
1º de julho a 19 de novembro de 1857: Batalha de Lucknow. Britânicos e indianos acabam com o cerco rebelde de uma tropa.
6 de dezembro de 1857: Batalha de Cawnpore. Em um ponto de virada do motim, Campbell derrota os rebeldes.
17 a 20 de junho de 1858: Batalha de Gwalior. Rose derrota os rebeldes indianos na última grande batalha do conflito.
Campanhas na fronteira noroeste da Índia.
1897: Tirah.
20 de outubro de 1897: Batalha de Dargai. Lockhart, da Grã-Bretanha, derrota Afridis e Orakzais.
1888 – 1898: Outras campanhas e expedições na fronteira noroeste da Índia.

CHINA, JAPÃO, COREIA
1866: Expedição francesa à Coreia.
1875 – 1876: Expedição japonesa à Coreia.
1877: Rebelião satsuma no Japão.
1882 – 1885: Expedições chinesas e japonesas à Coreia.
1883 – 1885: Guerra Franco-Chinesa.
14 a 16 de dezembro de 1883: Batalha de Son-Tai. Franceses tomam um forte ocupado na China.
1894 – 1895: Guerra Sino-Japonesa.
1900: Levante dos Boxers na China.

ARMAS DA PRIMEIRA GUERRA MUNDIAL

Primeiro de dois conflitos cataclísmicos do século XX, a Primeira Guerra Mundial levou a vida de quase 8 milhões de combatentes, além de um número desconhecido de civis. Foi a primeira guerra realmente "moderna", enfrentada com um terrível novo arsenal de armas revolucionárias. Armas de fogo, incluindo metralhadoras e artilharia, dominaram o campo de batalha, acima do qual as aeronaves começavam a exercer um papel que, mais adiante, acabaria se mostrando decisivo. O gás tóxico trazia ainda mais horror ao cenário das frentes de batalha, e as condições de vida das tropas se tornavam infernais. No mar, as batalhas se aproximavam do pináculo do desenvolvimento, mas novas ameaças vindas de cima e de baixo – aeronaves, submarinos e minas – já tornavam esse desenvolvimento obsoleto.

Abaixo: Um típico tanque britânico da Primeira Guerra Mundial, um Mark IV "fêmea" armado com metralhadoras, visto em 1917 manobrando em uma colina. A versão "macho" era equipada com canhões de 6 libras em cada lateral. Muito embora fossem lentos e vulneráveis, esses tanques eram eficazes para vencer impasses em trincheiras.

Abaixo: Metralhadora Maxim por volta de 1893. Essas metralhadoras, as primeiras automáticas, mataram milhões de homens. Projetada por um americano e mais tarde utilizada em todo o mundo, a Maxim atirava continuamente enquanto o gatilho estivesse pressionado e houvesse munição. A metralhadora mostrada aqui foi usada pela Alemanha na Primeira Guerra Mundial.

A LINHA DO TEMPO DA HISTÓRIA MILITAR

Acima: O tanque francês para dois tripulantes Renault FT-17, o primeiro tanque operacional a contar com torre rotativa.

Um morteiro austríaco.

Um soldado francês (*poilu*) em 1916.

20 de junho a 14 de agosto de 1900: Batalha por Pequim. Força internacional de alívio vence o cerco às delegações estrangeiras.

BÁLCÃS

1877 – 1878: Guerra Russo-Turca.

19 de julho a 10 de dezembro de 1877: Batalha de Plevna. Krudener, da Rússia, por fim derrota os turcos.

17 e 18 de novembro de 1877: Batalha de Kars. Em um ataque surpresa durante a noite, Melikoff toma a fortaleza para a Rússia.

1885 – 1886: Guerra Servo-Búlgara.

1896 – 1897: Guerra Greco-Turca.

ÁFRICA

1867 – 1868: Guerra Anglo-Abissínia.

31 de abril de 1868: Batalha de Aroghee. As tropas anglo-indianas de Napier, usando rifles pela primeira vez, derrotam os abissínios.

1868 – 1872: Guerra Civil Abissínia.

1873 – 1874: Segunda Guerra Anglo-Ashanti.

1873 – 1879: Guerra entre egípcios e abissínios.

1879: Guerra Anglo-Zulu.

22 de janeiro de 1879: Batalha de Isandhlwana. Ntshingwayo e Mavumengwana passam por cima do acampamento britânico, mas sofrem pesadas baixas.

22 e 23 de janeiro de 1879: Batalha de Rorke's Drift. O tenente Chard lidera um pequeno grupo de britânicos que combatem ataques repetidos e é aliviado por Chelmsford no dia seguinte.

29 de março de 1879: Batalha de Kambula. Wood, da Grã-Bretanha, repele um ataque zulu.

4 de julho de 1879: Batalha de Ulundi. Chelmsford destrói um exército zulu muito maior do que o seu.

1880 – 1881: Primeira Guerra Anglo-Bôer.

28 de janeiro de 1881: Batalha de Laing's Nek. Os bôeres de Joubert derrotam a infantaria britânica.

27 de fevereiro de 1881: Batalha de Majuba Hill. Os comandos bôeres de Joubert derrotam os britânicos, levando a um armistício.

1881: Franceses ocupam Túnis.

1882: Guerra Anglo-Egípcia.

11 de julho de 1882: Bombardeio de Alexandria.

13 de setembro de 1882: Batalha de Tel-el--Kebir. Wolseley derrota os egípcios e impõe o controle britânico sobre o Egito.

1883 – 1884: Guerra Civil Zulu.

1883 – 1889: Revolta mahdista e guerra com a Abissínia.

Primeira Campanha Sudanesa.

GENERAIS DA PRIMEIRA GUERRA MUNDIAL

Kaiser Guilherme II, imperador da Alemanha.

ERICH LUDENDORFF (1865 – 1937)

Foi o estrategista responsável pela condução dos alemães na parte final da Primeira Guerra Mundial. No Exército Alemão do pré-guerra, ele emergiu e passou a comandar uma seção do Estado-maior e a participar, sob supervisão de Moltke, o Jovem, da (desastrosa) revisão do Plano Schlieffen para invasão da França. Logo após o início da Primeira Guerra, sua ligação com nacionalistas extremos ameaçou sua carreira, mas, em 1914, ele foi nomeado chefe do Estado-maior de Hindenburg na Frente Oriental. O triunfo de Ludendorff em Tannenberg rendeu muitas honras a seu superior e os dois generais continuaram lutando na Frente Oriental até 1916. Em agosto do mesmo ano, o fracasso do assalto alemão em Verdun fez o *Kaiser* levar a dupla para o oeste, onde Hindenburg assumiu o comando de todas as forças armadas alemãs. Assim como antes, foi Ludendorff que de fato exerceu o poder e tomou as decisões. Por fim, ele apostou tudo em uma ofensiva no oeste iniciada em março de 1918 – a Ofensiva da Primavera de 1918, ou Kaiserschlacht. Foi um conflito disputado, mas, no outono, o ímpeto alemão havia se esgotado e a última esperança de vitória das Potências Centrais se esvaíra. Depois da guerra, Ludendorff se empenhou em alimentar a explicação do "golpe pelas costas" para justificar a derrota alemã e serviu como membro do nacional-socialismo no Parlamento (1924 – 1928). Em 1918, seu estado mental havia sido desgastado pelo estresse da posição; no período entre guerras, tornou-se um homem de visões claramente excêntricas, escrevendo, em 1935 (em uma inversão sinistra da ideia de Clausewitz), que a paz era apenas um intervalo no estado natural de guerra.

Erich Ludendorff, mentor das grandes ofensivas alemãs de 1918.

DOUGLAS HAIG, PRIMEIRO CONDE HAIG (1861 – 1928)

Principal comandante das forças britânicas durante a Primeira Guerra Mundial, Haig participou da Batalha de Omdurman, de 1898, e da Guerra dos Bôeres, entre 1899 e 1902. No início da guerra, comandou o Primeiro Corpo de Fuzileiros, tornando-se comandante-chefe do Primeiro Exército em 1915 e, posteriormente, ao fim do mesmo ano, comandante-chefe da Força Expedicionária Britânica. Trabalhou bem com Foch durante o último ano da guerra, mas sua reputação sempre foi

Sir Douglas Haig, comandante da Força Expedicionária Britânica na França e na Bélgica.

O velho e o novo. A cavalaria francesa contempla um avião. Enquanto o papel das aeronaves crescia durante a guerra, a era da cavalaria ficava para trás.

Marechal francês Foch, que se tornou general supremo das Forças Aliadas na Frente Ocidental.

polêmica por causa do devastador número de baixas sofridas, sobretudo durante as ofensivas do Somme. Esse conflito, aliás, tinha como objetivo diminuir a pressão sobre os franceses em Verdun, mas as críticas surgiram por conta do prolongamento dessas ofensivas, que, em retrospectiva, teriam fracassado. Suas ordens do dia às tropas diante da ofensiva de Kaiserschlacht, em 1918, ficaram famosas: "De costas para a parede e acreditando na justiça de nossa causa, cada um de nós precisa lutar até o fim...". Recentemente, os historiadores reavaliaram o desempenho de Haig como general e começaram a enxergá-lo de forma mais favorável. Cada vez mais ele recebe os créditos por ter transformado o Exército Britânico em uma força treinada e bem equipada em 1918.

FERDINAND FOCH (1851 – 1929)

Foi comandante das Forças Aliadas a partir de março de 1918. Artilheiro e professor de tática, Foch escreveu diversos trabalhos sobre a teoria e prática da guerra. Em 1914, comandou o 20º Corpo do Exército em Nancy. Sua tenacidade contribuiu para a vitória em Marne. Depois de dois anos no comando do Grupo de Exércitos Norte, foi elevado a chefe do Estado-maior do Ministério da Guerra francês, tornando-se "conselheiro" dos exércitos Aliados. Defendia um comando unificado, mas não foi ouvido até a Ofensiva da Primavera alemã, em 1918. Em 26 de março, tornou-se generalíssimo dos exércitos Aliados para coordená-los na Frente Ocidental. Em uma guerra titânica de vontades com o comandante executivo dos exércitos alemães, Ludendorff, ele reagiu a todas as ofensivas germânicas até que, em Champanhe, os ataques alemães perderam força. Agora era a vez de os Aliados atacarem, dessa vez avançando até a assinatura do Armistício, em novembro de 1918. Foch, o homem que levou a guerra a uma conclusão vitoriosa após quatro anos de impasses, também foi o maior soldado francês do século XX.

O Marechal de Campo Hindenburg, comandante das forças alemãs na Frente Ocidental ao fim da guerra.

General Pershing, comandante das forças dos Estados Unidos na Europa.

NAVIOS DE GUERRA DA PRIMEIRA GUERRA MUNDIAL

A Primeira Guerra Mundial foi o apogeu dos navios de guerra – durante os anos que levaram ao início do conflito, a força das nações era julgada pelo número de navios em suas marinhas, e os programas de construção naval tornaram-se temas cada vez mais políticos.

Os navios de guerra haviam evoluído desde as antigas "paredes de madeira" nelsonianas durante meados do século XIX, conforme a energia do vapor substituía as velas, a nova artilharia substituía as armas carregadas pela boca e os navios tornavam-se cada vez mais resistentes. A Guerra Civil Americana mostrou essas tendências, sobretudo na Batalha de Hampton Roads, o famoso confronto entre os encouraçados USS Monitor e CSS Virginia (ex-Merrimack), quando dois navios armados atacaram um ao outro e quase imediatamente tornaram os navios de madeira obsoletos. Ao fim do século XIX, o típico navio de guerra era totalmente feito de aço, com motores a carvão, 4 canhões de 12 polegadas em torres giratórias e uma variedade de armas secundárias menores. A Batalha de Tsushima, em 1905, gerou muito debate sobre o desenho dos navios de guerra, especialmente com a evidência de que agora os confrontos podiam ser enfrentados a distâncias muito maiores do que se acreditava anteriormente – os japoneses

O navio de guerra americano Michigan, lançado ao mar em 1908, transportava canhões de 12 polegadas em sua torre central. Os mastros de treliça eram uma peculiaridade dos navios americanos.

1ª e 2ª Esquadras de Batalha alemãs em Keil antes da guerra, com o navio de guerra Hegoland em primeiro plano.

Dreadnought.

abriram fogo a uma distância de mais de 6 quilômetros. O poderoso Dreadnought, lançado em 10 de fevereiro de 1906, provocou uma revolução no design dos navios de guerra, ultrapassando (e muito) qualquer outra coisa flutuando na água. Era um navio maior, mais rápido e mais poderoso – o principal armamento era composto de 10 canhões de 12 polegadas (com um alcance de aproximadamente 17 quilômetros), e as turbinas a vapor aumentavam sua velocidade em até 21 nós. Durante os anos que antecederam a guerra, os Dreadnoughts

A LINHA DO TEMPO DA HISTÓRIA MILITAR

29 de fevereiro de 1884: Segunda Batalha de El Teb. Graham derrota o exército mahdista.

12 de março de 1884 a 26 de janeiro de 1885: Cerco de Cartum e morte do General Gordon. Os rebeldes de Mahdi Mohammed Ahmed tomam a cidade, matam a tropa e forçam a maioria dos anglo-egípcios a deixar o Sudão.

13 de março de 1884: Batalha de Tamai. Graham derrota os mahdistas, mas não consegue destruir o exército.

17 de janeiro de 1885: Batalha de Abu Klea. A coluna britânica que marcha para aliviar Cartum derrota um ataque dervixe.

19 de janeiro de 1885: Batalha de Abu Kru. Coluna britânica vence os ataques dervixes.

1888 – 1890: Levante na África Oriental alemã.

21 de dezembro de 1893: Batalha de Agordat. Arimondi lidera a derrota italiana.

1893: Guerra Espanhola do Rife no Marrocos.

1893: Guerra Mashona-Matabele.

1893 – 1894: Terceira Guerra Anglo-Ashanti.

1895 – 1896: Quarta Guerra Anglo-Ashanti.

1895 – 1896: Franceses conquistam Madagascar.

1895 – 1896: Guerra Ítalo-Abissínia.

1º de março de 1896: Batalha de Adowa. O imperador Menelik, da Abissínia, conquista a independência ao derrotar as forças italianas. À época, foi a maior vitória de tropas coloniais irregulares, mas bem equipadas.

1896 – 1898: Reconquista anglo-egípcia do Sudão.

8 de abril de 1898: Batalha de Atbara River. Kitchener lidera a destruição anglo-egípcia do exército mahdista e segue avançando rumo a Omdurman, a capital mahdista.

2 de setembro de 1898: Batalha de Omdurman. As forças anglo-egípcias de Kitchener destroem o exército dervixe e encerram a rebelião mahdista.

1897: Conquista britânica da Nigéria.

1897 – 1901: Rebelião em Uganda.

AMÉRICAS

1863: Guerra entre Colômbia e Equador.

1864 – 1866: Guerra espanhola com o Peru e depois com o Chile.

1864 – 1870: Guerra de Lopez.

1869 – 1870: Primeira rebelião de Riel no Canadá.

1876 – 1867: Nos Estados Unidos, guerra entre sioux e cheienes do Norte.

1876: Batalha de Little Big Horn.

1885: Segunda rebelião de Riel no Canadá.

1890 – 1891: Guerra na Dakota do Sul, nos Estados Unidos.

1895 – 1898: Revolução Cubana.

PRIMEIRA GUERRA MUNDIAL

Artilharia pesada foi usada em grande quantidade por ambos os lados na Primeira Guerra Mundial, produzindo enormes bombardeios.

Oficiais britânicos em uma trincheira na frente de Salônica, no início da campanha.

A LINHA DO TEMPO DA HISTÓRIA MILITAR

Manfred von Richthofen, o grande ás da aviação alemã, com sua aeronave favorita, um triplano Fokker. O "Barão Vermelho" derrubou 80 aeronaves antes de ser abatido, em 21 de abril de 1918.

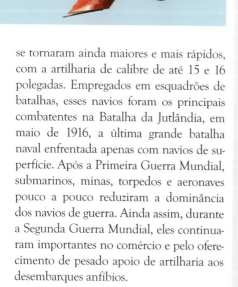

se tornaram ainda maiores e mais rápidos, com a artilharia de calibre de até 15 e 16 polegadas. Empregados em esquadrões de batalhas, esses navios foram os principais combatentes na Batalha da Jutlândia, em maio de 1916, a última grande batalha naval enfrentada apenas com navios de superfície. Após a Primeira Guerra Mundial, submarinos, minas, torpedos e aeronaves pouco a pouco reduziram a dominância dos navios de guerra. Ainda assim, durante a Segunda Guerra Mundial, eles continuaram importantes no comércio e pelo oferecimento de pesado apoio de artilharia aos desembarques anfíbios.

1898: Guerra Hispano-Americana.

15 de fevereiro de 1898: Destruição do USS Maine, em Havana (é o catalisador para o início da guerra).

1º de maio de 1898: Dewey lidera a frota americana rumo à baía de Manila, nas Filipinas, e destrói a frota espanhola.

Junho de 1898: Tropas norte-americanas invadem Cuba.

1º de julho de 1898: Batalha de San Juan Hill. Americanos comandados por Shafter capturam posições perto de Santiago de Cuba.

3 de julho de 1898: Batalha de Santiago de Cuba. Esquadrão espanhol e caribenho é destruído.

13 de agosto de 1898: Estados Unidos tomam Manila e, ao mesmo tempo, ocupam Wake Island e Porto Rico.

1901: Guerra civil na Colômbia.

1903: Revolução Panamenha.

1906 – 1909: Intervenção dos Estados Unidos em Cuba.

1907: Guerra entre Nicarágua e Honduras.

1909 – 1911: Guerra Civil em Honduras.

1910 – 1917: Revolução Mexicana.

1912: Guerra Civil na Nicarágua.

1912: Intervenção dos Estados Unidos em Cuba.

PACÍFICO

1879 – 1883: Guerra do Pacífico.

1899 – 1902: Levante nas Filipinas.

1899 – 1902: Segunda guerra entre britânicos e bôeres.

13 de outubro de 1899 a 17 de maio de 1900: Mafeking. Baden-Powell desafia o cerco bôer.

15 de outubro de 1899 a 15 de fevereiro de 1900: Batalha de Kimberley. Britânicos vencem o cerco bôer.

2 de novembro de 1899 a 28 de fevereiro de 1900: Cerco de Ladysmith.

28 de novembro de 1899: Batalha de Modder River. As forças britânicas se deparam com os bôeres empregando táticas novas e não lineares.

10 de dezembro de 1899: Batalha de Stormberg. Olivier derrota os britânicos.

10 e 11 de dezembro de 1899: Batalha de Magersfontein. Cronjé e La Rey derrotam os britânicos.

15 de dezembro de 1899: Batalha de Colenso. Botha derrota os britânicos.

19 a 24 de janeiro de 1900: Batalha de Spion Kop. Botha expulsa os britânicos.

18 a 27 de fevereiro de 1900: Batalha de Paardeberg. Roberts derrota os bôeres.

SEGUNDA GUERRA MUNDIAL

Um tanque Panzer alemão. Trata-se de um Mark IV, um dos mais usados pelas forças alemãs a partir da metade da guerra. Era o uso audacioso de tanques pelos alemães para encabeçar seus ataques utilizando a tática de *blitzkrieg* ("relâmpago"), que confundiu os Aliados na campanha na França e, depois, na Rússia.

Tropas alemãs em ação durante a conquista da Polônia, a campanha de abertura da Segunda Guerra Mundial. As bolsas na cintura guardam máscaras de gás e também foram usadas pelos Aliados Ocidentais no início das hostilidades. Os dois lados temiam o uso de gás tóxico, como ocorrera na Primeira Guerra Mundial. Pelo menos esse horror não aconteceu durante o episódio.

A LINHA DO TEMPO DA HISTÓRIA MILITAR

Abaixo: Benito Mussolini (1883 – 1945) foi o primeiro-ministro fascista da Itália a partir de 1922 e se tornou peça-chave do Eixo, a aliança de Hitler. Seus compatriotas, entretanto, não o apoiavam cegamente em sua busca pela guerra e ele foi derrubado do poder em 1943. Mesmo assim, até sua captura e morte, Mussolini liderou um regime fantoche sob o comando dos alemães.

Acima: Adolf Hitler (1889 – 1945), chanceler da Alemanha e líder do Partido Nazista. Governou a Alemanha como "Führer" (líder) a partir de 1934. Diretamente responsável pela Segunda Guerra Mundial, ele coordenou a conquista da maior parte da Europa Ocidental e de grande parte da Rússia europeia, provocando a morte de milhões de inocentes e o genocídio de aproximadamente sete milhões de judeus e ciganos.

1900: Reforços britânicos em grande número criam uma superioridade invencível. Os bôeres apelam para táticas de guerrilha, mas acabam desgastados pela fome e se entregam.

1904: Levante dos hotentotes no sudoeste africano.

1907: Levante zulu na África do Sul.

1904 – 1905: Guerra Russo-Japonesa.

8 de fevereiro de 1904: Torpedeiro japonês ataca a frota russa em Port Arthur.

10 de agosto de 1904: Batalha do Mar Amarelo. Japoneses frustram o ataque da frota russa em Port Arthur.

30 de abril a 1º de maio de 1904: Batalha do Rio Yalu. Oyama derrota os russos e lidera a invasão japonesa da Manchúria.

5 de maio de 1904: Japoneses desembarcam e avançam rumo ao cerco de Port Arthur.

25 de agosto a 3 de setembro de 1904: Batalha de Liaoyang. Ambos os lados almejam uma grande vitória, mas Oyama força os russos a recuar.

5 a 17 de outubro de 1904: Batalha do Rio Shaho. É uma batalha indecisiva, travada em uma frente de mais de 60 quilômetros.

21 de fevereiro a 10 de março de 1905: Batalha de Mukden. Já com seus recursos humanos quase esgotados, Oyama tenta acabar com os russos, mas só consegue forçar um recuo.

27 de maio de 1905: Batalha de Tsushima. Depois de uma jornada épica, a frota do Báltico russa é aniquilada. As discussões de paz têm início; a Rússia por fim evacua a Manchúria e o Japão emerge como uma grande potência mundial.

1911: Guerra Civil Chinesa.

GUERRAS DE DISSOLUÇÃO TURCAS

1911 – 1912: Guerra da Itália com a Turquia. Itália anexa Líbia, Tripolitânia e Cirenaica e ocupa o Dodecaneso.

1912 – 1913: Guerras dos Bálcãs (Primeira e Segunda): Liga Balcânica (Sérvia, Grécia, Bulgária, Montenegro) toma a maior parte do território europeu dos otomanos; a Albânia é criada como Estado independente e a Sérvia dobra de tamanho.

1914 – 1918: PRIMEIRA GUERRA MUNDIAL

Primeira Guerra Mundial: Frente Ocidental

Agosto de 1914: Batalha das Fronteiras. Exércitos alemães seguem adiante em uma modificação do Plano Schlieffen.

5 a 10 de setembro de 1914: Batalha do Marne. Exércitos anglo-franceses repelem os alemães.

13 a 27 de setembro de 1914: Primeira Batalha de Aisne.

Setembro e outubro de 1914: Corrida para o Mar. Fechamento do "flanco aberto" e

SEGUNDA GUERRA MUNDIAL

Rommel.

Em meados do século XX, o mundo testemunhou a maior guerra de todos os tempos, com direito aos horrores do assassinato em massa de milhões de judeus e outros civis. O bombardeio das cidades levou civis à linha de frente. Foi uma "guerra total". O poder aéreo começou a reinar supremo enquanto os submarinos alemães ameaçavam forçar a Grã-Bretanha a se render; veículos blindados dominavam os campos de batalha, dando início a um novo período de manobras. O último ato da guerra introduziu o que ficou conhecido como a mais poderosa arma: a bomba atômica.

ERWIN JOHANNES EUGEN ROMMEL (1891 – 1944)

O "Raposa do Deserto" foi mestre do material de guerra móvel e líder carismá-

Destino: Tunísia. Tropas aliadas fazem um desembarque sem resistência no ocidente durante a Operação Tocha, no Norte da África, enquanto o 8º Exército Britânico de Montgomery partia do leste em busca de Rommel, derrotado em El Alamein.

A LINHA DO TEMPO DA HISTÓRIA MILITAR

tico de tropas armadas. Rommel ganhou a mais alta condecoração da Prússia, o Pour le Mérite, durante a Primeira Guerra Mundial e publicou a obra *Infantry Attacks*, em 1937. Ganhou reputação como comandante da Sétima Divisão Panzer durante a campanha no oeste em 1940. No ano seguinte, foi apontado para comandar a força expedicionária alemã com o objetivo de fortalecer o regime italiano no norte da África e lançar um ataque que deveria expulsar os britânicos de Cirenaica. Seu Afrika Korps repeliu, com sucesso, vários ataques britânicos, até que, com reforços, Rommel atacou outra vez em janeiro de 1942, tomando Tobruk após uma batalha épica em Gazala, perseguindo os britânicos no Egito. Foi derrotado pelas forças superiores de Montgomery em El Alamein, em novembro. Recuando para se unir a

estabelecimento da Frente Ocidental (linhas de trincheira do canal da Mancha à Suíça).

18 de outubro a 30 de novembro de 1914: Primeira Batalha de Ypres.

22 de abril a 25 de maio de 1915: Segunda Batalha de Ypres.

21 de fevereiro a 18 de dezembro de 1916: Batalha de Verdun. Ataques alemães fortes e repetidos não conseguem tomar Verdun, mas provocam muitas baixas de ambos os lados.

1º de julho a 18 de novembro de 1916: Batalha do Somme. As grandes ofensivas britânicas e francesas resultam em uma quantidade enorme de baixas.

9 a 15 de abril de 1917: Batalha de Arras.

16 de abril a 9 de maio de 1917: Segunda Batalha de Aisne.

7 a 14 de junho de 1917: Batalha de Messines.

Agosto a novembro de 1917: Terceira Batalha de Ypres (Passchendaele).

20 de novembro a 3 de dezembro de 1917: Batalha de Cambrai. Britânicos fazem uso de tanques em massa pela primeira vez; a campanha é bem-sucedida, mas não tem prosseguimento.

21 de março a 5 de abril de 1918: Ofensiva alemã (Kaiserschlacht) na Frente Ocidental (Operação Michael) contra os britânicos no Somme fracassa e termina em exaustão alemã.

9 a 29 de abril de 1918: Batalha de La Lys. Ofensiva alemã (Georgette).

27 de maio a 4 de junho de 1918: Aisne. Ofensiva alemã (Blücher).

9 a 14 de junho de 1918: Matz e Montdidier. Ofensiva alemã (Gneisenau).

15 a 17 de julho de 1918: Marne-Rheims. Ofensiva alemã (Friedensturm).

Essas ofensivas geram grandes ganhos territoriais para os alemães, mas esgotam o exército e fracassam no sentido de derrotar os Aliados. O último golpe de Ludendorff em busca da vitória fracassa.

18 de julho a 11 de novembro de 1918: Ofensivas Aliadas dos Cem Dias levam a um armistício.

Julho a agosto de 1918: Redução do saliente de Marne.

Agosto a setembro de 1918: Redução do saliente de Amiens.

Agosto a setembro de 1918: Evacuação do saliente de Lys.

12 a 16 de setembro de 1918: Ofensiva de Saint-Mihiel.

Primeira Guerra Mundial: Frente Oriental (Russa)

199

▶ SEGUNDA GUERRA MUNDIAL

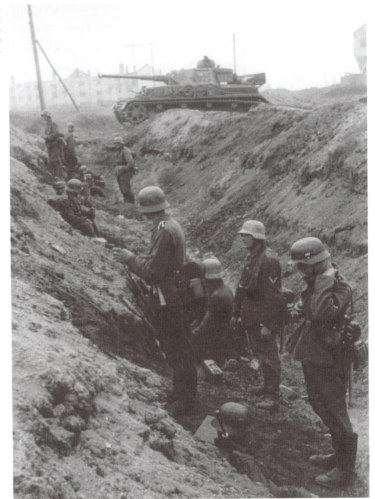

Tropas alemãs do 6º Exército em Stalingrado. Ao fundo, um tanque Panzer IV.

Abaixo: Um tanque T-34 russo com um canhão de 85mm. Apesar da superioridade técnica de alguns tanques alemães, o T-34 era ágil e foi considerado o melhor da guerra. Também foi construído em número suficiente para vencer os Panzers.

200

A LINHA DO TEMPO DA HISTÓRIA MILITAR

reforços alemães, ele participou da derrota na batalha pela Tunísia. Depois de comandar as forças alemãs no norte da Itália, após os italianos terem se rendido aos Aliados, foi colocado no comando das forças defendendo a costa do noroeste da França, onde avisou o Alto Comando sobre a necessidade de empurrar imediatamente um desembarque Aliado de volta para o mar, do contrário, o fracasso seria iminente. Durante a Batalha da Normandia, foi severamente ferido em um ataque aéreo (em 17 de julho). Envolvido no atentado de julho para matar Hitler, foi forçado a cometer suicídio.

SIR BERNARD MONTGOMERY, PRIMEIRO VISCONDE MONTGOMERY (1887 – 1976)

Foi o principal e mais famoso general da Segunda Guerra Mundial. Em 1939, comandou a Terceira Divisão da Força Expedicionária Britânica e, depois de Dunquerque, rapidamente cresceu na carreira. Em agosto de 1942, foi nomeado para o comando do 8º Exército, enfrentando as triunfantes forças de Rommel, do Eixo, na fronteira do Egito. Derrotou Rommel em Al Alamein e liderou o 8º Exército nas campanhas da Tunísia e Sicília e pela Itália antes de ser designado comandante das forças em terra, sob Eisenhower, para a Operação Overlord, em dezembro de 1943. Durante a campanha na Normandia, foi criticado pela dificuldade de tomar a importante cidade de Caen; e, nas operações subsequentes nos Países Baixos, lançou a Operação Aérea Arnhem, que terminou em fracasso. A

Montgomery.

26 a 30 de agosto de 1914: Batalha de Tannenberg. Vitória de Hindenburg. Ludendorff evita a tomada russa da Prússia Oriental.
23 de agosto a 26 de setembro de 1914: Batalhas da Galícia.
9 a 14 de setembro de 1914: Primeira Batalha dos Lagos Masurianos.
Setembro a outubro de 1914: Operações no sul e oeste da Polônia.
11 a 25 de novembro de 1914: Batalha de Lodz.
7 a 22 de fevereiro de 1915: Segunda Batalha dos Lagos Masurianos.
2 de junho a 27 de maio de 1915: Ofensiva de Gorlice-Tarnów.
Julho a setembro de 1915: Recuo russo.
Março de 1916: Operações no lago Narotch.
Junho a agosto de 1916: Ofensiva de Brusilov.
Agosto a setembro de 1916: Ofensiva romena.
Setembro a dezembro de 1916: Romênia é eliminada.
Março de 1917: Revolução Russa.
Julho de 1917: Ofensiva Kerensky (Segunda Ofensiva Brusilov).
1º a 5 de setembro de 1917: Operação em Riga.
Dezembro de 1917: Armistício russo.
Primeira Guerra Mundial: Frente Italiana
Junho a julho de 1915: Primeira Batalha do Isonzo.
Julho a setembro de 1915: Segunda Batalha do Isonzo.
Outubro a novembro de 1915: Terceira Batalha do Isonzo.
Novembro de 1915: Quarta Batalha do Isonzo.
Março de 1916: Quinta Batalha do Isonzo.
15 de maio a 17 de junho de 1916: Batalha de Asiago.
Agosto de 1916: Sexta Batalha do Isonzo.
Setembro de 1916: Sétima Batalha do Isonzo.
Outubro de 1916: Oitava Batalha do Isonzo.
Novembro de 1916: Nona Batalha do Isonzo.
Maio a junho de 1917: Décima Batalha do Isonzo.
Agosto a setembro 1917: Décima Primeira Batalha do Isonzo.
24 de outubro a 7 de novembro de 1917: Batalha de Caporetto.
15 a 22 de junho de 1918: Batalha do Piave.

SEGUNDA GUERRA MUNDIAL

essa altura, tinha irritado muitos de seus colegas, sobretudo seus aliados americanos, graças a sua presunção e sinceridade exagerada. Defendia uma estratégia de frente estreita para a invasão da Alemanha, mas a ideia foi rejeitada por Eisenhower. Montgomery cuidou da rendição de forças inimigas no noroeste da Alemanha. Um excelente comunicador com capacidade de inspirar confiança em seus homens e um defensor de que era possível evitar baixas, Montgomery tinha uma personalidade egocêntrica que, infelizmente, limitou sua efetividade como general da coligação.

ERICH VON MANSTEIN (1887 – 1973)

Von Manstein.

Filho de um aristocrata prussiano, Manstein é considerado um dos generais alemães mais talentosos da Segunda Guerra Mundial. Depois de ter se ferido na Primeira Guerra, serviu como oficial do Estado-maior. Foi chefe do Estado-maior de von Rundstedt durante a campanha de 1939 na Polônia. Suas ideias inspiradas para campanhas no oeste foram adotadas por Hitler, muito embora recebessem oposição do Marechal de Campo von Brauchitsch e do Comandante em chefe e General Halder. A subsequente conquista da França foi um triunfo militar durante o qual Manstein comandava o 38º Corpo. Na Rússia, seu 11º Exército derrotou os soviéticos na Crimeia. Durante a Batalha de Stalingrado, ele quase conseguiu libertar o 6º Exército preso ali. Então, comandando o Grupo de Exércitos Sul em uma contraofensiva, conquistou uma grande vitória na Carcóvia. Depois da derrota alemã na Batalha de Kursk, em 1943, ele liderou suas forças por uma série de batalhas defensivas enquanto os alemães eram recuados pelos soviéticos. Em março de 1944, ele havia perdido a aprovação de Hitler. Como resultado, foi dispensado e nunca mais assumiu outro comando.

GUEORGUI JUKOV (1896 – 1974)

Gueorgui Jukov foi filho de um camponês e serviu no Exército Imperial Russo durante a Primeira Guerra Mundial, antes de entrar para o Exército Vermelho. Quando comandava as forças soviéticas na Mongólia, derrotou o Exército de Guangdong do Japão. Em 1941, tornou-se Chefe do Estado-maior Soviético. Em julho de 1941, foi enviado para os exércitos a leste de Mos-

Jukov.

cou. Recebeu ordens para assumir o comando em Leningrado. Então, voltou a Moscou para contra-atacar os alemães em 6 de dezembro de 1941. Nomeado Vice-comandante Supremo, teve um papel importante na derrota dos alemães em Stalingrado. A vitória em Kursk transformou-se na Ofensiva do Verão soviética, na qual ele coordenou a Primeira e a Segunda Frentes Ucranianas no oeste. Jukov assumiu pessoalmente o comando da Primeira Frente Ucraniana quando o comandante foi ferido, em fevereiro de 1944. Ajudou a coordenar a Operação Bragation, a Ofensiva do Verão de 1944, na qual os soviéticos destruíram o Grupo de Exércitos Centrais alemães. Em novembro, foi colocado no comando da Primeira Fronte Bielorrussa, que tinha um acesso mais direto a Berlim. Com a queda de Berlim, Jukov se tornou o mais celebrado de todos os marechais soviéticos.

A LINHA DO TEMPO DA HISTÓRIA MILITAR

24 de outubro a 4 de novembro de 1918: Batalha de Vittorio Veneto.
Primeira Guerra Mundial: Frentes sérvias e salônicas
Agosto de 1914: Primeira invasão austríaca da Sérvia.
Setembro de 1914: Segunda invasão da Sérvia.
Novembro a dezembro de 1914: Terceira invasão da Sérvia.
Outubro a novembro de 1915: Quarta invasão da Sérvia.
Outubro de 1915: Frente Salônica é estabelecida.
Novembro de 1916: Queda de Monastir.
Setembro de 1918: Ofensiva Aliada final.
Primeira Guerra Mundial: Frente Galípoli
Novembro de 1914: Bombardeio a Dardanelos.
Fevereiro a março de 1915: Tentativa naval de passar pelo estreito de Dardanelos fracassa.
Abril a maio de 1915: Desembarque em Galípoli.
Agosto: Desembarques na baía de Suvla.
Dezembro 1915 a janeiro de 1916: Evacuação da força expedicionária de Galípoli.
Primeira Guerra Mundial: Frente da Mesopotâmia
Novembro a dezembro de 1914: Desembarque dos Aliados na Mesopotâmia.
Janeiro a julho de 1915: Avanço dos Aliados na Mesopotâmia.
Setembro de 1915: Primeira Batalha de Kut.
22 a 25 de novembro de 1915: Batalha de Ctesifonte.
8 de dezembro de 1915 a 29 de abril de 1916: Cerco e queda de Kut.
Setembro de 1916 a fevereiro de 1917: Segundo avanço britânico na Mesopotâmia.
Fevereiro de 1917: Segunda Batalha de Kut.
Março de 1917: Britânicos tomam Bagdá.
Primeira Guerra Mundial: Frente Palestina
Janeiro de 1915: Primeiro ataque turco no canal de Suez.
Março de 1917: Primeira Batalha de Gaza.
Abril de 1917: Segunda Batalha de Gaza.
Outubro a novembro de 1917: Terceira Batalha de Gaza.
Novembro a dezembro: Batalhas de Junction Station e Jerusalém.

▶ SEGUNDA GUERRA MUNDIAL

O tanque americano M-4 Sherman foi o mais amplamente produzido e utilizado por americanos, britânicos e Aliados durante a Segunda Guerra Mundial. O mostrado aqui é um Sherman equipado com um morteiro de 105mm.

DWIGHT DAVID EISENHOWER (1890 – 1969)

Aos 28 anos de idade, esse texano popular e extrovertido recebeu a tarefa de formar o primeiro corpo de tanques do Exército dos Estados Unidos durante a Primeira Guerra Mundial. Depois das operações em Washington, ele foi enviado, em 1942, à Grã-Bretanha para liderar a equipe americana no país. Ele foi uma boa escolha para conquistar a harmonia necessária dentro do quartel das Forças Aliadas. Comandou a invasão da África do Norte francesa em novembro de 1942. Foi promovido a general de quatro estrelas em fevereiro de 1943. Em dezembro do mesmo ano, acabou nomeado comandante-chefe no teatro de operações no Mediterrâneo. Depois, em janeiro de 1944, foi

Os couraçados da Alemanha foram bloqueados em portos europeus durante grande parte da guerra, mas fizeram várias investidas para atacar os navios Aliados. O ataque ao Bismarck terminou com sua destruição sem naufragar um único navio mercante, mas não sem que antes afundasse o HMS Hood, o maior navio de guerra britânico.

A Batalha do Atlântico foi uma campanha acirrada entre os submarinos alemães e os comboios Aliados transportando mantimentos, equipamentos e tropas pelo Atlântico até a Grã-Bretanha. Os equipamentos e táticas antissubmarinos dos Aliados triunfaram no final, com o apoio crucial da cobertura aérea no oceano.

A LINHA DO TEMPO DA HISTÓRIA MILITAR

Eisenhower.

designado comandante-chefe do Quartel-General Supremo das Forças Expedicionárias Aliadas para a invasão da Europa. Ele não era um general de confronto, como Patton ou Bradley, mas, conforme o presidente Roosevelt acreditava, o melhor político entre os comandantes militares – o que era exatamente o que seu trabalho pedia. Entretanto, ele insistia na estratégia de "frente ampla", e não de "frente estreita" defendida por Montgomery e Patton. A estratégia de frente estreita poderia ter dado fim à guerra antes, com fortes ataques no território alemão, tentando chegar a Berlim, ao passo que a frente ampla era uma operação mais lenta e muito menos arriscada. Eisenhower chegou ao fim da guerra sendo visto como um herói – tanto por britânicos como por americanos. Depois do conflito, foi eleito presidente americano por dois mandatos.

GEORGE SMITH PATTON JR. (1885 – 1945)

O "general dos tanques" preferido dos americanos era um homem carismático, vigoroso, mas polêmico, apelidado por seus homens de "Sangue e Intestino

18 de setembro a 31 de outubro de 1918: Batalha de Megido. Vitória decisiva de Allenby leva à queda de Damasco e Alepo.

Primeira Guerra Mundial: Batalhas Navais

1º de novembro de 1914: Batalha de Coronel. Esquadra britânica é derrotada.

28 de agosto de 1914: Primeira Batalha de Heligoland Bight.

8 de dezembro de 1914: Batalha das Ilhas Malvinas. Vingança dos couraçados britânicos.

24 de janeiro de 1915: Batalha de Dogger Bank.

31 de maio a 1º de junho de 1916: Batalha da Jutlândia. Batalha épica entre as principais frotas britânicas e alemãs. Alemães escapam da derrota.

1917: Segunda Batalha de Heligoland Bight.

Primeira Guerra Mundial: Teatro Africano

Junho de 1915 a janeiro de 1916: Operações dos Aliados contra os alemães em Camarões.

Agosto de 1915: Anglo-franceses tomam a Togolândia alemã.

Setembro de 1916: Aliados tomam Dar-es-Salaam, na África Oriental alemã.

EUROPA

1916: Revolta da Páscoa na Irlanda.

1917 – 1920: Guerra Civil Russa.

1919 – 1922: Guerra Greco-Turca.

1919 – 1922: Guerra Russo-Polonesa.

16 a 25 de agosto de 1920: Batalha de Varsóvia. Pilsudski é aconselhado pelo General francês Weygand e acaba com o exército bolchevique invasor.

AMÉRICAS

1914: Ocupação de Veracruz pelos Estados Unidos.

1915: Intervenção dos Estados Unidos no Haiti.

1916: O mexicano Pancho Villa invade os Estados Unidos.

1916: Intervenção dos Estados Unidos na República Dominicana.

1917: Revolução Cubana.

1918 – 1919: Revolta haitiana contra os Estados Unidos.

1921: Conflito Panamá-Costa Rica.

1921 – 1929: Disputa Chile-Peru Tacha-Arica.

1925 – 1933: Guerra Civil da Nicarágua. Intervenção Americana.

1929: Disputa de fronteira entre Bolívia e Paraguai.

SEGUNDA GUERRA MUNDIAL

Patton.

Velhos". Entrou para a cavalaria americana em 1909 e representou seu país nos Jogos Olímpicos de 1912. Um perfeito homem da cavalaria, ele logo percebeu a importância do tanque e tornou-se um ativo defensor da guerra armada, da qual se tornou um dos principais expoentes. Após a Operação Tocha, ele comandou a Força Tarefa Ocidental no norte da África e o 2º Corpo de Exército dos Estados Unidos. Como comandante do 7º Exército dos Estados Unidos, suas explorações na Sicília – uma invasão drástica e não planejada a Palermo e Messina – renderam-lhe a reputação de líder ousado e agressivo. Comandante do 3º Exército Americano, liderou o flanco direito da praça de armas da Normandia e avançou pela França com velocidade espetacular. Sua decisão de atacar o lado sul do "arco" alemão durante a ofensiva de Ardenas foi brilhante e seu exército cruzou o Reno em Mainz e Oppenheim em março de 1945. Depois disso, o 3º Exército avançou por todo o sul da Alemanha, encerrando a guerra na Tchecoslováquia. Volátil e briguento, ele com frequência

Fuzileiros navais americanos em ação em Okinawa, a última grande batalha da campanha no Pacífico.

era precipitadamente sincero, mas suas realizações no campo de batalha falam por si. Morreu vítima de um acidente de trânsito em dezembro de 1945.

Almirante Yamamoto.

ISOROKU YAMAMOTO (1884 – 1943)

Foi o homem que planejou e executou o ataque a Pearl Harbor. Yamamoto serviu na Guerra Russo-Japonesa e foi ferido na Batalha de Tsushima, ocasião em que perdeu dois dedos da mão esquerda. Entre as guerras, estudou inglês em Boston e chegou a uma conclusão nada favorável sobre a Marinha dos Estados Unidos, mas não sobre o poder americano. Quando voltou ao Japão, tornou-se um dos principais especialistas em aviação militar do país, defendendo que o porta-aviões era a principal arma naval, e não o navio de guerra, que, segundo ele, era tão útil na parafernália de guerra moderna quanto uma espada de samurai. Entretanto, ele não era nenhum provocador de lutas e se opunha à posição belicosa do Japão. Logo se tornou comandante da

A LINHA DO TEMPO DA HISTÓRIA MILITAR

1932 – 1935: Guerra do Chaco entre Bolívia e Paraguai.
1937: Disputa de fronteira entre Haiti e República Dominicana.

EXTREMO ORIENTE
1921: Guerra Civil Chinesa.
1924: Intervenção das tropas britânicas em Xangai.
1931 – 1932: Guerra sino-japonesa pelo controle da Manchúria; japoneses invadem e criam ali o Estado-fantoche de Manchukuo.
1937 – 1945: Guerra Sino-Japonesa.
Abril de 1938: Batalha de Taierchwang. General Li Tsung-jen derrota os japoneses.

ORIENTE MÉDIO
1919: Terceira Guerra Anglo-Afegã.
1920: União Soviética invade a Pérsia.
1928: Levante do exército afegão.
1934: Arábia Saudita ataca o Iêmen.
1920 – 1922: Guerra de Independência Irlandesa e Segunda Guerra Civil.

EUROPA
1936 – 1939: Guerra Civil Espanhola.
1939 – 1940; 1941 – 1945: Guerra Russo-Finlandesa.
1939 – 1945: SEGUNDA GUERRA MUNDIAL
1º de setembro a 6 de outubro de 1939: Segunda Guerra Mundial: Campanha na Polônia
Primeiro *blitzkrieg* alemão abala a Polônia e desencadeia guerra contra a Grã-Bretanha e a França.
13 de novembro de 1939 a 12 de março de 1940: Segunda Guerra Mundial. Guerra russo-finlandesa
30 de novembro de 1939 a 8 de janeiro de 1940: Batalha de Suomussalmi. Finlandeses preparam uma emboscada e destroem duas divisões soviéticas.
30 de novembro de 1939 a 13 de fevereiro de 1940: Linha Mannerheim. Rússia consegue abrir caminho até o istmo da Carélia.
9 de abril a 8 de junho de 1940: Segunda Guerra Mundial: Campanha da Escandinávia
Invasão alemã da Dinamarca e da Noruega. Tentativa dos britânicos e franceses de promover uma invasão da Noruega fracassa (Narvik, Namsos, Aandalesnes).

▶ SEGUNDA GUERRA MUNDIAL

Frota Combinada Japonesa. Para ele, se tivesse de haver uma guerra, a única esperança do Japão estava em um ataque preventivo à frota americana, o qual ele planejou e realizou com sucesso espetacular. Em seguida, vieram uma série de vitórias até os desastres em Midway e Guadalcanal, batalhas nas quais ele conduziu pessoalmente o elemento naval. Foi morto em 18 de abril de 1943, quando sua aeronave foi interceptada por caças americanos avisados de antemão de seus planos de guerra.

DOUGLAS MACARTHUR (1880 – 1964)

Foi um dos mais polêmicos generais do Exército Americano. Formou-se com as maiores notas já registradas na Academia de West Point e chegou ao fim da Primeira Guerra Mundial como um brigadeiro extremamente condecorado. Entre as guerras, serviu o Estado-maior do Exército Americano (1930) e, em 1935, foi conselheiro militar nas Filipinas. Depois disso, aposentou-se em 1937. Em julho de 1941, foi novamente convocado para tornar-se comandante das forças americanas no Extremo Oriente, em tempo de ser derrotado pela invasão japonesa de dezembro daquele ano. Recuado para Bataan e Corregidor, recebeu ordens para fugir, quando fez a famosa promessa: "Eu voltarei". Em abril de 1942,

Abaixo: Os três grandes líderes Aliados. O primeiro-ministro britânico Winston Churchill, o presidente americano Franklin Roosevelt e o soviete supremo Josef Stalin durante a Conferência de Ialta, em fevereiro de 1945.

General MacArthur.

comandou a Área do Sudoeste do Pacífico e deu início a uma ofensiva de ilha em ilha, o que levou as forças americanas de volta às Filipinas. Viu a rendição oficial dos japoneses a bordo do USS Missouri, na baía de Tóquio, em setembro de 1945; depois, tornou-se supremo comandante das Forças Aliadas, coordenando, com enorme sucesso, a transformação do Japão em uma democracia. Em 1950, tornou-se comandante-chefe das forças das Nações Unidas na Coreia, freando o avanço da Coreia do Norte e realizando um desembarque espetacular em Inchon para ultrapassar o inimigo antes de se infiltrar na Coreia do Norte.

O Almirante Chester Nimitz (1885 – 1966) assumiu o controle da frota americana no Pacífico após Pearl Harbor e dirigiu o Comando do Pacífico, coordenando os ataques anfíbios americanos pelo Pacífico até o Japão.

A LINHA DO TEMPO DA HISTÓRIA MILITAR

1940: Segunda Guerra Mundial: Campanha no Ocidente.

10 de maio a 22 de junho de 1940: França, Bélgica e Holanda. Blitzkrieg alemão força a Grã-Bretanha a deixar o continente. Também deixa Holanda, Bélgica e França arrasadas.

21 de maio de 1940: Arras. Contra-ataque britânico.

26 de maio a 4 de junho de 1940: Operação Dínamo, realizada pela Força Expedicionária Britânica.

19 de agosto de 1942: Dieppe. Desembarque anfíbio experimental da força predominantemente canadense.

Segunda Guerra Mundial: Operações Aéreas. Europa

10 de julho a 15 de setembro de 1940: Batalha da Grã-Bretanha.

Luftwaffe alemã não consegue demonstrar superioridade aérea sobre Ilhas Britânicas durante a preparação para a invasão.

7 de setembro de 1940 a 10/11 de maio de 1941: Blitz. Luftwaffe tenta bombardear e vencer a Grã-Bretanha, mas fracassa.

De entre 7 e 8 de novembro de 1941 em diante: Bombardeio estratégico da Alemanha. Força Aérea Real e (posteriormente) Forças Aéreas do Exército dos Estados Unidos atacam cidades e instalações inimigas estratégicas; 30/31 de maio de 1942: primeiro ataque de 1.000 bombas, em Colônia; 5/6 de março a 9/10 de julho de 1943: Batalha do Ruhr; 16/17 de maio de 1943: ataque de Dambuster; 24 de julho a 3 de agosto de 1943: Hamburgo; 17 de agosto: Forças Aéreas do Exército dos Estados Unidos em Schweinfurt/Ratisbona; 18/19 de novembro de 1943 a 24/25 de março de 1944: Berlim; 13/14 de fevereiro de 1945: Dresden.

Segunda Guerra Mundial: Campanha no Norte da África/Mediterrâneo/Oriente Médio

9 de dezembro de 1940 a 7 de fevereiro de 1941: *Blitzkrieg* de O'Connor destrói a maior parte das forças italianas no norte da África.

Junho de 1940 a maio de 1943: Cerco de Malta. A ilha é atacada pelo ar e, de forma arriscada, recebe suprimentos pelo mar.

6 a 8 de abril de 1941: Alemanha e Itália invadem Iugoslávia e Grécia. A conclusão da invasão se dá em 20 de abril.

20 de maio a 1º de junho de 1941: Creta. Conquista aérea alemã.

24 de março a 25 de abril de 1941: Primeira ofensiva de Rommel.

▶ GUERRA DA COREIA

O F-80 americano Shooting Stars, retornando de operações de apoio aéreo, já na pista de pouso.

A Guerra da Coreia foi travada essencialmente com equipamentos da Segunda Guerra Mundial, mas com aprimoramentos e avanços tecnológicos. Um dos mais importantes foi o uso em grande escala dos jatos – é tida como a primeira guerra a testemunhar o combate de jato *versus* jato.

Os tanques americanos M-40 no rigoroso inverno coreano.

A LINHA DO TEMPO DA HISTÓRIA MILITAR

Um M-40 115mm autopropulsado, aqui com membros da Guarda Nacional de Utah.

Evacuação de baixas realizada por um helicóptero, um avanço significativo para salvar vidas, que transportava as vítimas para um MASH (hospital cirúrgico móvel do exército, na sigla em inglês).

Abaixo: Soldados americanos entrincheirados trocam tiros com forças comunistas às margens do rio Nakdong, a norte de Daegu.

18 de novembro a 7 de dezembro de 1941: Operação Crusader. Os britânicos expulsam Rommel da Cirenaica e aliviam Tobruk.

26 de maio a 21 de junho de 1942: Gazala. Rommel derrota o 8º Exército Britânico e toma Tobruk.

1º a 27 de julho de 1942: Primeira Batalha de El Alamein. Rommel é expulso pelo 8º Exército.

30 de agosto a 2 de setembro de 1942: Alam Halfa. Ataque indecisivo promovido por Rommel.

23 de outubro a 4 de novembro de 1942: Segunda Batalha de El Alamein. Montgomery derrota Rommel, que recua em direção à Tunísia.

8 de novembro de 1942: Operação Tocha. Desembarques anfíbios anglo-americanos no Marrocos e na Argélia. Alemães dão apoio à Tunísia.

14 a 22 de fevereiro de 1943: Kasserine Pass. Rommel ataca o 2º Corpo Americano na Tunísia.

6 de março de 1943: Medenine. Rommel é expulso.

20 a 27 de março de 1943: Linha Mareth. Montgomery força o recuo de Rommel.

SEGUNDA GUERRA MUNDIAL: CAMPANHA EM SICÍLIA/ITÁLIA

10 de julho de 1943: Aliados invadem a Sicília. Eles chegam a Messina em 17 de agosto.

3 e 9 de setembro de 1943: Aliados invadem o sul da Itália.

9 a 17 de setembro: Batalha de Salerno.

12 a 14 de outubro de 1943: Rio Volturno. Grande conflito na linha de defesa alemã ao sul de Roma.

17 de janeiro a 22 de maio de 1944: Batalha de Monte Cassino, grande obstáculo para o avanço Aliado a sul de Roma.

22 de janeiro a 23 de maio de 1944: Desembarque em Âncio para chegar à Linha Gustav. Em um conflito desesperador, os Aliados quase são derrotados.

4 de junho de 1944: Aliados chegam a Roma.

30 de agosto a 28 de outubro de 1944: Linha Gótica. Aliados lutam para romper última grande linha de defesa alemã na Itália.

Segunda Guerra Mundial: Frente Oriental

22 de junho de 1941: Início da Operação Barbarossa. Alemanha invade a União Soviética.

17 de julho a 5 de agosto de 1941: Smolensk. Grande cerco das forças soviéticas.

1º de setembro de 1941 a 27 de janeiro de 1944: Cerco de Leningrado.

211

▶ **MÍSSEIS BALÍSTICOS**

À esquerda: O míssil balístico de alcance intermediário (2.400 quilômetros) US Jupiter foi usado entre 1961 e 1963.

Todos os submarinos modernos, movidos tanto a energia convencional (diesel/elétrica) como nuclear, possuem o inconfundível casco em forma de lágrima. Esse é o submarino de ataque movido a energia nuclear USS Asheville. A frota atual da marinha americana é totalmente movida a energia nuclear.

A LINHA DO TEMPO DA HISTÓRIA MILITAR

Um míssil balístico US UGM-96A Trident T é disparado do submarino estratégico movido a energia nuclear USS Nevada (SSBN-733). Sua capacidade é de até oito ogivas nucleares com um alcance de mais de 7 mil quilômetros.

9 a 26 de setembro de 1941: Kiev. Grande cerco das forças soviéticas.

5 a 20 de outubro de 1941: Vyazma-Bryansk. Grande cerco das forças soviéticas

8 de outubro de 1941 a 30 de abril de 1942: Batalha de Moscou. Hitler não consegue tomar Moscou. Frente central se estabiliza enquanto a principal força alemã se move para o sul.

29 de outubro de 1941 a 3 de julho de 1942: Sebastopol. Manstein garante a Crimeia para os alemães.

28 de junho de 1942: Ofensiva alemã em direção ao Cáucaso e ao Baixo Don.

10 de agosto de 1942: 6º Exército Alemão chega a Stalingrado.

15 de agosto de 1942: Alemães chegam às montanhas do Cáucaso.

19 de agosto de 1942 a 2 de fevereiro de 1943: Stalingrado. 6º Exército Alemão é emboscado e, após uma batalha épica, forçado a se render. A batalha é o ponto de virada na Frente Oriental.

16 de fevereiro a 15 de março de 1943: Carcóvia. Manstein ataca os soviéticos.

5 a 17 de julho de 1943: Kursk. Última grande ofensiva alemã na Frente Oriental e provavelmente a maior batalha de tanques já travada.

22 de junho a 27 de agosto de 1944: Operação Bagration. "Rolo Compressor" soviético liberta a Bielorrússia.

1º de agosto a 2 de outubro de 1944: Varsóvia. Levante polonês fracassado não recebe apoio da ofensiva soviética.

16 de abril a 2 de maio de 1945: Berlim. Jukov e Konev coordenam a conquista soviética de Berlim. Hitler comete suicídio em meio aos escombros.

Segunda Guerra Mundial: Eventos Navais (fora dos grandes teatros de guerra)

13 de dezembro de 1939: Batalha do Rio da Prata. Esquadra britânica de cruzadores encontra o navio de guerra alemão Graf Spee, que posteriormente é afundado.

9 e 13 de abril de 1940: Batalha de Narvik. Força alemã é destruída pela Marinha Inglesa.

Batalha do Atlântico. Campanha de submarinos alemães contra navios britânicos é derrotada por uma combinação de forças aéreas e navais Aliadas e o sistema de decodificação ULTRA.

▶ FORÇA AERONAVAL

Após a Segunda Guerra Mundial, a projeção de poder global americana passou a depender de seus porta-aviões alimentados por energia nuclear.

À esquerda: Um F-4 Phantom da Marinha Americana a bordo do USS Saratoga, 1964.

Abaixo: O porta-aviões USS Nimitz, movido a energia nuclear. Com quase 100 mil toneladas, esses enormes navios podem transportar cada um cerca de cem dos mais poderosos aviões de guerra do mundo.

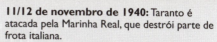

A LINHA DO TEMPO DA HISTÓRIA MILITAR

A Marinha Real também usou a força aérea em longas distâncias – na Guerra das Malvinas, em 1982. O destaque dessas aeronaves era o revolucionário Sea Harriers, capaz de decolar e pousar em posição vertical. Elas derrubaram 21 aeronaves argentinas durante o conflito.

11/12 de novembro de 1940: Taranto é atacada pela Marinha Real, que destrói parte de frota italiana.

28 de março de 1941: Batalha do Cabo Matapão. A frota de Cunningham vence os italianos.

21 a 27 de maio de 1941: Ação de Bismarck. Navio de guerra alemão afunda navio de guerra britânico Hood antes de ser derrotado pela Marinha Real.

1º a 5 de julho de 1942: Destruição do comboio do Ártico PQ17.

31 de dezembro de 1942: Batalha do Mar de Barents. Alemães são repelidos em um ataque a um comboio do Ártico.

26 de dezembro de 1943: Batalha de Cabo Norte. Cruzador de batalha alemão Scharnhorst é afundado.

Segunda Guerra Mundial: Campanha no Ocidente.

6 de junho de 1944: Dia D. Montgomery coordena o bem-sucedido desembarque Aliado na Normandia.

6 de junho a 25 de 10 de dezembro de 1941 julho de 1944: Caen. Intensa batalha para ultrapassar a praça de armas.

13 a 21 de agosto de 1944: Bolsa de Falaise. Prisão de parte significativa das forças alemãs na Normandia após a Operação Cobra entrar em ação no flanco direito dos Aliados.

25 de agosto de 1944: Aliados invadem Paris.

17 a 25 de setembro de 1944: Arnhem. Tentativa de ataque aéreo Aliado às linhas de defesas alemãs nos Países Baixos fracassa.

16 de dezembro de 1944 a 16 de janeiro de 1945: Batalha das Ardenas. Último contra-ataque alemão fracassa.

7 a 31 de março de 1945: Travessias do Reno. Aliados entram na Alemanha.

Segunda Guerra Mundial: Teatro no Pacífico

7 de dezembro de 1941: Ataque japonês a Pearl Harbor devasta a frota dos Estados Unidos.

22 de dezembro de 1941 a 10 de maio de 1942: Conquista japonesa das Filipinas.

27 e 28 de fevereiro de 1942: Batalha do Mar de Java. Japoneses destroem esquadra Aliada nas Índias Orientais Holandesas.

4 a 8 de maio de 1942: Batalha do Mar de Coral. Vitória tátita japonesa.

4 a 7 de junho de 1942: Batalha de Midway. Grande ponto de virada para a derrota japonesa, que sai com sua frota arrasada.

7 de agosto de 1942 a 7 de fevereiro de 1943: Guadalcanal. Batalha por ar, terra e mar. É

215

TANQUES DE GUERRA

Tropas croatas atirando com uma metralhadora de 12,7mm sobre um carro de combate T-55.

Um veículo de combate de infantaria americano M2.

Um tanque M1A1 Abrams do Corpo de Fuzileiros Navais durante a Operação Liberdade Duradoura.

A LINHA DO TEMPO DA HISTÓRIA MILITAR

O tanque de produção americana M-60 formava a base dos tanques da Marinha Americana nos anos 1960 e 1970. O M-60 israelense visto aqui foi equipado com blindagem reativa de ponta.

A autometralhadora britânica de seis rodas Saladin, do início dos anos 1960, equipada com um canhão de 76mm.

o segundo maior ponto de virada no teatro do Pacífico, com desembarque anfíbio dos Estados Unidos e a captura de ilhas pelo Pacífico.

20 a 23 de novembro de 1943: Tarawa.
1º a 4 de fevereiro de 1944: Kwajalein.
17 a 23 de fevereiro de 1944: Eniwetok.
15 de junho a 9 de julho de 1944: Saipan.
21 de julho a 10 de agosto de 1944: Guam.
24 a 31 de julho de 1944: Tinian.
15 de setembro a 25 de novembro de 1944: Peleliu.
19 de fevereiro a 16 de março de 1945: Iwo Jima.
1º de abril a 22 de junho de 1945: Okinawa.
19 a 20 de junho de 1944: Batalha do Mar das Filipinas ("O grande tiro ao pato das Ilhas Marianas").
20 de outubro a 25 de dezembro de 1944: Leyte. Maior batalha da história naval. Estados Unidos derrotam a última grande ofensiva da frota japonesa e garantem desembarques seguros nas Filipinas.
3 de fevereiro a 4 de março de 1945: Batalha de Manila.
9 a 17 de agosto de 1945: Invasão soviética e conquista da Manchúria, que acaba tirada dos japoneses.
6 e 9 de agosto de 1945: Bombas atômicas lançadas sobre Hiroshima e Nagasaki.

Segunda Guerra Mundial: Campanha no Sudeste da Ásia

8 de dezembro de 1941 a 15 de fevereiro de 1942: Conquista japonesa da Malásia.
10 de dezembro de 1941: Japoneses afundam a Força Britânica Z (Navios de guerra Prince of Wales e Repulse).
8 a 15 de fevereiro de 1942: Singapura se rende na pior derrota britânica desde o século XVIII.
Fevereiro/março a agosto de 1944: Ataques dos Chindits atrás das linhas japonesas.
29 de março a 22 de junho de 1944: Batalha de Imphal/Kohima. 14º Exército de Slim rechaça a tentativa de invasão japonesa à Índia.
19 de novembro de 1944: Slim dá início à ofensiva dos Aliados à Birmânia central.
27 de janeiro de 1945: britânicos e chineses avançam a partir da união ao norte.
20 de março de 1945: Aliados garantem o controle de Mandalay.
3 de maio de 1945: Aliados garantem o controle de Rangum.

217

▶ VIETNÃ

No Vietnã, os helicópteros da Bell UH-1 Iroquois, também chamados de Huey, foram usados com tanta frequência para transportar tropas americanas que acabaram se tornando um símbolo da guerra.

Um fuzileiro conduz um vietcongue suspeito durante uma operação de busca e limpeza 25 quilômetros a oeste da base aérea de Da Nang.

A LINHA DO TEMPO DA HISTÓRIA MILITAR

General Võ Nguyên Giáp, mentor da estratégia do Vietnã do Norte.

GENERAL VÕ NGUYÊN GIÁP
(1912 – 2013)

Foi um general e estadista vietnamita. Entrou para o Partido Comunista em 1931 para se opor ao governo francês na Indochina. Durante os anos 1930, foi professor e jornalista, além de um leitor dedicado da história militar, em especial de Napoleão e Sun Tzu. Enfrentou os franceses na Primeira Guerra da Indochina (1946 - 1954) e os Estados Unidos e seus aliados na Segunda Guerra da Indochina. Sua maior vitória foi na Batalha de Dien Bien Phu, em 1954, que levou a França a se retirar do Vietnã. Durante a Segunda Guerra da Indochina, a Ofensiva do Tet, de 1968, foi um fracasso militar para Giáp, mas uma derrota moral para o povo americano. As últimas tropas dos Estados Unidos se retiraram do Vietnã em 1973.

EUROPA

1946: Guerra Civil Grega.
1954 – 1959: Emergência do Chipre.
1956: Levante húngaro.
1968: Levante da Primavera na Tchecoslováquia e intervenção do Pacto de Varsóvia.

EXTREMO ORIENTE

1945 – 1949: Guerra Civil Chinesa e criação da República Popular Comunista da China.
1950 – 1953: Guerra da Coreia.
Coreia foi dividida em norte e sul em 1945, conforme a Segunda Guerra Mundial e a ocupação pela União Soviética e Estados Unidos.
25 de junho de 1950: Coreia do Norte invade a Coreia do Sul, desencadeando uma resposta militar da ONU.
Agosto de 1950: Forças sul-coreanas e da ONU são fixadas no "Perímetro de Pusan", no sul da península.
15 de setembro de 1950: Uma ofensiva da ONU e um desembarque anfíbio em Inchon marcam o início do contra-ataque; até o fim de outubro, as forças da ONU já venceram quase totalmente a Coreia do Norte.
24 de novembro de 1950: China entra sem aviso na guerra e força as Nações Unidas de volta ao sul.
22 a 30 de abril de 1951: Batalha do Rio Imjin. Tropas britânicas, belgas e americanas forçam o exército chinês a recuar, infligindo 40% de baixas.
Meados de 1951: As linhas são estabelecidas perto de onde elas surgiram em 1950. O General MacArthur, da ONU, recomenda um ataque à China, mas a ideia é rejeitada pelo presidente americano Truman.
16 a 18 de abril de 1953: Batalha de Pork Chop Hill. Trudeau (EUA/ONU) coordena as negociações com a China, celebradas em 27 de julho de 1953 com um cessar-fogo. No entanto, as Coreias do Norte e do Sul continuam tecnicamente em guerra.

1947/8 – 1989/90: GUERRA FRIA

Ao fim da Segunda Guerra Mundial, Alemanha e Áustria são ocupadas pelos vencedores. A Europa Oriental, "libertada" dos nazistas, cai na esfera de poder soviético. Regimes comunistas são instalados e, nas palavras de Churchill, uma "cortina de ferro" divide a Europa. Cresce a tensão entre a União Soviética e o Ocidente. Berlim é dividida e Berlim Ocidental forma um enclave de democracia dentro do bloco oriental.

▶ GUERRA DO GOLFO

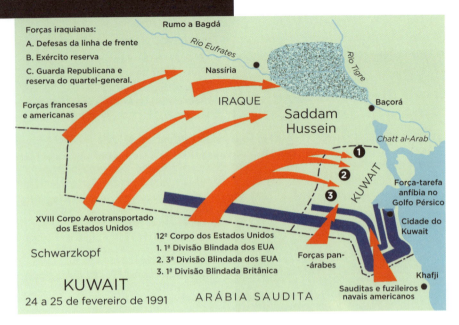

BATALHA DO KUWAIT (OPERAÇÃO TEMPESTADE NO DESERTO)

Contexto: Guerra do Golfo.

Data: 24 a 28 de fevereiro de 1991.

Localização: Kuwait e sul do Iraque, na região do Golfo Pérsico.

Comandantes/Forças: O General Norman Schwarzkopf comandou uma coalizão multinacional composta por 665 mil soldados. Possivelmente 500 mil soldados iraquianos foram formalmente liderados pelo presidente Saddam Hussein.

Objetivos: Libertação do Kuwait da ocupação iraquiana.

Baixas: A coalizão teve aproximadamente 500 mortos ou feridos; do lado iraquiano, estima-se que 60 mil tenham sido mortos e 175 mil levados como prisioneiros.

Vitória: Aliados.

Consequências: O Kuwait foi libertado e mais uma crise no Oriente Médio chegou ao fim. No entanto, o regime despótico de Saddam Hussein continuou causando danos à região até chegar ao fim por meio de outra invasão liderada pelos Estados Unidos, em 2003. Entretanto, essa última operação desestabilizou ainda mais o Oriente Médio.

Carros de combate americanos M-1A1 Abrams da 3ª Divisão Blindada avançam durante a Operação Tempestade no Deserto.

A LINHA DO TEMPO DA HISTÓRIA MILITAR

H. NORMAN SCHWARZKOPF (1934 – 2012)

Foi o primeiro grande comandante da "era da televisão". Schwarzkopf foi muito condecorado por seus serviços no Vietnã (1965 – 1966, 1969 – 1970). Subiu na carreira e comandou as forças terrestres envolvidas na Invasão de Granada em 1983. Depois da invasão iraquiana do Kuwait, em 1990, ele coordenou a enorme força multinacional que levou à vitória na Operação Tempestade do Deserto, em fevereiro de 1991. Um comunicador natural, cuja personalidade e o carisma lhe renderam fama mundial, detinha um profundo conhecimento de história e estratégia militares, necessário para chegar à vitória com uma quantidade mínima de baixas.

1948 – 1953: Auge da Guerra Fria.

1949: Formação da Organização do Tratado do Atlântico Norte (Otan) envolvendo a maioria das democracias europeias e as potências da América do Norte.

1949: União Soviética se transforma em uma potência atômica.

1949: Bloqueio de Berlim. União Soviética interdita o acesso a Berlim Ocidental e a cidade passa a receber suprimentos do Ocidente pelo ar.

1955: União Soviética forma o Pacto Intercontinental de Varsóvia. Os mísseis balísticos são cada vez mais o principal fator de impedimento entre as superpotências, afinal, há a ameaça de destruição mútua, com frotas de bombardeiros constantemente prontos para entrar em ação. Posteriormente, submarinos com força nuclear são usados.

1962: Crise dos mísseis de Cuba. Aviões espiões dos EUA encontram mísseis soviéticos implantados na ilha. O mundo oscila à beira de uma guerra nuclear, com Cuba bloqueada pela Marinha dos Estados Unidos até a União Soviética remover os mísseis. Com a possibilidade de confronto nuclear e exércitos instalados dos dois lados da Cortina de Ferro, o conflito ideológico e político entre Oriente e Ocidente se espalha pelo Terceiro Mundo.

1980: Mikhail Gorbachev tenta democratizar a União Soviética. Durante a década de 1980, os soviéticos enfrentam dificuldades cada vez maiores de manterem a "corrida armamentista", já que os Estados Unidos sempre está na frente de seu rival, e desenvolvendo novas tecnologias, como os aviões furtivos (ou *stealths*) e os sistemas antimísseis. O envolvimento soviético no Afeganistão agrava o problema.

1989 – 1990: Colapso dos regimes comunistas do bloco soviético e reunificação da Alemanha.

AMÉRICAS

1945 – 1965: Guerra Civil Colombiana.

1947 – 1949: Guerra Civil do Paraguai e levantes.

1948: Invasão nicaraguense da Costa Rica (Guerra Civil da Costa Rica).

1951 – 1953: Disputa de fronteira entre Equador e Peru.

1952 – 1959: Revolução Cubana.

1953: Intervenção britânica na Guiana.

1955: Invasão nicaraguense da Costa Rica.

1956 – 1958: Agitação no Haiti.

1959: Invasão da República Dominicana, impulsionada por Cuba, fracassa.

1960 – 1965: Insurgência comunista no Brasil.

MÍSSEIS DE CAMPO DE BATALHA

Um míssil balístico de curto alcance é um míssil balístico com um alcance de aproximadamente 1.000 quilômetros. Eles costumam ser capazes de transportar tanto armas nucleares como explosivos convencionais e são de custo relativamente baixo e configuração simples.

Mísseis Scud foram lançados de uma base da Guarda Costeira americana próxima à ilha italiana de Lampedusa quando a Líbia respondeu a ataques aéreos dos Estados Unidos, em 1986. Mísseis foram usados em diversos conflitos regionais, inclusive por forças comunistas soviéticas e afegãs no Afeganistão, e por iranianos e iraquianos uns contra os outros na chamada Guerra das Cidades, durante a Guerra Irã-Iraque (1980 – 1988). Os Scuds também foram usados pelo Iraque durante a Guerra do Golfo Pérsico, contra Israel e alvos da coalizão na Arábia Saudita. Mais de uma dúzia de Scuds foram lançados do Afeganistão contra alvos no Paquistão em 1988. Um pequeno número de Scuds foi usado na guerra civil de 1994 no Iêmen e pelas forças russas na Chechênia a partir de 1996.

O míssil Pershing, do Exército dos Estados Unidos, foi testado em fevereiro de 1960 e usado em 1963 na Alemanha Ocidental. Tinha um alcance máximo de 740 quilômetros. A ogiva podia ser de explosivos convencionais ou nucleares.

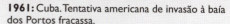

A LINHA DO TEMPO DA HISTÓRIA MILITAR

O míssil de campo de batalha Honest John, do Exército Americano, foi o primeiro foguete nuclear superfície-superfície do arsenal dos Estados Unidos. Foi inicialmente testado em 1951 e usado em janeiro de 1953.

1961: Cuba. Tentativa americana de invasão à baía dos Portos fracassa.

1964: Estado de emergência na Guiana.

1965: Guerra Civil da República Dominicana e intervenção dos Estados Unidos.

1979 – 1991: Guerra Civil de El Salvador.

GUERRA DAS MALVINAS/FALKLAND

27 e 28 de maio de 1982: Batalha de Goose Green. Jones e Keeble, da Grã-Bretanha, capturam tropas argentinas.

11 a 14 de junho de 1982: Batalha de Port Stanley. As forças britânicas de Moore derrotam os argentinos e liberam o porto.

25 a 27 de outubro de 1983: Granada. Força-tarefa americana de Metcalf, com unidades no Caribe, derrota os granadeiros/cubanos.

1979 – 1989: Guerra Civil da Nicarágua.

1989: Intervenção dos Estados Unidos no Panamá.

1994: Intervenção dos Estados Unidos no Haiti.

1995: Atentado de Oklahoma City.

ORIENTE MÉDIO

1948 – 1949: Guerra de Independência de Israel.

1956: Crise do canal de Suez e Guerra Árabe-Israelense.

29 de outubro a 5 de novembro de 1956: Batalha do Sinai. Dayan alcança todos os objetivos israelenses, derrotando o exército egípcio e ultrapassando o Sinai.

5 a 7 de novembro de 1956: Desembarques na Batalha de Suez. Aliados franceses e britânicos comandados por Stockwell tentam reaver o controle do canal de Suez nacionalizado e avançam por ele até a ONU exigir um cessar-fogo.

1958 – 1967: Emergência de Aden

1967: Guerra dos Seis Dias entre árabes e israelenses.

5 a 8 de junho de 1967: Batalha do Sinai. Israelenses comandados por Gavish destroem o exército egípcio e definem a linha de defesa ao longo do canal de Suez.

7 de junho: Israelenses tomam Jerusalém.

9 a 10 de junho de 1967: Batalha de Golan Heights. Elazar, de Israel, derrota os sírios e toma o planalto.

1970: Conflito com os palestinos na Jordânia.

1973: Guerra do Yom Kippur (também conhecida como Guerra Árabe-Israelense de 1973, Guerra de Outubro, Guerra do Ramadã ou Quarta Guerra Árabe-Israelense).

6 a 8 de outubro de 1973: Batalha da Travessia do Canal de Suez. Comandados por Ali e Chazli, os egípcios atravessam o canal para reconquistar o

As escotilhas dos 12 tubos de torpedos de lançamento vertical Tomahawk abertas na proa do submarino nuclear USS Oklahoma City (SSN-723).

▶ MÍSSEIS DE CAMPO DE BATALHA

O míssil Scud soviético e seus derivados constituem um dos poucos mísseis balísticos usados em guerra. O Scud-A tinha um alcance máximo de 130 quilômetros; posteriormente, o Scud-D alcançou 650 quilômetros.

A LINHA DO TEMPO DA HISTÓRIA MILITAR

Acima: O disparo de um míssil de cruzeiro Tomahawk BGM-109 de seu lançador a bordo de um contratorpedeiro americano. O míssil tem uma velocidade de 880 km/h e um alcance de 2.500 quilômetros. É capaz de carregar uma ogiva convencional de até 450 quilos ou uma bomba de efeito combinado BLU-97/B.

Sinai e sua honra. Os israelenses os afastam até os Estados Unidos e a União Soviética forçarem uma decisão de cessar-fogo da ONU.

6 a 10 de outubro de 1973: Batalha de Golan Heights. Hofi lidera os israelenses, que expulsam os sírios.

SUDESTE ASIÁTICO

1948 – 1960: Emergência malaia.

1946 – 1954: Guerra da Indochina.

20 de novembro de 1953 a 7 de maio de 1954: Batalha de Dien Bien Phu. O General Võ Nguyên Giáp toma a base francesa, forçando-os a conceder independência ao Vietnã.

1953: Invasão vietnamita do Laos.

1955: Guerra Civil Vietnamita.

1959 – 1976: Estado de emergência no Laos.

1961 – 1975: Guerra do Vietnã (envolvimento militar direto dos Estados Unidos entre 1961 e 1973).

1964: Incidente do Golfo de Tonkin.

19 de outubro a 26 de novembro de 1965: Batalha de Ia Drang. A primeira cavalaria americana, comandada por Kinnard, provoca muitas baixas para os vietnamitas do norte e vietcongues.

18 de agosto de 1966: Batalha de Long Tan. Os australianos, comandados por Jackson, derrotam os vietcongues.

22 de fevereiro a 14 de maio de 1967: Operação Junction City. Comandados por Westmoreland, americanos e vietnamitas do sul provocam várias baixas entre os comunistas, que se retiram para o Camboja, mas afirmam ter acabado com as tropas americanas.

19 a 23 de novembro de 1967: Batalha de Dak To. Vietnamitas do norte distraem os americanos no do Vietnã do Sul ao prepararem uma emboscada e lutarem pelo comando da colina.

30 de janeiro a 23 de setembro de 1968: Ofensiva do Tet. Forças norte-vietnamitas lançam ataques surpresa maciços em todo o país e entram em Saigon. O norte sofre uma grande derrota, mas o conflito choca o público norte-americano (que acompanha os acontecimentos pela televisão). A opinião pública se coloca cada vez mais contrária à continuação da guerra.

21 de janeiro a 14 de abril de 1968: Cerco de Khe Sanh. Como parte da Ofensiva do Tet, os norte-vietnamitas tentam tomar a base americana. Lownds consegue mantê-la até receber reforço.

31 de janeiro a 25 de fevereiro de 1968: Batalha de Hue. Truong (sul-vietnamita) e La Hue

MÍSSEIS DE INFANTARIA

Acima: A bazuca é um lançador de foguetes antitanques que se tornou famosa durante a Segunda Guerra Mundial, quando passou a ser a principal arma antitanques da infantaria usada pelas Forças Armadas dos Estados Unidos. Foi uma das primeiras armas baseadas em munição de Alto Explosivo Antitanque (HEAT) a entrar em serviço. Foi apelidada de "bazuca" por sua vaga semelhança com o instrumento musical de mesmo nome. As primeiras tinham calibre de 2,36 (à direita na foto) polegadas e foram substituídas pela "Superbazuca" de 3,5 polegadas (à esquerda na foto).

Um disparo é feito com uma arma de assalto com lançamento pelo ombro para diversas finalidades (SMAW). A SMAW é uma arma portátil de 83mm e está presente no arsenal do Exército dos Estados Unidos desde os anos 1980.

A LINHA DO TEMPO DA HISTÓRIA MILITAR

(EUA) voltam a tomar a cidade do Vietnã do Norte, que havia sido capturada em um ataque surpresa em 30 e 31 de janeiro.

Junho de 1969: Início da retirada gradual das tropas norte-americanas.

Janeiro de 1973: Acordo entre Estados Unidos e Vietnã do Norte para encerrar a guerra.

29 de março de 1973: Últimas tropas americanas deixam o Vietnã do Sul.

Janeiro de 1974: Vietnã do Norte reinicia a guerra.

30 de abril de 1975: Norte-vietnamitas entram em Saigon; Vietnã do Sul se rende.

1964 – 1966: Emergência indonésio-malaia.

1970: Conflito entre vietcongues e cambojanos.

1973: Levante comunista no Camboja.

1975: Indonésia invade o Timor-Leste.

1975: Khmer Rouge toma o controle do Camboja.

1979: Guerra Sino-Vietnamita.

1979 – 1989: Intervenção vietnamita no Camboja.

ORIENTE MÉDIO

1975 – 1976: Guerra Civil Libanesa.

1974: Invasão turca ao norte do Chipre.

1978: Invasão israelense ao sul do Líbano.

1978: Revolução Iraniana; queda do Xá; criação da República Islâmica sob o aiatolá Khomeini.

1979: Embaixada dos Estados Unidos em Teerã é ocupada e os funcionários feitos reféns.

Abril de 1980: Operações especiais dos Estados Unidos com o objetivo de resgatar reféns em Teerã fracassam.

30 de abril de 1980: Cerco à embaixada iraniana em Londres. O evento termina com um ataque do Serviço Aéreo Especial em 5 de maio.

1979 – 1989: Guerra entre Rússia e Afeganistão.

1980 – 1989: Guerra entre Irã e Iraque.

1982: Invasão israelense do Líbano (Operação Paz para a Galileia).

1983 – 1984: Intervenção israelita no Líbano.

1986: Guerra Civil Iemenita.

1986: Estados Unidos bombardeiam a Líbia (Operação El Dorado Canyon).

1987: Início da intifada árabe contra Israel.

1990 – 1991: Guerra do Golfo.

1990: Invasão iraquiana do Kuwait.

24 a 28 de fevereiro de 1991: Operação Tempestade no Deserto. As forças de coalizão

O Stinger é um míssil portátil de curto alcance terra-ar que começou a ser usado em 1981. É utilizado até hoje pelos Estados Unidos e 29 outros países, e foi empregado de forma bem-sucedida em vários conflitos ao redor do mundo.

227

MÍSSEIS DE INFANTARIA

Abaixo: A granada lançada por foguete (RPG) foi amplamente disseminada pelo mundo. Hoje em dia, exércitos modernos como o dos Estados Unidos incorporaram a blindagem em seus tanques, tornando-os invulneráveis às granadas.

A LINHA DO TEMPO DA HISTÓRIA MILITAR

de Schwarzkopf destroem o exército iraquiano e libertam o Kuwait.

1992 – 1994: Guerra entre Armênia e Azerbaijão, que disputam a região de Nagorno-Karabakh.

1993: Estado de emergência no Tajiquistão.

1994: Paz formal entre Jordânica e Israel (que tecnicamente estavam em guerra desde 1948).

1994 – 1996: Intervenção russa na Chechênia.

1999 – 2000: Segunda invasão russa da Chechênia; Batalha de Grózni.

ÍNDIA

1947 – 1948: Guerra de separação da Índia. Paquistão toma um terço da Caxemira.

1961: Estado de emergência no Ceilão.

1965: Segunda Guerra Indo-Paquistanesa.

1969: Terceira Guerra Indo-Paquistanesa

1984 – 1989: Emergência do Sri Lanka.

1984: Ofensiva indiana em Punjabe.

1999: Caxemira. Conflito de fronteira entre Índia e Paquistão.

ÁFRICA

1952: Quênia. Emergência de Mau-Mau.

1954 – 1962: Guerra de independência entre Argélia e França.

1959: Emergência na Rodésia.

1960: África do Sul. Massacre de Sharpeville.

1960 – 1967: Guerras civis congolesas.

1961 – 1975: Guerra da Independência de Angola.

1964: Ruanda. Massacre dos tútsis.

1967 – 1970: Guerra Civil da Nigéria.

1971 – 1979: Guerra Civil da Rodésia; Rodésia se torna Zimbábue.

1975 – 1977: Guerra Civil do Chade.

1975 – 1991: Guerra Civil da Angola.

1976: Marrocos invade Saara Ocidental.

Julho de 1976: Entebbe é atacada por israelenses, que libertam reféns.

1977: Incidente de Mogadíscio.

1977: Conflito entre Egito e Líbia.

1977: Etiópia. Guerra de Ogaden.

1977 – 1978: Guerra Civil da Libéria.

1979: Tanzânia invade Uganda.

1981: Levante no Zimbábue é contido.

1983: Polisários atacam marroquinos no Saara Ocidental.

1984 – 1987: Guerra do Chade.

1991: Guerra Civil da Etiópia.

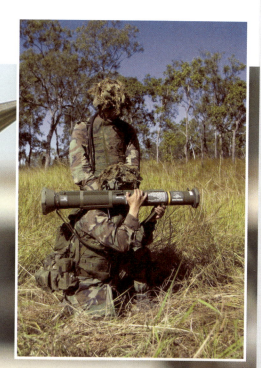

Acima: A AT-4 é uma arma anticarro de único tiro produzida pela Saab Bofors Dynamics, na Suécia. Ela proporciona à infantaria a capacidade de destruir ou incapacitar veículos e fortificações blindadas, mas não é considerada eficiente para derrotar um tanque de batalha moderno. O lançador e o projétil formam uma única peça e, após o uso, o lançador é descartado.

▶ 11 DE SETEMBRO/TERRORISMO

SÉCULOS XX – XXI

A Guerra ao Terror foi proclamada pelo presidente americano George W. Bush em 2001 em resposta a um terrível ataque realizado por terroristas islâmicos. Em 11 de setembro daquele ano, membros do grupo terrorista e fundamentalista Al Qaeda sequestraram quatro aviões civis e conseguiram fazer dois deles colidirem com o World Trade Center, em Nova Iorque, e um terceiro contra o Pentágono, sede das Forças Armadas dos Estados Unidos.

Osama Bin Laden.

Depois disso, tiveram início duas campanhas militares, distintas das atividades contínuas de inteligência do Ocidente. Em 2001, uma coalizão liderada pelos Estados Unidos invadiu o Afeganistão para derrubar o regime extremista Talibã e para acabar com os terroristas da Al Qaeda que ele sustentava. Os talibãs foram derrubados, mas os terroristas não foram eliminados. Subsequentemente, talibãs e chefes militares locais voltaram a ganhar força, o que levou à necessidade da presença continuada de tropas ocidentais no país.

Em 2003, os americanos (com participação dos britânicos e de outros aliados ocidentais) invadiram o Ira-

O presidente americano George W. Bush.

O Marco Zero, em Nova York. A vista aérea mostra uma pequena área do local onde o World Trade Center caiu após o atentado terrorista do 11 de Setembro. Os prédios nos arredores foram seriamente danificados pelos detritos e pela enorme força do colapso das torres.

230

que, em tese para derrubar o ditador Saddam Hussein do poder, eliminar supostas armas de destruição em massa existentes no país e cortar possíveis ligações dos iraquianos com o terrorismo. Saddam foi eliminado, mas armas de destruição em massa não foram encontradas. E a falta de planejamento americano para a segurança do país após a vitória levou a uma guerra civil e a um conflito de extermínio mútuo por parte dos terroristas, que as forças ocidentais se esforçam para conter.

Tropas americanas em Candaar, Afeganistão, em 2005.

Fumaça saindo do Pentágono após um avião comercial sequestrado atingir o prédio durante os ataques de 11 de Setembro. A derrubada do avião no Pentágono ocorreu logo depois dos ataques às torres gêmeas do World Trade Center, em Nova York, naquele que foi considerado um dos piores atentados terroristas da História.

A LINHA DO TEMPO DA HISTÓRIA MILITAR

1991: Guerra Civil da Somália e intervenção americana.
1992 – 1995: Segunda Guerra Civil da Angola.
1993: Guerra Civil do Burundi.
1994: Guerra Civil de Ruanda.
1996 – 1997: Guerra dos Grandes Lagos Africanos.

EUROPA

1969 – 1998: Campanha do Terror na Irlanda do Norte
1969: Atentados terroristas realizados por organizações protestantes e pelo Exército Republicano Irlandês têm início. Eles se estendem por três décadas, intercalados com cessar-fogos e negociações.
1972: Domingo Sangrento. Paramilitares britânicos abrem fogo contra ativistas dos direitos civis e matam 13 pessoas.
1979: Lord Mountbatten é morto pelo IRA (Exército Republicano Irlandês).
1981: Primeiro atentado do IRA em Londres. Os alvos subsequentes incluem bases do Exército Britânico na Alemanha e em Gibraltar.
1984: Atentado em Brighton fracassa no objetivo de matar a primeira-ministra britânica Margaret Thatcher.
1991: Ataque do IRA no número 10 da Downing Street (casa/local de trabalho do primeiro-ministro britânico).
1991 – 1999: Guerra de Dissolução Iugoslava.
1991 – 1995: Período Sérvia/Croácia/Eslovênia/Bósnia.
1999: Período Sérvia/Kosovo.

GUERRA AO TERROR

11 de setembro de 2001: O grupo extremista islâmico Al-Qaeda promove um ataque terrorista contra os Estados Unidos. Dois aviões civis são sequestrados e lançados contra o World Trade Center, em Nova York, matando mais de 3 mil pessoas; um terceiro avião atinge o Pentágono.
18 de setembro de 2001: Estados Unidos declaram guerra contra o terrorismo.

Enquanto ataques terroristas promovidos por fundamentalistas islâmicos atingem muitos países, uma guerra de inteligência é travada por organizações de segurança ocidentais para impedi-los. Os ataques incluem:
2002 e 2005: Atentados em Bali.
2003: Atentados em trens de Madri.
2005: Atentados de Londres.
2001: Coalizão liderada pelos Estados Unidos invade o Afeganistão e derruba o extremista regime talibã; operações de segurança continuam.

FORÇA AÉREA MODERNA

Um F-16 Fighting Falcon americano em voo durante uma missão no Iraque equipado com bombas munidas de JDAM guiadas por GPS via satélite No destaque: A munição de ataque direto conjunto (JDAM) americana GBU-31/32 é um kit de orientação utilizado em bombas não guiadas de propósito genérico, convertendo-as em munições "inteligentes" – guiadas por GPS. Seu alcance pode chegar a 28 quilômetros.

O RQ-4A Global Hawk da Marinha Americana, um veículo aéreo de vigilância – uma aeronave sem piloto, controlada do chão. Tem uma velocidade de 629 km/h e capacidade de permanência no ar de 34 horas a uma altura de 65 mil pés (20 mil metros).

A LINHA DO TEMPO DA HISTÓRIA MILITAR

IRAQUE

2003: Coalizão liderada pelos Estados Unidos invade o Iraque e derruba o ditador Saddam Hussein; operações de segurança continuam em uma situação que se assemelha a uma guerra civil, com xiitas e sunitas promovendo atentados terroristas uns contra os outros e contra as forças de segurança do Ocidente.

Fevereiro de 2007: Liderados pelo General Petraeus, os Estados Unidos lançam uma ofensiva reforçada batizada de "Surge". A violência no país diminui significativamente em meados de 2008.

Janeiro de 2009: O presidente dos Estados Unidos Barack Obama define planos para retirar as tropas do país no prazo de 16 meses depois de tomar posse. O governo iraquiano parece estar de acordo com a retirada americana até o fim de 2011.

ÁFRICA

Há avisos de guerras desencadeadas por conflitos envolvendo recursos hídricos; potenciais focos incluem os rios Nilo, Níger, Volta e Zambesi.

CHIFRE DA ÁFRICA

Desordem social na região leva a muitos conflitos (guerras de fronteira e guerras civis da década de 1960). A região permanece instável, com vários conflitos, terrorismo e o envolvimento da Al-Qaeda.

2007: Etiópia invade a Somália. Mogadíscio continua (após aproximadamente 17 anos) a ser um foco particular de conflito entre facções, islamitas e senhores da guerra rivais.

2008: Uma União Africana de forças de paz tenta trazer estabilidade para a região. Esforços multinacionais continuam investindo na pacificação e em acabar com a pirataria marítima no Oceano Índico e no mar Vermelho.

ÁFRICA CENTRAL

O conflito inter-tribal incessante, que culminou, em 1994, com o massacre de tútsis em Ruanda, continua. Conflitos civis e desordem social na região central dos Grandes Lagos Africanos em Ruanda espalham-se para países vizinhos com o movimento de milhares de refugiados.

AFEGANISTÃO

Coalizão liderada pelos Estados Unidos em 2006 instala forças de manutenção da paz da OTAN para apoiar o novo regime democrático. Entre os colaboradores estão Estados Unidos,

O bombardeiro Northrop Grumman B-2 Spirit, operado pela Força Aérea dos Estados Unidos. É um avião furtivo de segunda geração, que participou da Guerra do Kosovo, em 1999; da Operação Liberdade Duradoura, no Afeganistão; e da Operação Liberdade do Iraque, no Iraque. Partindo do território americano, as missões duraram pelo menos 30 horas e uma delas chegou a atingir 50 horas.

▶ IRAQUE

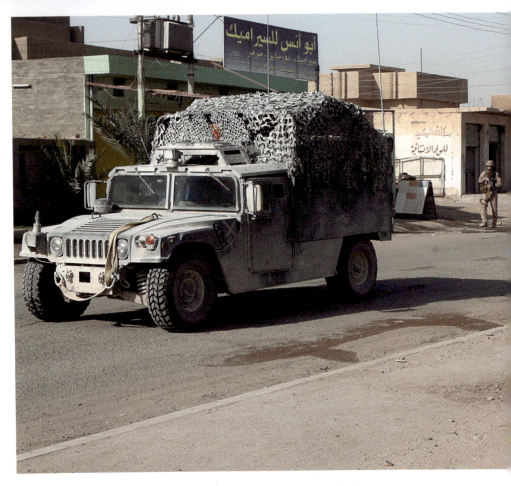

Homens iraquianos servindo na força de contrainsurgência posam para uma foto em Al Namer, Iraque, 2007.

A LINHA DO TEMPO DA HISTÓRIA MILITAR

Grã-Bretanha, Alemanha, França, Canadá e Itália. No entanto, a situação se deteriora e as províncias fronteiriças do Paquistão estão cada vez mais envolvidas, apresentando problemas políticos para as forças da OTAN.

O ano de 2008 se mostra o mais sangrento até o momento para as forças da OTAN. Os insurgentes cada vez mais deixam de lado a guerra tradicional e começam a fazer uso do terrorismo.

2009: O presidente Obama planeja reforços significativos.

SRI LANKA

A partir de 1970: Tigres de Liberação do Tamil fazem campanha por independência.

2006: Sri Lanka lança grande ofensiva e, no início de 2009, afirma que pode sair vitorioso.

2008: Guerra entre Rússia e Geórgia pela província da Ossétia do Sul.

CONFLITO ÁRABE-ISRAELENSE

2008 – 2009: Conflito entre Israel e Gaza ganha força. Os israelences lançam ataques por terra e ar (dezembro de 2008) em represália aos constantes ataques a Israel promovidos pelo Hamas.

Fevereiro de 2009: Irã lança um satélite, demonstrando progressos na produção de mísseis estratégicos. Os líderes iranianos já declararam seu objetivo de destruir Israel, que, acredita-se, ensaiou ataques aéreos às instalações nucleares iranianas.

Acima: Auxiliando a polícia iraquiana, fuzileiros norte-americanos patrulham uma rua de Faluja, no Iraque, em 2007.

ARMAS NUCLEARES

Os países conhecidos por terem armas nucleares são:

- Estados Unidos
- Rússia
- Reino Unido
- França
- China
- Índia
- Paquistão
- Israel
- Coreia do Norte

Continuam os esforços para dissuadir o Irã (considerado pelo ex-presidente americano George W. Bush como parte de um "eixo do mal") de desenvolver armas nucleares.

235

▶ LEITURAS COMPLEMENTARES

A história militar é bem servida com bibliotecas inteiras de excelentes livros que abordam todos os aspectos possíveis do conflito militar. Os títulos listados abaixo oferecem uma pequena seleção de trabalhos úteis, com ênfase em livros genéricos sobre guerras, campanhas e eras militares, além de atlas da história das guerras e obras que abordam batalhas individuais.

ARCHIBALD, E. H. H. *The Fighting Ship in the Royal Navy 897–1984.* Littlehampton Book Services, 1984.

ARMITAGE, Sir M. *The Royal Air Force:* An Illustrated History. Weidenfeld, Nicolson Military, 1999.

ARNOLD, J. R. *Ardennes 1944.* Osprey Publishing, 1990.

————. *Tet Offensive, 1968:* Turning Point in Vietnam. Osprey Publishing, 1990.

————. *Chickamauga, 1863:* The River of Death. Osprey Publishing, 1992.

————. *Shiloh 1862.* Osprey Publishing, 1998.

AUSTIN, P. B. *1812:* The March on Moscow. Greenhill Books, 1993.

————. *1812:* Napoleon in Moscow. Greenhill Books, 1995.

————. *1812:* The Great Retreat. Greenhill Books, 1996.

BADSEY, S. *Normandy 1944.* Osprey Publishing, 1990.

————. *Arnhem 1944.* Osprey Publishing, 1993.

BANKS, A. *A Military Atlas of the First World War.* Pen & Sword Books, 1975.

BARNETT, C. *Marlborough.* Methuen Publishing, 1974.

————. *The Swordbearers:* Studies in Supreme Command in the First World War. Hodder & Stoughton, 1981.

BARTHOP, M. *The Zulu War:* A Pictorial History. Blandford Press, 1980.

BEEVOR, A. *Stalingrad:* The Fateful Siege, 1942-1943. Viking Adult, 1998.

_____. *The Fall of Berlin, 1945*. Penguin Books, 2003.

BENNETT, G. *The Battle of Jutland*. B.T. Batsford, 1964.

_____. *Naval Battles of the First World War*. Pan Books, 1974.

BLACK, J. *European Warfare 1660–1815*. 2.ed. Yale University Press, 1994.

_____. *The Cambridge Illustrated Atlas of Warfare*: Renaissance to Revolution, 1492–1792. Cambridge University Press, 1996.

BOND, B. *Victorian Military Campaigns*. Frederick A. Praeger, 1967.

BRUCE, J. *British Aeroplanes 1914–1918*. 2.ed. Funk & Wagnalls, 1969.

BURNE, A. H. *The Art of War on Land*. Methuen & Co, 1944.

_____. *Battlefields of England*. Methuen & Co, 1950.

_____. *More Battlefields of England*. Methuen & Co, 1952.

BURNE, A. H.; YOUNG, P. *The Great Civil War*: A Military History of the First Civil War, 1642-1646. Eyre, 1959.

CAESAR, J. *The Conquest of Gaul, 1956 52/1 BC*. Penguin, 1956.

CALVOCORESSI, P. *Top Secret Ultra*. Pantheon Books, 1980.

CALVOCORESSI, P.; WINT, G. *Total War*: Causes and Courses of the Second World War. Penguin Press, 1972.

CASTLE, I. *Aspern and Wagram 1809*. Osprey Publishing, 1994.

_____. *Majuba 1881*: The Hill of Destiny. Osprey Publishing, 1996.

_____. *Eggmühl 1809*: Storm Over Bavaria. Osprey Publishing, 1998.

CASTLE, I.; KNIGHT, I. *Fearful Hard Times*: The Siege and Relief of Eshowe, 1879. Greenhill, 1994.

CHANDLER, D. G. *A Traveller's Guide to the Battlefields of Europe*. Hugh Evelyn, 1965.

_____. *The Campaigns of Napoleon*. Weidenfield and Nicolson, 1967.

▶ LEITURAS COMPLEMENTARES

_____. *Marlborough as Military Commander*. Scribner, 1973.

_____. *Napoleon*. Littlehampton Book Services, 1974.

_____. *The Art of Warfare in the Age of Marlborough*. Batsford, 1976.

_____. *Dictionary of the Napoleonic Wars*. Scribner, 1979.

_____. *Austerlitz 1805*: Battle of the Three Emperors. Osprey Publishing, 1990.

_____. (Ed.) *Great Battles of the British Army*: As Commemorated in the Sandhurst Companies. University of North Carolina, 1991.

_____. *Jena 1806*: Napoleon Destroys Prussia. Osprey Publishing, 1993.

CHRISTIANSEN, E. *The Northern Crusades*: The Baltic and Catholic Frontier 1100-1525. Macmillian & Co, 1980.

CHURCHILL, W. S. *The Story of the Malakand Field Force*. Longmans, Green & Co, 1898.

_____. *The River War*. Longmans, Green & Co, 1899. 2v.

_____. *Marlborough, His Life and Times*. Charles Scribner's Sons, 1933. 2v.

_____. *The World Crisis, 1911-1918, 1916-1918, 1923- 1931*. Scribner's, 1931.

_____. *The Second World War*. Houghton Mifflin/ Riverside Press, 1953. 6v.

CLARENDON, E. of. *The History of the Rebellion and Civil War in England*. Oxford, 1702.

CLARK, A. *Barbarossa*: The Russian-German Conflict 1941-1945. Weidenfeld & Nicolson, 1995.

CLAUSEWITZ, C. von. *On War*. NY: Penguin Books, 1832.

CLOUGHLEY B. *A History of the Pakistan Army*: Wars and Insurrections. Oxford University Press, 1999.

CLOWES, W. L. *The Royal Navy – A History from the earliest times to 1900*. Chatham Publishing, 1997.

COATES, J. *An Atlas of Australia's Wars*: The Australian Centenary History of Defence v.7. Oxford University Pres, 2001.

CONNELL, J. M. *Ardennes*: The Battle of the Bulge, 1944-45. Brassey's UK: 2003.

CONTAMINE, P. *War in the Middle Ages*. Blackwell Pub, 1984.

CORBETT, J. S. *England in the Seven Years' War*. Longmans, Green & Co, 1907. 2v.

COSTELLO, J.; HUGHES, T. *The Battle of the Atlantic*. Dial Press, 1977.

————. *The Pacific War, 1941-45*. Rawson: Wade Publishers, 1981.

CRAWFORD, Mark. *Encyclopedia of the Mexican-American War*. ABC-CLIO, 1999.

CREASEY, E. S. *The Fifteen Decisive Battles of the World*: From Marathon to Waterloo. Barnes and Noble, 1851.

CREVELD, M. van. *Supplying War*. Cambridge University Press, 1977.

CROSS, R. (Ed.) *The Guinness Encyclopedia of Warfare*. Guinness World Records Limited, 1991.

DAVIS HANSON, V. *Wars of the Ancient Greeks*. Orion, 1999.

DEAR, I. C. B. (Ed.) *The Oxford Companion to the World War II*. Oxford University Press, 1995.

DELBRÜCK, H. *History of the Art of War, 1900-20*. Greenwood Press, 1985. 4v. Tradução para o inglês.

DOUHET, G. *The Command of the Air*. Faber and Faber, 1943.

DUFFY, C. J. *Borodino and the War of 1812*. Londres: Cassell & Company, 1972.

————. *The Army of Frederick the Great*. Hippocrene Books, 1974.

————. *Austerlitz, 1805*. Londres: Seeley Service, 1977.

————. *The Army of Maria Theresa*. David & Charles, 1977.

————. *Fire and Stone: The Science of Fortress Warfare 1660-1860*. Greenhill, 1996.

DUPUY, R. E.; T. N. *The Harper Collins Encyclopedia of Military History*. Harper Resource, 1991.

DUPUY, T. N.; JOHNSON, C.; BONGARD, D. L. *The Harper Encyclopedia of Military Biography*. Diane Pub Co, 1992.

EGGENBERGER, D. *A Dictionary of Battles*. Ty Crowell Co, 1967.

ERICKSON, J. *Stalin's War with Germany*. Boulder, 1983. 2v.

▶ LEITURAS COMPLEMENTARES

ESHEL, D. *Chariots of the Desert*. Brassey's Defence Publishers, 1989.

ESPOSITO, V. J. *The West Point Atlas of American Wars*. Praeger, 1959. 2v.

ESPOSITO, V. J.; ELTING, J. R. (Eds.) *A Military History and Atlas of the Napoleonic Wars*. Frederick A. Praeger, 1964.

EVANS, A. A. *Gulf War*: Desert Shield and Desert Storm, 1990–1991. Frontline Books, 2003.

_____. *World War II, An Illustrated Miscellany*. Ottakars, 2005.

FALLS, Captain C. *The Art of War from the Age of Napoleon to the Present Day*. Oxford, 1961.

_____. *The First World War*. Longmans, 1960.

FARRAR-HOCKLEY, A. H. *The Somme*, 1964.

_____. *The British Part in the Korean War*. B.T. Batsford, 1990.

FARWELL, B. *Queen Victoria's Little Wars*. Allen Lane, 1973.

FERRIL, A. *The Fall of the Roman Empire*: The Military Explanation. Thames & Hudson , 1986.

FIRTH, C. H. *Cromwell's Army*. Methuen & Co, 1902.

FLETCHER, I. *Salamanca 1812*. Osprey Publishing, 1997.

FOCH, Marshal F. *The Memoirs of Marshal Foch*. Doubleday, Doran and Co, 1931.

FOOTE, S. *The Civil War*. Random House, 1963.

FORTESCUE, Sir J. *History of the British Army*. Macmillan and Co, 1920.

FORTY, G. *Land Warfare*: The Encyclopedia of 20th Century Conflict. Arms & Armour, 1997.

FRANCIS, D. *The First Peninsular War, 1702–13*. Ernest Benn, 1975.

FRANKLAND, N. *The Bombing Offensive against Germany*. Londres: Faber, 1965.

FRERE-COOK, G.; MACKSEY, K. *The Guinness History of Sea Warfare*. Guinness World Records Limited, 1975.

FULLER, J. F. C. *The Foundations of the Science of War*. Hutchinson & Co, 1926.

_____. *The Decisive Battles of the Western World and their Influence on History*. Londres: J. Terraine, 1956. 3v.

_____. *The Conduct of War 1789–1961*. Rutgers University Press, 1961.

_____. *A Military History of the Western World*. Minerva Press, 1967.

GARDINER, S. R. *History of the Great Civil War 1642–1649*. Longmans, Green & Co, 1893.

GERAGHTY, T. *Who Dares Wins – The Special Air Service, 1950 to the Gulf War*. 3.ed. Little Brown and Company, 1992.

GILBERT, M. *The Second World War*: A Complete History. Holt Paperbacks, 2004.

GLOVER, M. *The Peninsular War, 1807–14*: A Concise Military History. Newton Abbot: David & Charles, 1974.

GORLITZ, W. *History of the German General Staff, 1657–1945*. Nova York: Hollis & Carter, 1953.

GRAVETT, C. *German Medieval Armies 1300–1500*. Osprey Publishing, 1985.

GRAY, R.; ARGYLE, C. *Chronicle of the First World War*. Facts on File, 1991. 2v.

GREENHALGH, P. *Pompey*: The Roman Alexander. Littlehampton Book Services, 1980.

GUNSTON, B. (Ed.) *The Encyclopedia of World Air Power*. Littlehampton Book Services, 1980.

HACKETT, General Sir J. (Ed.) *The Third World War*: August 1985. Macmillian, 1978.

_____. *The Third World War*: The Untold Story. Macmillian, 1982.

_____. *Warfare in the Ancient World*. Facts on File, 1989.

HARBOTTLE, T. B. *Dictionary of Battles*. University of California Libraries, 1904.

HASTINGS, M. *Montrose*: The King's Champion. Gollancz, 1977.

_____. *Overlord – D-Day and the Battle for Normandy*. Simon & Schuster, 1984.

_____. *The Korean War*. Simon & Schuster, 1987.

_____. *Armageddon*: The Battle for Germany, 1944–45. Vintage, 2004.

_____. *Nemesis*: The Battle for Japan, 1944–45. UK General Books, 2007.

▶ LEITURAS COMPLEMENTARES

HASTINGS, M.; JENKINS, S. *The Battle for the Falklands.* W W Norton & Co, 1983.

HAYTHORNTHWAITE, P. J. *The Napoleonic Source Book.* Weidenfeld Military, 1990.

_____. *The World War One Source Book.* Londres: Arms and Armour, 1992.

_____. *The Armies of Wellington.* Londres: Arms and Armour, 1994.

_____. *The Colonial Wars Source Book.* Londres: Arms and Armour, 1995.

_____. *Who Was Who in the Napoleonic Wars.* Cassell, 1998.

HERZOG, C. *The Arab-Israeli Wars.* Random House, 1982.

HERZOG, C.; GICHON, M. *Battles of the Bible.* Greenhill Books, 1997.

HOFFMANN, K. *Erwin Rommel, 1891–1944.* Brassey's, 2004.

HOFSCHROER, P. *The Waterloo Campaign:* Wellington, His German Allies and the Battles of Ligny and Quatre Bras. Greenhill, 1998.

HOGG, I. V. *A History of Artillery.* Hamlyn, 1974.

HOGG, I.; WEEKS, J. *Military Small Arms of the 20th Century.* Digest Books, 1973.

HOLMES, R. (Ed.) *Weapon:* A Visual History of Arms and Armour. Dorling Kindersley/Royal Armouries, 2006.

HOOD, J. (Ed.) *Submarine.* Londres: Conway, 2007.

HORNE, A. *To Lose a Battle – France 1940.* Penguin Books, 1979.

HOWARD, M. E. *The Franco-Prussian War.* Harper Collins, 1961.

_____. *War in European History.* Oxford University Press, 1976.

HUGHES, Major General B. P. *Firepower – Weapon Effectiveness on the Battlefield.* Arms and Armour Press, 1974.

HUGHES, Q. *Military Architecture.* St. Martin's Press, 1974.

ITO, M. *The End of the Imperial Japanese Navy.* Jove, 1986.

JACKSON, W. G. F. *The Battle for Italy.* Nova York: Harper & Row, 1967.

_____. *The North African Campaign 1940–43*. Batsford, 1975.

JAMES, W. *The Naval History of Great Britain from the Declaration of War by the French Republic in 1793 to the Accession of George IV*. Londres: Richard Bentley, 1837.

JOMINI, A.-H. *Summary of the Art of War*. Putnam, 1838.

JONES, A. *The Art of War in the Western World*. University of Illinois Press, 1987.

JONES, H. A. *The War in the Air*. Claredon, 1934. 3v

JONES, R. V. *Most Secret War*. Hamish, 1979.

JUDD, D. *The Crimean War*. Hart-Davis, 1975.

KATCHER, P. *The American Civil War Source Book*. Facts on File, 1992.

KEEGAN, J. (Ed.) *The Times Atlas of the Second World War*. Harper Collins, 1989.

_____. *A History of Warfare*. Random House, 1993.

KENNEDY, F. H. (Ed.) *The Civil War Battlefield Guide* Houghton Mifflin, 1990.

KENNEDY, P. *The Rise and Fall of the Great Powers*. Random House, 1988.

KILDUFF, P. *Germany's First Air Force, 1914–1918*. Motorbooks Intl, 1991.

_____. *Richthofen*: Beyond the Legend of the Red Baron. Wiley, 1993.

KINGLAKE, A. W. *The Invasion of the Crimea*. Londres: William Blackwood and Sons, 1868. 9v.

KNIGHT, I. *The Zulus*. Osprey Publishing, 1989.

_____. *Colenso 1899*: The Boer War in Natal. Osprey Publishing, 1995.

_____. *Brave Men's Blood*: The Epic of the Zulu War, 1879. Greenhill, 1990.

_____. *Nothing Remains But To Fight*: The Defence of Rorke's Drift, 1879. Greenhill, 1995.

_____. *Great Zulu Battles 1838–1906*. Edison, NJ: Castle Books, 1998.

KOHN, G. *Dictionary of Wars*. Facts on File, 1986.

KOSTYAL, K. M. *Stonewall Jackson*: A Life Portrait. Taylor Trade Publishing, 1999.

▶ LEITURAS COMPLEMENTARES

LABAND, J. *Rope of Sand*: The Rise and Fall of the Zulu Kingdom in the Nineteenth Century. Jonathan Ball, 1995

LACHOUQUE, H. *Waterloo*. Arms & Armour Press, 1975.

_____. *The Anatomy of Glory*. Arms & Armour Press, 1978.

LAFFIN, J. *Brassey's Battles*. Brassey's, 1986.

LAMBERT, N. *Sir John Fisher's Naval Revolution*. Columbia: University of South Carolina Press, 1999.

LAMBERTON, W. *Fighter Aircraft of the 1914–1918 War*. UK: Letchworth, 1960.

LAVERY, B. *Churchill Goes to War*. Conway, 2007.

_____. *Nelson's Navy – The Ships, Men and Organisation 1793–1815*. Conway Maritime Press, 1989.

LEWIN, R. *Ultra Goes To War*. Hutchinson, 1978.

LEWIS, M. *The Spanish Armada* Nova York: T. Y. Crowell Co, 1960.

LIDDELL-HART, B. H. *The Ghost of Napoleon*. Faber & Faber, 1933.

_____. *The Other Side of the Hill*. Cassell & Co, 1948.

_____. *The Real War, 1914–1918*. Little Brown, 1964.

_____. *History of the First World War*. Littlehampton Book Services, 1970.

_____. *History of the Second World War*. Weidenfeld Nicolson Illustrated, 1970.

LIVESEY, A. *The Viking Atlas of World War I*. Viking, 1994.

LONGFORD, E. *Wellington, the Years of the Sword*. Weidenfeld & Nicolson, 1968.

LONGSTREET, S. *War Cries on Horseback – The History of the Indian Wars*. DoubleDay and Co, 1970.

LUCAS, J. *War in the Desert*: The Eighth Army at El Alamein. Beaufort Books, 1982.

LYON, D. *Sea Battles in Close-Up*: The Age of Nelson. Naval Institute Press, 1996.

MACKSEY, K. *The Guinness History of Land Warfare*. Guinness World Records Limited, 1973.

_____. *Military Errors of World War Two*. Arms & Armour, 1987.

MAHAN, A. *The Influence of Sea Power upon History*

1660–1783. Sampson Low, Marston and Co, 1890.

MARLEY, D. F. *Wars of the Americas*. Santa Barbara: ABC CLIO, 1998.

MATTINGLY, G. *The Defeat of the Spanish Armada*. Penguin Books, 1965.

McCARTHY, C. *The Somme – The Day by Day Account*. Weidenfeld Military, 1993.

MESSENGER, C. The *Chronological Atlas of World War Two*. Macmillan Pub Co, 1989.

_____. *The Second World War in the West*. Cassell, 1999.

MIDDLEBROOK, M. *The Kaiser's Battle*: 21 March 1918. Viking, 1978.

MONTGOMERY DE ALAMEIN. Marechal Visconde *A History of Warfare*. World Publishing Co, 1968.

MORRIS, D. *The Washing of the Spears*. Jonathan Cape, 1966.

MORRISSEY, B. *Boston 1775*. Osprey Publishing, 1995.

_____. *Yorktown 1781*. Osprey Publishing, 1997.

MUELLER, J. N. *Guadalcanal 1942*. Osprey Publishing, 1992.

NAPIER, W. F. P. *History of the War in the Peninsula and in the South of France from the Year 1807 to the Year 1814*. Boone London, 1840.

NASH, D. B. *Imperial German Army Handbook, 1914–1918*. Ian Allan, 1980.

NEBENZAHL, K. (Ed) *Atlas of the American Revolution*. Rand McNally, 1974

NICOLLE, D. *The Normans*. Osprey Publishing, 1987.

_____. *The Crusades*. Osprey Publishing, 1988.

_____. *Attila and the Nomad Hordes*: Warfare on the Eurasian Steppes, 4th to 12th Centuries. Osprey Publishing, 1990.

_____. *Hattin 1187*. Osprey Publishing, 1993.

_____. *Medieval Warfare Source Book*. Weidenfeld Military, 1995.

_____. *Arms & Armour of the Crusading Era 1050–1350*: Western Europe and the Crusader States. Greenhill Books, 1999.

NOFI, A. A. *The Gettysburg Campaign*. Da Capo Press, 1994.

LEITURAS COMPLEMENTARES

NORMAN, A. V. B.; Pottinger, D. *English Weapons and Warfare, 449–1660*. Thomas Y. Crowell, 1966.

OMAN, Sir C. A *History of the Peninsular*. Oxford, 1902–30.

_____. A *History of the Art of War in the Middle Ages*. Burt Franklin, 1924.

OVERY, R. *The Air War 1939–1945*. Stein and Day, 1980.

PADFIELD, P. *The Battleship Era*. R. Hart-Davis, 1972.

PAKENHAM, T. *The Boer War*. Random House, 1979.

PARKES, Dr. O. *British Battleships*. Seely Service & Co, 1957.

PEMSEL, H. *Atlas of Naval Warfare*. Arms and Armour Press, 1977.

PERRETT, B. A *History of Blitzkrieg*. Stein & Day Pub, 1983.

_____. *Desert Warfare*. Patrick Stephens, 1988.

_____. *The Battle Book*. Weidenfeld Military, 1992.

PITT, B. *1918 – The Last Act*. Cassell & Company, 1962.

PITT, B.; PITT, F. *The Chronological Atlas of World War II*. Macmillan, 1989.

POPE, S.; ROBBINS, K. *The Cassell Dictionary of the Napoleonic Wars*. Weidenfeld Military, 1999.

PRICE, A. *Battle of Britain*: The Hardest Day, August 18th, 1940. TBS The Book Service, 1979.

PRICE, A. *The Eyes of the Fleet – A Popular History of Frigates and Frigate Captains, 1793–1815*. Hutchinson, 1990.

RICKENBACKER, E. *Fighting the Flying Circus*. Avon Books, 1967.

RILEY-SMITH, J. *The Atlas of the Crusades*. Times Books, 1991.

ROBERTSON, B. *Air Aces of the 1914–1918 War*. Aero Publishers, 1959.

ROTHENBURG, G. E. *The Art of War in the Age of Napoleon*. Indiana University Press, 1981.

RUNCIMAN, S. A *History of the Crusades*. Folio Society, 1994.

RYAN, C. *O mais longo dos dias*. Fawcett Popular Library, 1960.

SHEPPERD, A. *France 1940*. Osprey Publishing, 1990.

SIXSMITH, E. K. G. *Douglas Haig*. Littlehampton Book Services, 1976.

SMITH, D. *The Greenhill Napoleonic Wars Data Book*. Greenhill, 1998.

SMURTHWAITE, D. *The Ordnance Survey Complete Guide to the Battlefields of Britain*. Webb & Bower, 1989.

SOKOLOVSKY, V. *Soviet Military Strategy*, 1975.

STEVENS, N. S. *Antietam 1862*. Osprey Publishing, 1994.

STONE, D. *'First Reich'*: Inside the German Army during the War with France, 1870-71. UK: Brassey's, 2002.

————. *Wars of the Cold War*. UK: Brassey's, 2004.

————. *Fighting for the Fatherland*. Conway, 2006.

STRACHAN, H. *The First World War*: To Arms. v.1. Oxford University Press, 2001.

STRAWSON, J. *The Italian Campaign*. Secker Warburg, 1987.

SUN TZU. *The Art of War*. Westview Press, 1994.

SUSKIND, R. *The Crusades*. Ballantine Books, 1962.

SWEETMAN, J. *Balaclava 1854*. Osprey Publishing, 1990.

TAN QIXIANG. (Ed.) *The Historical Atlas of China*. Pequim: Cartographic Publishing House, 1982. 8v.

TERRAINE, J. *The Great War, 1914-1918*. Doubleday, 1977.

THOMAS, H. *The Spanish Civil War*. Eyre & Spottiswoode, 1961.

THOMPSON, L. *The US Army in Vietnam*. David & Charles, 1990.

TSOURAS, P. *Changing Orders*: Evolution of the World's Armies, 1945 to the Present. Arms Armour, 1994.

TUCKER, J.; Winstock, L. S. (Eds) *The English Civil War*: A Military Handbook. Stackpole Books, 1972.

TUNSTALL, B. *Naval Warfare in the Age of Sail*. Naval Institute Press, 1990.

TURNBULL, S. *The Samurai*: A Military History. Macmillan Pub Co, 1977.

————. *The Book of the Samurai*. Arco, 1982.

————. *The Book of the Medieval Knight*. Crown, 1985.

————. *The Samurai Source Book*. Arms and Armour Press, 1998.

URBAN, M. *War in Afghanistan*. The Macmillan Press, 1990.

WALTER, J. *The Kaiser's Pirates*: German Surface Raiders in World War One. Naval Institute Press, 1994.

WARNER, O. *Great Sea Battles*. Weidenfeld & Nicolson, 1963.

▶ LEITURAS COMPLEMENTARES

WARNER, P. *World War One*: A Chronological Narrative. Londres: Arms & Armour Press, 1995.

WATTS, A. J. *The Royal Navy*: An Illustrated History. Naval Institute Press, 1994.

WEBSTER, G. *The Roman Imperial Army*. Funk & Wagnalls, 1969.

WEDGWOOD, C. V. *The Thirty Years War*. Jonathan Cape, 1938.

WELLER, J. *Wellington in the Peninsula, 1808–1814*. Curtis Books, 1962.

_____. *Wellington at Waterloo*. Crowell, 1967.

_____. *Wellington in India*. Prentice Hall Press, 1972.

WISE, T. *The Wars of the Crusades 1096 – 1291*. BCA, 1978.

YOUNG, P. *Napoleon's Marshals*. Hippocrene Books, 1973.

YOUNG, P.; HOLMES, R. *The English Civil War*. Eyre Methuen, 1974.

ZALOGA, S. *Bagration 1944*. Osprey Publishing, 1996.

▶ CRÉDITOS DAS IMAGENS

Bukvoed, via Wikipedia, 186, 203. Radomil, via Wikipedia, 190. Signal magazine, 187, 189. Stephen Turnbull, Pages 112–13; United States Department of Defense, 154, 158, 161, 163, 172–3, 182–3, 188, 193,
195, 196–7, 198–9, 200–1, 202–3, 204–5, 206–7, 208–9, 210–11, 212–13, 212–13, 216-17, back endpaper. Other illustrations PageantPix and compilers' collections.

Todos os esforços foram feitos para dar créditos às imagens e contatar os detentores de seus direitos para
uso do material ilustrativo e, portanto, o editor gostaria de se desculpar por quaisquer erros e omissões e
apreciaria retificá-los em reimpressões futuras.

ROSHEN DALAL
PhD em História Antiga

A compacta
HISTÓRIA
do MUNDO

UNIVERSO DOS LIVROS

A COMPACTA HISTÓRIA DO MUNDO

Pré-História e primeiros seres; Civilizações Antigas; Egito; Grécia Antiga; Império Romano; Vikings; Idade Média e as Cruzadas; Impérios Maia, Inca e Asteca; Descoberta e Independência das Américas; Revolução Francesa; A Revolução Industrial; Revolução Russa de 1917, A Grande Depressão de 1929; Primeira e Segunda Guerras Mundiais; Guerra Fria, União Europeia e Atentados de 11 de Setembro.

Esses e outros episódios marcantes da História são apresentados em linguagem simples e descomplicada de acordo com a ordem cronológica em uma linha do tempo que facilita a compreensão dos assuntos abordados e permite correlacionar os principais episódios da história da humanidade.

A apresentação bem organizada de um assunto tão amplo, apoiada por centenas de fotografias, mapas e ilustrações coloridas, transformam *A compacta história do mundo* em uma obra abrangente que serve de referência tanto para leitores leigos quanto para estudantes do assunto.

A obra inclui:

- Uma linha do tempo que indica o fluxo contínuo dos eventos;
- Características individuais dos continentes, regiões e países;
- Centenas de imagens coloridas;
- Mapas, gráficos e ilustrações.

A. A. EVANS e DAVID GIBBONS

A compacta HISTÓRIA da SEGUNDA GUERRA

UNIVERSO DOS LIVROS

A COMPACTA HISTÓRIA DA SEGUNDA GUERRA

Quais foram os eventos que desencadearam a Segunda Guerra Mundial; Forças Armadas do Eixo e dos Aliados; tanques, aviões, navios e armas de guerra de cada exército; panoramas estratégicos de ataques; rotas de invasões a cada país ocupado; Pearl Harbor; Stalingrado; Auschwitz; Holocausto; bombardeios; atrocidades; bomba atômica; movimentos de resistência; rendições; crimes de guerra e julgamentos.

A compacta história da Segunda Guerra apresenta todos os detalhes desse episódio tão controverso da história mundial. Claro e conciso, o livro é ilustrado com mais de 400 fotografias e mapas, biografias dos principais líderes e generais e avaliação dos exércitos, bem como de seus armamentos, além de uma linha do tempo contínua que retrata, mês a mês, os desdobramentos da guerra. Por ser altamente informativo, é um excelente material para historiadores e outros profissionais, tornando-se uma referência rápida para especialistas e entusiastas do assunto, além de uma leitura histórica informativa para o público em geral.

Encontre neste livro:

- Linha do tempo da Segunda Guerra Mundial, de 1939 a 1945;

- Descrição e fotos de armas, incluindo aviões, tanques, foguetes, navios e submarinos;

- Rotas de campanhas, invasões e ataques com mapas e textos explicativos;

- Estratégias e táticas, incluindo operações aéreas e anfíbias.